同济大学教学改革研究与建设项目资助（2017—2018年）

同济大学政治与国际关系学院教学改革论文集

王存刚 主　编
孙　明 副主编

同济大学出版社
TONGJI UNIVERSITY PRESS

图书在版编目(CIP)数据

同济大学政治与国际关系学院教学改革论文集／王存刚主编. —上海：同济大学出版社，2019.1
 ISBN 978-7-5608-8342-7

Ⅰ.①同… Ⅱ.①王… Ⅲ.①高等学校-教学改革-中国-文集 Ⅳ.①G642.0-53

中国版本图书馆 CIP 数据核字(2018)第 295485 号

同济大学政治与国际关系学院教学改革论文集

王存刚　主编　　孙　明　副主编

| 出 品 人 | 华春荣 | 责任编辑 | 姚赟契 | 责任校对 | 徐春莲 | 封面设计 | 钱如潺 |

出版发行	同济大学出版社　　www.tongjipress.com.cn
	(地址：上海市四平路1239号　邮编：200092　电话：021-65985622)
经　　销	全国各地新华书店、网络书店
排版制作	南京展望文化发展有限公司
印　　刷	江苏凤凰数码印务有限公司
开　　本	710 mm×1 000 mm　1/16
印　　张	17.25
字　　数	345 000
版　　次	2019年1月第1版　2019年1月第1次印刷
书　　号	ISBN 978-7-5608-8342-7

定　　价　68.00元

本书若有印装质量问题，请向本社发行部调换　　版权所有　侵权必究

前　言

2017年12月12日，同济大学政治与国际关系学院召开第一届教学改革研讨会。会议共收到论文33篇，8名教师、3名学生在研讨会上做了精彩发言。与会师生均表示，会议很成功，收获很大。研讨会结束后，学院即组织与会教师、学生对所提交的论文进行认真、细致的修改，并由我任主编、孙明副教授任副主编，统筹相关编辑出版事宜。

政治与国际关系学院一贯高度重视教学工作。自2017年学院新班子组建以来，始终视教学为立院之本，在教学改革方面做了大量卓有成效的工作，一部分教师也在教学改革工作中取得了突出成绩。在本论文集编辑、出版过程中，学院院长门洪华教授提出了明确的编辑方针，就出版事宜给予具体指导和大力支持。在此，我和孙明副教授向门院长表示诚挚的谢意，感谢同济大学出版社在本论文集出版过程中给予的大力支持。

路漫漫其修远兮，吾将上下而求索。搞好教学工作、提升教学质量不是一朝一夕的事情，教学改革工作可以说是只有进行时、没有完成时。我们将在认真学习贯彻全国教育大会精神的基础上，继续抓好教学改革工作，不断总结经验、努力凝练特色，使政治与国际关系学院的整体教学水平再上新台阶，为同济大学实现建成中国特色世界一流大学的目标再做新贡献。

王存刚
2018年11月30日

目 录

前言

课 堂 教 学

"比较政治制度"课程思政改革探索 / 徐　红 / 3
加强教学设计,提升"比较政治制度"课堂教学效果 / 赵萍丽 / 10
论文本精读在"西方政治思想史"教学中的意义与实践 / 孙　磊 / 17
"西方外交思想史专题"课程教学中的三个尝试 / 王传兴 / 25
"极地自然与政治"交叉课程设置的内容与理念 / 潘　敏 / 33
"欧盟政治与经济"课程教学的经验与不足 / 宋黎磊 / 40
历史视角:"家庭社会学"教学实践之创新与重要性刍议 / 黄健美 / 47
在国际关系教学中运用双重学科背景的重要性 / 杨　烨 / 55
新时代国际关系教学中的文化问题讨论方法思考 / 沈洪波 / 64
开设涉台课程的总结与思考 / 沙卫东 / 70
关于本科教学中多样化教学体验的思考 / 栗晓红　杨海燕 / 78
包容、启发与创新——本科教学改革交流 / 张　俊 / 85

实 践 教 学

基于领导力培养的课堂案例教学与实习基地建设联动模式初探
　——以政治学与行政学专业行政类课程群为中心 / 田　亮 / 95
与学生同游——论城市社会学课程中的实践教学 / 钟晓华 / 102
高校实践教学改革模式初探:以建设同里实习基地为例 / 陈　晋 / 111
浅议课外实践教学对来华留学生教育的重要性、方式和作用

——以同济大学"中国外交与国际关系"全英文课程为例 / 王丽琴 / 118
论参与式学习在课程作业中的运用——以"环境社会学"
　　课程为例 / 章　超 / 124
论政治学本科教育的"本研一体化"——以同济大学"社区公共事务
　　管理"课程教学创新为例 / 葛天任 / 131
研究生综合能力培养的"导学"机制创新探索——从专业导师和研究生
　　之间建立定期研讨班制度的角度分析 / 钟振明 / 142

他 山 之 石

约翰·霍普金斯大学尼采高级国际研究院对我院外交学学科
　　建设的启示 / 苏　平　吕　蕊　张　淏 / 151
金陵大学、金陵女子大学社会工作教学及其启示 / 王世军 / 176
孔子社会实践教育方法对当前我国高等教育改革的启示 / 杨士忠 / 183

改 革 展 望

危机与变革：互联网时代的"慕课"革命与高校教师的角色转型 / 孙　明 / 195
中国外交的专业研究如何应对全媒体时代的挑战 / 王存刚 / 202
国际政治专业教学改革之我见 / 陆　伟 / 208
开展多元化教育——以2012—2017年国政学院课程表为例 / 丁榕俊 / 214
政治学专业课参与式教学方法的探索与反思 / 邵春霞 / 220
关于"外交学概论"课程教学改革的思考 / 武　霞 / 226
"新兴国家与全球治理"课程教学改革刍议 / 蒋一澄 / 232
面向知行合一的大学教育改革 / 范靖宇 / 238
推动中国特色哲学社会科学教学与研究的发展 / 仇华飞 / 247

学 生 建 言

国际视野＋创新能力：我们想成为什么样的专业学生？ / 卢奕吟 / 257
立足专业教学特色，创新人才培养模式——对本科教学改革的
　　几点思考与建议 / 万尽涵 / 261
求真求实，不囿一隅——浅谈我眼中的教学改革 / 李志博 / 265

课堂教学

"比较政治制度"课程思政改革探索

徐 红

【摘要】 "比较政治制度"课程是政治学与行政学专业本科生的一门专业基础课程,开展该课程的思政改革探索,就是要运用任务型教学法的教学模式,把马克思主义政治学基本理论和中国共产党领导下的中国特色社会主义政治制度的重要特征贯彻落实到课程的教学任务中,以任务作为教学安排的核心,让学生分成不同团队接受教师安排的学习任务,收集各种资料后,制作成PPT到课堂上给师生介绍各国政治制度的特点,在比较中深刻领会中国特色社会主义政治制度的优越性,从而达到扎根中国大地,开拓全球视野的教学效果。

【关键词】 比较政治制度 思政改革 任务型教学法

【作者简介】 徐红,同济大学政治与国际关系学院政治学系,博士,教授,院党委书记。

一、引言:"95后"大学生的特点和对课程教学提出的挑战

每一个时代的青年都有着鲜明的时代特征,"95后"大学生的成长背景与上一代人明显不同,他们身上所表现出来的价值观念与行为方式的变化折射出中国社会特定时期的社会历史变化,他们不可避免地会将自己的思想观念和行为方式带入学习过程中。"95后"大学生的特点主要表现为:

(一)关注社会主流思想,价值取向务实

"95后"大学生对社会的认知比他们的前辈更加丰富和趋于理性。他们积极关注国家各种大事和社会现实问题,了解到更多中国社会的主流思想和价值观,他们越来越趋向追求实惠实用,具有强烈的自我实现意识和务实的价值取

向。因此,在教授"比较政治制度"这门课程时,应关注学生的兴趣点,提升通过网络了解各国政治情况和国际政治与经济问题相关信息的便利性,学会引导他们更加主动地学习政治制度领域的知识。

(二) 以自我为中心,追求思想独立

随着市场经济的快速发展和信息资源的不断开放,"95 后"大学生的生活环境比"90 后"更加优越,他们更强调主观感受和个性释放,表现出强烈的思想独立意识。针对这种情况,在课程的教学中就应扬长避短,在充分发挥学生个体能力的同时,鼓励他们通过小组讨论和合作交流的方式进行课程学习,既培养他们的团队精神,也使他们感受到沟通与合作带来的成就感。

(三) 善于利用网络获取信息,但专业知识面较为狭窄

互联网的便捷、开放和低成本,使得"95 后"迅速掌握了利用网络获取信息和知识的本领,接受信息的方式趋向多元化。正是互联网带来的这种便利,使得"95 后"大学生在获取知识信息方面出现"浅阅读"的文化现象,大部分的信息通过音像、图文和其他网络语言获取,虽然信息量很大,但过度地依赖网络使他们的专业知识面变得狭窄,在对社会问题的看法上容易形成人云亦云的现象。因此,在大学本科课程教学时应鼓励学生广泛阅读大量的课外读物,努力扩大他们的知识面,通过提出问题的方式,鼓励他们多开动脑筋思考问题,学会通过表象看到事物的本质,使"浅阅读"向"深思考"方向转变。

(四) 容易接受新事物,具有较强的创新能力

开放多元的社会为"95 后"大学生的成长提供了更多选择机会,为他们展示自我能力创造了更广阔的舞台,因而"95 后"大学生大都崇尚创新精神,具有创新意识和较强的创新能力,这恰恰适应了 21 世纪对于创新的需求。因此,充分动员本科学生主动参与课堂教学,让他们走上讲台面对全班同学表达自己的观点和学习体会,对每个人都是一次具有积极意义的挑战,他们希望自己能够在全班同学面前展现出自己的学习潜能和出色的表达能力,这对培养他们的创新意识和创新能力是很好的机会。

二、主题:"比较政治制度"课程的基本内涵与思政改革思路

对于成长在 21 世纪的"95 后"大学生来说,学习和了解当今世界各国的政治、经济和文化状况,懂得以全球化的视野看待我们所处的自然和社会环境是基本的素质要求。"比较政治制度"这门课程,就是本着让更多大学生认识和了解西方国家政治制度而开设的。对于政治学和行政管理专业的学生来说,通过学习,对西方各国政治制度的基本状况有所了解,学会分析比较这些国家政治制度的基本结构和运行机制,有助于真正理解各国国情对政治体制产生的重要影响,对进一步拓展国际视野,深入进行比较政治学和比较政治体制的学习和研究有着极为重要的作用。这门课程着重对西方主要发达国家的国家元首制度、议会制度、政府制度、政党制度、选举制度等进行专题介绍,努力探讨各国政治制度的共性和个性,逐渐培养起学生对政治学和国际政治的兴趣,从而确立起一种以崭新的国际视野看待人类现实生活的自觉意识。

世界各国形态各异的政治制度,是与各国不同的国情密切相关的,通过对各种政治制度的分析和比较,学生们可以对中国的国情有更加深刻的认识,更加清楚地意识到在中国共产党的领导下,走中国特色社会主义道路的历史必然性。同时,通过学习,能够让学生们清楚地认识到,西方国家的政治制度是现代西方文明的重要组成部分,应该以科学的态度去分析和看待西方国家政府处理其政治、经济和社会事务的各种政策以及法律法规的制定与实施过程,认识到各国现行政体的确立都经过了漫长的历史发展过程,都带有鲜明的本国特色,都是人类制度文明的重要结晶。在学习和研究的过程中,学生们应该注意思考和探讨西方国家政治制度中存在的那些可供我国改革和发展事业借鉴的有效的管理模式和制度模式,从而更好地为我国的改革开放事业服务,为实现中华民族的伟大复兴服务。

围绕着"比较政治制度"课程的思政改革基本上从以下三个层面展开:

第一,在"比较政治制度"课程的教学安排中,增加有关马克思主义政治学理论内容,指导学生对政治制度相关理论进行学理性的分析,使学生深入了解马克思主义理论在政治制度研究领域的重要意义。

第二,通过对主要西方国家政治制度的比较研究,使学生明白各国的政治制度的构建有着深厚的国情基础,在比较研究的过程中,通过教师的引导性讲解,

使学生们在课堂上对中外政治制度进行深入的比较分析,从而更加深刻地理解中国共产党领导下的中国特色社会主义政治制度建立的历史意义和对中国历史发展所产生的重要引领作用;通过学习和讨论,对推进中国特色社会主义政治制度的发展产生更加坚定的信念。

第三,本课程的教学以培养高层次、国际化专业人才为目标,通过课堂教学,使学生牢固树立扎根中国大地、开拓全球视野、成为国家未来建设栋梁之才的远大抱负。

三、目标:以任务型教学法支撑课程思政改革探索

(一) 任务型教学法在国内外高等学校教学中的运用

目前,在国外高等学校的教学中,任务型教学法已得到了较为充分的运用,并在教学实践中取得了很好的效果。如美国许多大学在语言教学中运用了任务型教学法,不少其他专业的课程教学中也移植了这一教学方式,如美国哈佛法学院多年来一直采取上课前由教授开好书单、分配好各个章节的分析和讲解任务,让学生自行选择任务,在课外广泛收集资料后,在课堂上面向教授和其他学生讲述自己观点的教学方法,广泛而集中的课前准备、课堂讨论成为美国绝大多数法学院和工商管理学院最为典型的教学特征。这种教学方法也日益影响到我国的高等教育实践。

在国内,任务型教学法目前主要运用在高等学校的外语教学中,但在某些教学领域也逐渐得到了一些运用。如许多大学管理学课程的教学中,已经运用了国外大学的任务型讨论式教学模式开展专业课的教学,尤其是研究生课程的教学,在本科课程的教学中目前采用还不是很普遍。因此,本课程采用任务型教学法是一种很有理论意义和实践价值的探索,对推动本课程的思政改革能够起到很好的作用。

由于任务型教学法对激发学生的潜能非常有价值,只要以教学大纲为基础,以教学任务的安排和分配为主线,让学生围绕着所接受的任务展开自主学习和课堂讨论,就能很好地贯彻课程思政改革的精髓,使学生通过自己的实践深入了解课程的相关内容和结合在教学中的思政教育内涵,让师生之间以完成任务为纽带,共同合作实现教学目标。

（二）任务型教学法促进"比较政治制度"思政教学改革探索

任务型教学法在具体运用时，需要教师在熟知课程标准，认真阅读和把握教材及其课时教学内容，在全面了解学生的学习实情的基础上，按照教学要求设计若干个教学任务方案，这就为教师把思政改革的内容融入教学任务创造了很好的条件。学生按照教师提出的学习内容和学习目标，根据教学安排的要求完成相关学习任务，因而能把思政改革的内容体现到学习过程当中；同时，学生可以在完成任务的过程中提出自己的观点或见解，使师生通过相互讨论、分析和解决问题的方式共同研究学习。在实行任务型教学法过程中，教师要精心安排课程内容，把马克思主义政治学的重要原理贯彻到"比较政治制度"课程的教学内容中，营造良好的课堂教学氛围和平等的师生关系，让学生在互相讨论中学习和领会思政教育的实质性目标。从一定角度看，教师的角色应是学生的助学者，任务的设计者和组织者，完成任务的监督者，同时也是学生活动过程中的"伙伴"。

总结国内外教学经验，笔者认为可以利用任务型教学法的"三要素"，即"前任务""任务环"和"后任务"三个基本步骤，把思政课改革的内容运用到"比较政治制度"课程的教学当中。具体运用方法是：

所谓"前任务"是指先由教师提出任务，让学生在任务的驱动下进行学习和技能的训练；"任务环"可理解为学生个人或学习小组通过自主学习或合作型学习活动来完成任务的过程，这是培养学生自主学习、合作学习、创新思维和实践能力的重要一步，它包括三个主要环节：① 任务——学生执行老师所提出的任务，并通过阅读、查阅、讨论和分析的方法去完成任务；② 计划——各组学生准备如何向全班报告任务完成的情况；③ 报告——学生报告任务完成的情况，就是让学生进行相互交流，将自己或小组完成任务的过程和所得出的结论向其他学生报告；所谓"后任务"是指进一步分析、归纳、总结所完成的任务情况，教师和学生参与评论，使学生吸取别人好的经验与做法，修正和完善自己的思维和实践过程。

在具体实施过程中，应该强调以下步骤：首先，制订"比较政治制度"课程进行思政改革的基本教学计划安排；其次，针对学生实际设计学生应该完成的主要教学任务板块；第三，由学生自愿组合成不同的团队，选择特定的教学任务进行课外准备，并收集资料完成课程PPT的制作；第四，在课堂上，由学生上台对教师和全班学生进行课程PPT的讲解，并回答师生提出的各种问题；第五，采用广泛的课堂讨论充分交流意见，帮助学生完成所分配的教学任务；最后，收集学生的 PPT 资料，进行总体展示和总结，对思政教育进课堂的实际效果进行评估。对于马克思主义政治学理论进课堂的基本设想是：在开学第一次上课时，就让每个学生选择本学期将要在课堂上主讲的选题，以及如何把马克思主义政治学的基本原理运用到课程中的大致设想。随着课程的逐渐展开，每个学生都能通过上网搜集资料、阅读相关课外读物、精选历史图片等方式，制作完成自己最满意的 PPT，在课堂上向老师和同学讲述自己所选的题目的内容，而马克思主义政治学的一些基本理论，如阶级和国家的本质、政治统治的方式和手段等都会在课堂讨论中得以体现。这种教学模式能激发起学生对某些事件或某些国家的兴趣，他们会花很多时间到网络上搜集各种历史资料和影像资料，制作的 PPT 内容更加精美，更加富有生动性和感染力。

对于中国共产党领导下的中国特色社会主义政治制度建立的历史意义和对中国历史发展所产生的重要引领作用等内容，可以通过中外政治制度的相互比较来体现。基本设想是，把一学期所有需要学生制作 PPT 讨论的内容分为多个任务板块，其中 6 个国家政治体制的概述讲完后，集中讨论中国特色社会主义政治制度的基本特征，再由学生根据不同的视角进行专题性分析，并且两两搭配完成 PPT 的制作，在分析和比较中领会中国特色社会主义政治制度的本质特征。

对于扎根中国大地，开拓全球视野的思政改革目标，可以通过让每个学生拿出自己最出色的作品在课堂上讲述的方式来体现，教师鼓励每名学生积极思考，在发言中畅谈自己的学习体会。这种"任务型教学法"能大大激发每个学生的学习热情，鼓励大家在课堂外进行拓展学习和训练，对培养学生分析问题、研究问题和解决问题的能力有很大的帮助，对学生提高行政能力也有很好的启发作用。

四、成效："比较政治制度"思政改革的价值与意义

根据以往的课堂教学经验，任务型教学法的教改尝试得到了学生们的欢迎。学生们通过任务型教学法的安排，饶有兴趣地参与教学任务探索，在学习中体会马克思主义政治学理论的重要意义和中国特色社会主义政治制度的优越性。让学生带着问题学习、带着问题进行讨论，在发现问题、分析问题和解决问题的过程中加深了对"比较政治制度"课程思政内涵的理解，收获一定是非常大的。

从实际效果看，通过任务型教学法开展思政改革尝试的主要目的是充分发

挥每一个学生的学习积极性，通过组合成学习团队的方法，让学习自觉性高、学习能力强的学生带动学习自觉性一般、学习能力较弱的学生一起投入课外资料的收集和准备，实现课堂PPT的展示和讲解，通过任务型教学方式帮助每一个学生不断提高学习兴趣，更有效地完成既定的教学任务。只要充分调动起每名学生的学习积极性，就一定能使学生的学习热情不断提高，并在快乐的课堂讨论中真正地学到自己所需要的东西，努力发挥自身的学习潜力，更好地巩固所学的知识，构建对"比较政治制度"课程的完整知识体系，体会到扎根中国大地，开拓全球视野的重要意义，为促进大学生思想素质提高创造更好的条件。

参考文献

[1] 徐红,赵萍丽,杨士忠.比较政治制度[M].3版.上海：同济大学出版社,2015.
[2] 曹沛霖,陈明明,唐亚林.比较政治制度[M].北京：高等教育出版社,2005.
[3] 张文娇.任务型教学法[EB/OL].http://www.writetolearn.com/Article_Show.asp Article ID=1006.
[4] 星心的夜.国外盛行的任务型教学法[EB/OL].http://b333.blog.hexun.com/25962709_d.html.
[5] 汪刘生.现代教学研究新论[M].北京：教育科学出版社,2008.
[6] 陈旭远.交往教学研究[M].沈阳：东北师范大学出版社,2008.
[7] 辛继湘.体验教学研究[M].长沙：湖南大学出版社,2005.

加强教学设计,提升"比较政治制度"课堂教学效果

赵萍丽

【摘要】 本文以提升"比较政治制度"课堂教学效果为目的,从教学内容设计、课堂教学结构设计、教学方法设计,以及教学手段设计四个方面,结合"比较政治制度"课堂教学实例,较为全面地论述了如何通过巧妙编排和有效选择,实现对学生知识、能力和人格的全面培养和提升。

【关键词】 比较政治制度　教学效果　课堂教学结构　比较教学法　多媒体

【作者简介】 赵萍丽,同济大学政治与国际关系学院政治学系,博士,副教授。

凡事预则立,不预则废。教学效果的好与坏,在很大程度上取决于教学设计的好与坏。教学设计充分与否,直接决定着课堂教学的质量。

通过对近十年教学经验的总结,笔者认为有效的教学设计是持续提升"比较政治制度"教学效果的关键。"教学设计是依据对学习需求的分析,提出解决问题的最佳方案,使教学效果达到优化的系统决策过程。"①

本文分别从教学内容设计、课堂教学结构设计、教学方法设计、教学手段设计四个方面进行详细论述。

一、教学内容设计上,通过重组突出重点

教学内容的分析是课堂教学设计中的基础,是教师教学设计的第一步,是通过课堂教学对学生产生优良影响的起点。

---

① 李龙:《教学过程设计的理论与实践》,《电化教育研究》,1999年第4期。

我们很多教师往往以为"只要你了解材料,你就可以传授它。用公式表述就是:好的内容＝好的教学"①,以为只要广泛地、辛勤地搜集和准备材料,掌握尽可能多的知识,就能把课上好。其实,对教学内容的熟练掌握只是进行教学内容设计的前提和基础。这就要求我们对教学材料进行深入细致的研究,在理解教材和相关教学资料的前提下,根据学生具体的学习状况(已经掌握的知识)对教材和相关教学资料进行适当的再创造,根据教育目的、培养目标筛选信息,重新组织教材,分辨教学的重点与难点,创设教学的理想情境,明确教师"教什么"与学生"学什么",以完成学生的知识建构。

以"比较政治制度"课程中"英国政治制度确立过程"的讲授为例。相关教材对这一内容的介绍往往都追溯到英国的封建社会,然后按照英国历史的发展顺序,把重要的历史事件进行罗列。笔者在进行最初教学的几年也是不能很好地把握该讲什么,不该讲什么,该详细讲什么,该简略讲什么,往往是想把自己知道的都告诉学生,以至于在课堂上要把过多的材料以过快的速度进行陈述,精神高度紧张,结果是自己和学生都很疲惫。随着教学经验的积累,笔者根据自己的理解和对学生兴趣点的把握,越来越清晰地捕捉到了"英国政治制度确立过程"的主线及其三个重要转折点,这个主线就是"限制王权",围绕"限制王权"而发生的三个重要历史事件及其制度效果则分别是 1215 年《自由大宪章》的签订及其政治制度效果、1688 年"光荣革命"及其政治制度效果,以及 1714 年乔治一世成为英国国王及其政治制度效果。通过对教学内容的重新设计,把繁冗的英国历史讲授重组为英国历史上三个重大历史事件及其引起的政治制度变化,这样不仅思路清晰,而且详略得当,使学生在有限的课堂上有效地理解和掌握了英国政治制度演进的历史大脉络。

二、课堂教学结构设计上,巧用导入激发兴趣

结构是指各个组成部分的搭配和排列,"课堂教学结构是课堂教学的基本组成部分及各部分进行的顺序和时间分配"②,"任何别的优质课堂特征都不如第

---

① [美]罗伯特·博伊斯:《给大学新教员的建议》,徐骎、李思凡译,北京:北京大学出版社,2007年,第13页。
② 谢新观:《远距离开放教育词典》,北京:中央广播电视大学出版社,1999年,第214页。

一条标准'清晰的课堂教学结构'对学生学习效果的影响大"①。可以说,课堂教学结构是否优化,直接关系到一节课的教学目标能否完成,以及能否调动学生的学习积极性。因此,优化课堂教学结构,是提升课堂教学效果的重要途径。

一般来说,一节完整的课堂教学应该包括复习铺垫、导入新课、教授新课、课堂练习、全课小结、布置作业六个基本环节。

对高校文科的课堂教学而言,导入新课环节(即课堂练习)在这六个环节中占有特殊的重要地位。俗话说,好的开始是成功的一半。为了抓住学生的注意力,提起学生上课的兴趣和热情,一节课的"开头语"非常重要,精彩的导课是上好一节课的关键。现在越来越多的教师都注意到了导课环节的重要性,很多教师都会在上课之前花费大量的时间和精力搜集导课的素材,精心组织导课的语言,研究用什么方式进行导课才能够提高学生的兴趣和积极性。导入新课的方法有很多种,比如,热点导入法、创设情境法、巧用图片法、故事导入法、兴趣导入法、提问导入法等。但就一堂具体的课而言,究竟采用哪种导课法效果更好,不仅与教师的学识、能力、经验、个性等有关,更重要的与授课的直接对象学生有关,诚如桑德尔所说:"用学生关心、知道或学生认为他们知道的东西来开讲,而不是一上来就展示蓝图、大纲、数据、理论这些我们自己的东西。"②

以 2017 年第一学期"比较政治制度"课程教学中导论部分的教学为例,笔者巧妙运用了图片导入法激发学生对本门课程的兴趣和积极性。一改大多数课程单刀直入讲解研究主题、研究意义、研究方法以及研究框架的传统方式,以时效性强、色彩亮丽、对比鲜明的几组图片导入新课。这些图片包括美国现任总统特朗普大选成功的庆功现场、保罗•瑞安 2017 年 1 月连任美国众议院议长后进行宣誓、2016 年 11 月 17 日日本现任首相安倍晋三与美国候任总统特朗普的会晤、中国国家主席习近平与日本明仁天皇的会晤、美国前国务卿希拉里与日本皇后美智子的会晤、俄罗斯现任总统普京和现任总理梅德韦杰夫 2012 年 3 月 5 日宣布大选获胜、中国国家主席习近平与德国现任总理默克尔会晤、2017 年 2 月 12 日新任德国总统施泰因迈尔接受前任总统高克和德国总理默克尔祝贺、2016 年 7 月 13 日英国女王伊丽莎白二世在白金汉宫接见特里莎•梅并任命其为新

---

① [德]希尔伯特•迈尔:《怎样上课才最棒——优质课堂教学的十项特征》,黄雪媛、马媛译,上海:华东师范大学出版社,2011 年,第 24 页。
② [美]肯•贝恩:《如何成为卓越的大学教师》,明廷雄、彭汉良译,北京:北京大学出版社,2007 年,第 106 页。

首相、法国前总统奥朗德在 2012 年 5 月 6 日宣布大选获胜以及 2012 年 5 月 15 日被任命为法国总理的让-马克·埃罗的演讲,等等。通过展示这几组图片,让学生说出自己认识的各国政要及其在本国担任的政治职务,由此,使学生明白作为外国人,他们所能指出姓名的政要往往就是居于本国最核心权力职位的那些人,而他们不认识的那些政要则往往是那些不居本国最核心政治职位的人。由此,以引人入胜的方式告诉学生他们对于这些西方国家政要人物的认识取决于西方国家各不相同的政治制度,只有实行总统制的那些国家的总统才是本国最有权力的人;而实行议会制的国家,(君主立宪制国家的)首相或(议会共和制国家的)总理才是本国最有权力的人。

三、教学方法设计上,专题比较逻辑清晰

"有比较才有鉴别。"比较是确定事物之间相同点和相异点的思维方法,它为客观全面地认识事物提供了一条重要途径。在进行比较时,我们既可以进行横向比较,也可以进行纵向比较。通过横向比较,可以了解同类事物的大小、多少、优劣;通过纵向比较,可以认识事物的发展变化过程,揭示事物的发展规律。

比较教学法是指在教学活动中将两个或两个以上的认识对象放在一定的条件下,按照同一标准进行对照比较,从而确定认识对象属性的同异、地位的主次、作用的大小、性能的优劣、问题的难易或认识的正误深浅,以达到辨识、了解和把握认识对象之目的的一种方法。比较教学法是提高教学效果和训练学生逻辑思维能力的一种有效方法,它有助于培养学生独立思考的学习能力,举一反三、触类旁通的推理能力,以及从事物表面现象找出本质差异的分析能力。

比较教学法主要有求同比较法、求异比较法以及相似比较法等。在运用比较教学法时,需要遵循可比性原则、同一性原则和启发性原则等。

"比较政治制度"是一门讲授除了本国政治制度以外的其他国家政治制度的课程,其在教材编排上有两种体例,一种是国别比较(即整体罗列式比较),一种是专题比较(即专项分标准比较)。但是,无论是采用哪种教材编排体例,"比较"都是本门课程的核心研究方法和核心教学方法。

为了更好地提升教学效果,增强学生对知识的理解和吸收能力,更好地培养学生的逻辑思维能力,笔者在进行课堂教学时,将比较教学方法的运用贯穿始

终,主要采用的比较方法有国别比较方法(如中美比较、英日比较等)、专题或者专项比较方法(如比较选举制度、议会制度等)和注重价值的综合比较分析方法。在教学中还对政治制度进行纵向的历史比较和横向的国家间比较来得出科学结论。如在进行元首制度的比较教学时,有时把政治制度相同的国家放在一起进行两两对比,如同是君主立宪制的英国和日本两国的国家元首制度、同是"半总统共和制"的法国和俄罗斯的国家元首制度;有时把实权元首和虚位元首放在一起进行比较,如虚位元首的英国国家元首制度、主掌三权之一行政权的美国国家元首制度和高居于三权之上的法国国家元首等。本文以比较英美两国国家元首制度为例加以说明。

虽然英美两国都是西方资本主义政治制度,但是有很大的不同,这种不同源于两国各自不同的政治制度发展历史和现有的国情。在进行比较教学时,笔者主要通过列表格的形式分项对英美两国的元首制度进行了简单比较(表1)。

表1 英美两国国家元首制度相异点比较分析

	英 国	美 国
与政体的关系	与君主立宪制相联系	与总统共和制相联系
国家元首	国王	总统
产生	世袭	选举
任期	终身	一届4年,最多两届
职权性质	虚位元首	主掌行政权的实权元首

在课堂上进行上述比较之后,再要求学生运用迁移学习的能力,自己去逐项比较任意两个国家的元首制度。

比较教学法在"比较政治制度"课堂教学过程中的运用,不仅使学生对知识点的掌握印象更加深刻,有利于理解和记忆,而且更重要的是锻炼了学生的逻辑思维能力,使学生在知识和能力两个方面都能得到有效提升。

四、教学手段设计上,充分利用多媒体

随着幻灯片、互联网等现代教育技术的发展,教师在三尺讲台上一边写板

书一边讲授的传统式教学手段已经不能适应现代大学生对课堂教学"既有知识性、又要富于趣味性和审美性"的综合需求。鉴于此,我们不仅要更新教材编写栏目,在课堂上大量运用这些现代化的教学手段,寓教于乐,而且还应该在课下通过任课教师网页、E-mail、QQ、微博等更为先进的交流手段进行师生间的双向沟通。

就课堂教学手段而言,多媒体技术以其动态、形象的演示形式,增加了课堂教学的时代性、现场性、形象性和趣味性,在现代教学中的作用越来越重要。

在"比较政治制度"课堂教学中,笔者也时常会运用多媒体教学手段,形象地展示各国政治制度的不同演进路径和不同特点,展示政治人物的政治生涯与政治事迹,展示当前正在发生的国际国内政治热点,通过影像形式来激发学生的学习兴趣,增强学习效果。

这些影片片段既包括鸿篇巨制的历史纪录片如《大国的崛起》,也包括中央电视台播放的时政新闻,如2016年9月4日金砖国家领导人非正式会晤在杭州举行;既包括娱乐与政治相结合的影片如《国王的演讲》《铁娘子》《大奥》等,又包括一些专门的新闻采访和报道,如俄罗斯总统的就职典礼、英国女王登基60年专题、英国2015年大选后新任首相卡梅伦的演讲等。在2016—2017学年第二学期,为了使学生更加深刻地理解历史和国情对一个国家政治制度的影响,更加深刻地理解当代中国政治制度的历史必然性,在讲授西方国家政治制度的建构基础时,运用多媒体教学手段,用一节课的时间播放了《大国的崛起》第3集:"走向现代",通过观看富有形象感和历史感的影片,使学生明白英国之所以确立了君主立宪制,是与其特殊的历史和国情紧密相关的,如英国对王权的限制肇始于失地王约翰为进行战争强行收税,以致与贵族发生战争,结果是签订了1215年的《自由大宪章》,而这一看似偶然的政治事件却奠定了英国议会的开端;再如,英国1688年的光荣革命,之所以驱逐国王詹姆士二世,迎立荷兰执政者威廉与玛丽公主,这与肇始于国王亨利八世离婚案的复杂的宗教背景有关等。通过观看影片,要求学生思考当代中国政治制度形成的历史过程,并思考到底哪些因素影响着当代中国政治制度的建构。

总之,"教学有法,教无定法",教学对象的各不相同、教学内容的不断更新、教学方法的不断创新,以及教学手段的推陈出新,都决定了教学不仅是技术,更是艺术。"比较政治制度"课程涉及多门学科知识,跨越多个国家,还要追溯各国政治制度发展史,因此,要想在有限的课堂时间内完成有效的传道、授业、解惑,就需要树立"以学生为中心"的教学理念,深入浅出,突出重点教学内容,巧妙编排教学过程,重视古今中外对比,选用最新教学手段,朝着"恰到好处的教学"这一方向不断努力探索,从知识性、思维性和趣味性三位一体的角度综合提升"比较政治制度"的课堂教学效果。

论文本精读在"西方政治思想史"教学中的意义与实践

孙 磊

【摘要】 "西方政治思想史"教学长期存在简单归纳地贴标签、蜻蜓点水式地撒胡椒面以及历史主义倾向严重的问题。文本精读有助于培养学生的判断力,通过与经典对话,塑造学生的自由灵魂与德性修养。本文以《理想国》为例,详细探讨如何在"西方政治思想史"教学中运用文本精读的方法。文本精读虽然在实践中产生良好的效果,但必须与教师讲授密切结合,合理安排二者之间的比例,这对教师提出了比以往更高的要求。

【关键词】 文本精读 "西方政治思想史" 教学

【作者简介】 孙磊,同济大学政治与国际关系学院政治学系,博士,教授,系主任。

"西方政治思想史"这门课历来为大学所重视,但在教学方法上却一直存在很多问题。这门课的教学内容一般从古希腊城邦政治思想一直到19世纪西方政治思想,时间跨度长,思想家的思想抽象艰深,这就给上课教师带来很大挑战,要求教师不仅要熟悉课程内容,要有一定研究,而且还要深入浅出、生动形象地将重要思想给学生展示出来,使学生受到启发。关于"西方政治思想史"的教学方法,历来有很多讨论,比如,问题教学法、任务分配法等。[①] 本文主要结合自己上课和研究的心得,阐述文本精读在该课程教学中的意义与运用。

---

① 葛水林:《问题教学法在"西方政治思想史"课程教学中的运用》,《教学实践研究》,2010年第29期。

一、"西方政治思想史"课程教学中存在的主要问题

(一) 简单归纳地贴标签

最早研究和组织"西方政治思想史"教学的徐大同先生非常注重提纲挈领的通史方法,这一方面囿于当时资料所限,研究无法深入,另一方面通史方法给学生一目了然的印象,对于不同时代的不同思想家容易抓住其时代特征,例如:古典政治思想是自然政治观,中世纪政治思想是神学政治观,近代政治思想是权利政治观。[①] 但是,这样简单归纳的背后往往容易给学生造成误解,认为自然政治观是简单幼稚的思想发端,权利政治观才是进步的思想成熟的表现。学生往往以今评古,以为历史上的思想往往受时代的局限,必然是落后的,必然要为当今时代所代替。这种将传统与现代对立的进步史观决定其在简单归纳的过程中必然会根据现代西方的主流价值对思想家进行评判,从而无法引导学生对西方政治思想进行全面深刻的把握。对于西方政治从古典向现代的转化,尤其是西方政治的现代性危机,也缺乏基本的体察和思考。从现实意义来看,"西方政治思想史"的教学与研究对当今中国如何认识西方政治,有重要的指导意义。近一百多年来,中国政治的现代化历程正是在学习现代西方的过程中,寻找适合自身发展的道路。因此,当今中国政治的改革发展,需要我们学者能够深入研究西方政治思想,并将对现代西方政治的反思融入课堂教学中,使学生深刻认识到其自身的现代性危机。这种反思既不是简单的阶级分析,也不是贴标签式地以今评古,而是深刻把握西方政治自身的古今之变,探寻西方现代性危机的本源和流变。

(二) 蜻蜓点水式地撒胡椒面

国内现有的"西方政治思想史"的主要教材中,往往力求全面,对各个时期的思想家平均用力。每个思想家都是生平介绍、主要观点和简要评价。这种蜻蜓点水式地撒胡椒面容易使学生走马观花、匆匆而过,最后没有什么深刻的感受。学生往往记住了许多人名术语,但这种识记信息的教学方式在当今信息大爆炸的时代已经过时,学生只要打开网络,就能搜索到这些人名术语,到期刊网上查查,就能知道思想家的主要观点。这就对教师的教学提出了严峻的挑战,教师究

[①] 徐大同:《西方政治思想史》,北京:高等教育出版社,2011年,第4—11页。

竟能教学生什么,使他们能在信息大爆炸和人工智能突飞猛进的时代,还仍然感到有所受用。实际上,即使在人工智能兴盛的时代,真正的属于人的学习才越发显得难能可贵。在欧克肖特看来,学习是一项终身的事业,教学是一项"有学问的人"教他的学生的实践活动。教学不是传授一些必须接受的东西,而是要着手于精神的教化。① 由此来看,信息层面的知识对于人文教育而言只是初级阶段,教师更应从事的是培养学生的判断力和道德实践能力,这些高级阶段显然不能被人工智能所取代。而教师在未来的教学中,应该更加重视的是培养学生这些人工智能无法教他们的重要能力。因此,未来教学对教师本身提出更高的要求,教师不仅要成为"有学问的人",而且要有传道、授业、解惑的使命感和责任感,要从事精神的教化。仅仅依靠蜻蜓点水式地撒胡椒面,教师无法达到"教书育人"的根本目的,也无法在此过程中实现"教学相长"。

(三) 思想史教学中的历史主义倾向严重

根据唐士其的研究,20 世纪西方主流的政治思想史研究,从邓恩到萨拜因,都具有历史主义的倾向。他们把每个时代的思想看作特殊的、相对的,因而在政治学研究中助长了相对主义的倾向,从而使政治学研究失去了对现实的批判精神。20 世纪 50 年代至 70 年代政治哲学的复兴特别批判了之前的历史主义,呼唤价值关怀与价值重建。② 因此,在当今"西方政治思想史"教学中,有必要汲取政治哲学对历史主义的批判,从学习深刻的思想入手,反省当今西方各种主义话语,重建政治思想基于德性与善的价值关怀。笔者认为,"西方政治思想史"的教学要强调人类文明中的永恒价值,重视思想家的思想有超越时代的普遍意义。当然也要重视思想史研究中的语境分析法,将价值重建与具体的语境分析结合,既避免使学生盲目地判断善恶对错,又不至于使学生深受历史主义的影响,而陷入虚无主义的价值危机。当今西方政治思想研究的两大流派,施特劳斯学派与剑桥学派,前者强调政治哲学的永恒价值,后者强调历史语境的重要性。对于如何吸纳这两种学派的研究方法,学界有很多争议。③ 笔者以为,二者各有长短,不可偏废,不可用意识形态的有色眼镜进行非此即彼的取舍。

---

① 迈克尔·欧克肖特:《人文学习之声》,孙磊译,上海:上海译文出版社,2012 年,第 38、43 页。
② 唐士其:《西方政治思想史》(修订版),北京:北京大学出版社,2016 年,第 572—580 页。
③ 最新的争论体现在,刘小枫教授站在施特劳斯学派的立场上,对剑桥学派彻底否定。刘小枫:《以美为鉴》,北京:华夏出版社,2017 年。

总之,"西方政治思想史"的教学水平受制于其研究水平。随着我国对西方政治思想的大量引介和深入研究,以上所说的三种主要问题都值得在今后的"西方政治思想史"教学中深刻反思。只有以研究带动教学,才能使教学的内容更加深刻丰富。只有教师自身不断提升自我,以从事精神教化的使命鞭策自己,才能启发、感染学生,实现真正的教学相长。

二、文本精读在"西方政治思想史"教学中的意义

在"西方政治思想史"的课上会接触到许多政治思想的大家,如何与这些一流的大思想家对话,应当是教师关注的重点,这也是自由教育的本质。自由教育是文化教育,或以文化教养为目的的教育。它的成品是一个有文化修养的人。每个学生无论资质高下,都可以在课堂上与经典对话。老师只是一个带领者,作为一个有一定经验的"学生"去引导和启发初学者,进入思想的殿堂。① 因此,文本精读是学习西方政治思想必备的基础,是教师引导学生与经典对话的必由之路。

此外,文本精读十分注重学生判断力的培养。在当今信息大爆炸的时代,大学课程应当给学生提供的不再是信息和知识的罗列,而是教学生认识和享受理智的德性。这种教育是苏格拉底式的对话,一种聆听智慧的对话,由此学生才能既感受到真理和正义的力量,又懂得怎样避免以狂热的方式学习它们。欧克肖特说,他是在士兵体操的教练员身上体会到什么是耐心、准确、优雅,而不是在什么文章、观点和几何论证中。② 由此可见,判断力的培养正是学习一种默会的知识,即亚里士多德所说的明智的实践智慧,它是大学教育所追求的最高境界。

当今有人对此提出质疑,反对"西方政治思想史"教学研究中的文本崇拜,原因如下:第一,被国人大加赞赏的施特劳斯的文本解读就是文本崇拜,借着解读古典文本,批评西方现代性。第二,文本解读过程中需要对作者与文本的时代背景及影响加以考察。第三,学习"西方政治思想史"的目的在于更深入理解中国

---

① 列奥·施特劳斯:《何为自由教育》,载《古今自由主义》,马志娟译,南京:江苏人民出版社,2010年,第1页。
② 迈克尔·欧克肖特:《人文学习之声》,第64页。

的历史与现实。因此,文本解读应当与中国特定的"情境"结合,多采用剑桥学派的"语境分析法"。①

针对上述反驳,笔者的看法是:首先,经典文本往往是人类精神智慧的结晶。培养学生的人文精神,往往是从阅读经典文本开始。以有涯之生命的我们,必须尊重敬畏亲近无限丰富的文本。② 其次,当今"西方政治思想史"教学并没有达到所谓的"文本崇拜",而是多数情况下根本不读经典文本,而是只读教科书。教科书给学生的只是知识和教条,而无助于学生的独立思考能力的培养。此外,教师在文本解读过程中,当然会介绍文本的时代背景,也会结合中国当下的问题进行讨论,所谓从文本到文本的"文本崇拜"几乎是不存在的。任何情况下的文本解读都会与解读者当下的"语境"发生关联,这才是经典之所以通过温故而知新的方式影响当下人的生活。如果读亚里士多德的《政治学》,始终是在古希腊奴隶社会与雅典民主社会的语境下,那么当今已经没有奴隶社会,民主社会也完全不同于当时的雅典城邦政治,《政治学》是不是脱离"语境"就变得粗陋不堪?显然不是。在亚里士多德之后西方政治思想的诸多时代,大家都承认《政治学》的经典地位,它至今仍在影响人们的政治思想和观念。

三、文本精读在"西方政治思想史"教学中的实践

以上主要讨论了文本精读在"西方政治思想史"教学中的意义,下面笔者将结合自己课堂中的实际体验,以《理想国》为例,谈谈在"西方政治思想史"的课堂上如何运用文本精读进行教学。

(一) 读书前的准备

笔者首先介绍了古希腊政治思想的基本脉络,使学生对古希腊城邦政治的基本特点有所了解。然后,介绍柏拉图在西方政治思想上的地位,《理想国》引发的各种争议,使学生对柏拉图及其代表作《理想国》有全面认识。接着,笔者向学生介绍《理想国》的基本结构,推荐一些解读《理想国》的权威著作。在此之后,笔

---

① 杨光斌:《文本崇拜:西方政治思想史研究的误区》,《探索与争鸣》,2008年第6期。
② 余小茅:《细读+精读:我们对于文本的基本态度》,《学术界》,2009年第6期。

者根据内容章节给学生分配读书任务。一般每3人组成一个小组,准备一个部分,以主题发言的方式呈现。要求主题发言不超过15分钟,形式可以多样,可以通过戏剧对话的方式呈现,也可以通过PPT的方式讲演。另外,每个学生的期中作业要交一篇读书笔记,内容必须是对课堂上所精读的文本的体会。

(二) 引导学生积极思考与探索问题

学生一般都会非常精心地准备,也会通过丰富的PPT来展示自己所讲的内容。教师首先要虚心聆听,抓住学生的主要思路和观点,学生提出了哪些问题,如何进一步深化等。在学生主题发言后,教师一般要点出学生发言中的亮点和特色,以培养学生的自信心。然后,回答学生提出的问题,告诉他们应该怎样理解。在此过程中,也可以将学生提出的问题进行开放式讨论,请班里其他有想法的同学参与讨论。对于重要的问题,教师都会结合现实,启发大家。例如:关于城邦教育,柏拉图认为应当驱逐诗人,因为诗人的教育不能培养有德性的年轻人。对此,教师提出,当今的公民教育是否要考虑柏拉图的观点,需要诗人的教育,还是哲人的教育?应当如何完善我们的公民教育?

(三) 教师进行讲授和归纳总结

教师在讨论中担当主持人和点评人的角色,但是学生的讨论不能代替教师的讲授,因为学生毕竟没有进行过系统学习,不可能把握住问题的重心,也不可能提出全面的判断。这就需要教师运用其较有经验的优势,根据自己的学术研究经验,帮助学生进行全面而深入的把握。首先,教师要帮助学生梳理核心知识点,比如,城邦正义的构成,《理想国》中的三次浪潮,洞穴之喻,以及政体衰变论等,然后在重要知识点的讲述过程中,提出引发学生进一步思考的问题。例如:关于《理想国》最重要的"哲人王"讨论,教师提出:① 哲人王是一种贤人政治,其利弊何在? ② 柏拉图的"哲人王"与儒家的"大同社会"有何异同? ③ 为什么柏拉图称"哲人王"统治的城邦是"天上的城邦",它与西方近代的乌托邦有何不同?通过对这些问题的引申,学生理解的柏拉图思想就会更加鲜活而有意义,同时对西方政治思想中的一些核心问题,例如:正义、公民教育、德治、理性,也慢慢有了较深的感悟。最后,教师会仔细阅读学生提交的读书笔记,抽出一定时间进行点评,使学生看到自己的进步和不足之处。

四、文本精读在"西方政治思想史"教学中的成效

(一) 效果分析

通过运用文本精读的教学方法,"西方政治思想史"的课程首先不再抽象枯燥乏味,教师与学生之间有了更多的交流和互动,学生更感兴趣,更愿意参与课堂教学,教师也在总结回答学生问题中不断检验和提高自己的学术水平和教学能力,真正实现"教学相长"。其次,该方法对于培养和提高学生的独立思考和判断力有很强的效果。学生不再满足于教科书中教条式的叙述,也不再满足于教师上课提供的问题"答案",而是自己去思考,查找资料,解决困惑。在学生交上来的有关《理想国》的读书笔记中,有不少佳作,例如"我在《理想国》中寻找自己灵魂的光",学生谈到中国传统的正义观,谈到"德福一致"的讨论,谈到"哲学王悖论和人性的悖论",学生的视野非常开阔,而且完全是自己真实的所思所感。很多学生都谈到当前社会中耸人听闻的江歌事件,试图用柏拉图有关城邦教育、智者与哲人的观点进行分析,指出法律所触及不到的是人的灵魂,也提出民主社会权利本位的弊端。总之,学生所交上来的读书笔记远远超出教师的预料,尽管他们的学术不够规范,论证不够充分,但是多数学生都在运用读书和课堂教学中所学习的内容来思考中国当下的伦理政治问题。

(二) 不足分析

尽管文本精读在"西方政治思想史"的课堂教学中产生了良好的效果,但也存在一定不足:第一,由于周学时只有2学时,课程教学只有16周,授课时间非常有限。而文本精读势必会占用一定的课堂时间,教师讲授的时间会相应减少。教师只能对有关教学内容进行缩减,布置学生在课外自学。第二,由于"西方政治思想史"的课程要求学生掌握从古代到近代西方政治思想发展的基本脉络和特点,作为文本精读的个案教学法就不能采用过多。笔者尝试让学生在课程学习中精读柏拉图《理想国》、亚里士多德《政治学》、马基雅维利《君主论》、卢梭《论人类不平等的起源与基础》与《社会契约论》,课堂核心也围绕这些内容展开。至于古罗马政治思想,中世纪政治思想,英国(霍布斯、洛克)政治思想以及其他内容,笔者在课堂上以提纲挈领的方式简单讲述,告诉学生可以通过阅读哪些书目来学习这些内容。即使这样,学生还是很难完成阅读任务,其主要原因是大学二

年级学生课程非常多,自学的时间相对有限;此外,这些书的阅读确实需要花费很多时间和精力,有相当难度。

五、如何进一步完善文本精读在"西方政治思想史"教学中的实践

针对以上不足,笔者考虑可以通过以下方式进一步完善文本精读在"西方政治思想史"教学中的实践。

第一,要求增加"西方政治思想史"的学时,尽量增加到每周3学时。另外,通过第二课堂的方式,引导学生组成读书小组,让优秀研究生担任助教,组织学生在课下完成教师所布置的文本阅读,并进行一定的讨论,以此来保证课堂教学中,学生能够有准备地听讲讨论。

第二,教师在引导学生进行文本精读时,应该提出文本中的主要问题与核心问题,不使初学者陷入细枝末节的问题中。应该合理安排精读的章节,不必从头读到尾。应该注意提示学生阅读的语境,结合当今社会的媒体新闻报道与热点事件,激发学生的兴趣,使学生更愿意积极主动地融入文本精读和课堂学习中。

第三,文本精读虽然在教学中有良好效果,但必须要与其他方法共同使用。教师在课堂教学中不宜采用过多的文本精读,要保证教师讲授的时间,保证该课程核心知识点的讲解。要将文本精读与泛读、基本脉络的梳理等方法结合,给学生以整体的印象。没有对整体思想史脉络的把握,学生对文本的理解始终是比较有限的。

总之,"西方政治思想史"的本科教学一定要重视文本精读,培养学生在对经典的敬畏中,逐渐与经典进行心灵对话,是大学教师从事自由教育的使命。培养学生的思考能力与判断力,乃至最终培养学生的德性与责任,是大学教师"立德树人"的根本目标。当今,政治学已经趋向全面知识化、科学化、实证化,如何培养未来政治人的德性极容易被我们的教学所忽视。本文对于"西方政治思想史"教学改革的设想与实验,旨在寻求解决我们时代教育问题的路径。

"西方外交思想史专题"课程
教学中的三个尝试

王传兴

【摘要】 在"西方外交思想史专题"硕士研究生课程中,一方面,根据其重历史背景和思想史的特性,在教学中加大了背景知识和西方政治思想史的层层递进式讲授;另一方面,在西方外交思想史的历史背景和政治思想史介绍的基础上,对古代、近代和现代三个时期,以及每个时期各个阶段的西方外交思想史风貌进行了历时性维度上的勾勒。在课堂教学方法上,则强调教师—学生互动以及学生—学生互动,以促使学生对相关议题进行独立思考,形成自己的看法和观点。

【关键词】 "西方外交思想史专题"课程 教学 三个"尝试"

【作者简介】 王传兴,同济大学政治与国际关系学院外交系,博士,教授。

外交学专业选修课"西方外交思想史专题"课程每周4课时,上课时间在第1~9周,共36课时。由于这是一门全新开设的硕士研究生课程,因此,从接受教学任务的那一刻起,作为授课教师自始至终需要思考的核心问题,是如何把这一门课讲授好。而要解决讲授好这门课程的问题,又需要回答以下两个根本问题。其一,这门课程的特性是什么?其二,根据课程特性,在课程教授中应采用一种什么样的教师—学生关系模式?

一、尝试层层递进式地传授西方外交思想史知识

对于第一个问题,可以说《西方外交思想史》一书的两位编者王福春和张学斌,已在该书的"结束语"中做出了回答:

西方外交思想史是一项十分艰巨的任务,它需要对西方政治思想、西方外交思想、西方文明知识有广泛的了解,同时还需要对国际政治学、外交学有所涉猎,并对外交思想产生的历史背景能在总体上加以把握。①

循着这一思路,在课程教学过程中,根据 6 名选修学生本科期间的学科知识背景和已有的知识储备情况,②有意识地加大了对西方外交思想史产生的历史背景以及西方政治思想的讲授力度。

对西方外交思想史产生的历史背景的介绍,主要通过撷取斯塔夫里阿诺斯《全球通史》(上海社会科学院出版社,1998 年)一书中的相关要点,以"知人论世"的方法,呈现一定时期西方外交思想史之所以如此的(国)内(国)外社会根源。例如:在背景介绍中可以发现,古希腊城邦制度的产生,是源于从公元前 12 世纪起(农业文明)到公元前 6 世纪末(工商业文明),多里安人入侵者在彼此隔离的村庄(易于防卫的高地)里安居下来扩大而成的居留地——城邦。古希腊政治思想以自然观哲学为理论基础,提出了"自然法"和"社会契约"等概念。修昔底德有关伯罗奔尼撒战争的研究主题,即是正义或正义与强权之间的关系。修昔底德谴责雅典强权政治帝国主义,指出伯罗奔尼撒战争的非正义性,并强调利益在城邦对外行为中所起的作用。

在西方政治思想介绍方面,主要以王振槐的《西方政治思想史》(南京大学出版社,1997 年)和列奥·斯特劳斯、约瑟夫·克罗波希的《政治哲学史》(上、下,河北人民出版社,1998 年)为基础。之所以选择这两部出版较早的著作,首先当然是因为其质量。此外,无论是政治思想史还是外交思想史,因其重历史积淀而非外交事件新发展,因此"旧"的相关著作,只要是"佳酿",反而历久弥新。而这两部著作就具有这样的特性。在具体讲授中,由于本门课程的主题是外交思想史,因此不会对所有政治思想史上的思想家进行介绍,而是针对外交思想史教材中出现的外交思想家做对应式的介绍。

例如:12 世纪末、13 世纪初,随着亚里士多德思想经由西班牙从东方传回欧洲,人们开始质疑奥古斯丁的神权思想。教会采取的策略是组织神学家调和亚里士多德哲学和基督教神学。圣·阿奎那的神学论因此认为,上帝是引起事

---

① 王福春、张学斌:《西方外交思想史》,北京:北京大学出版社,2006 年,第 306 页。
② 他们当中,本科学术背景分别是:一名国际事务与国际关系专业、一名行政管理专业、两名政治思想教育专业、一名日语专业、一名英语专业。

物运动变化的"第一推动者",上帝是自然和社会中一系列因果关系的第一动因,上帝是绝对必然的存在。在这样的指导思想下,阿奎那秉持的信仰论,既承认通过基督教信仰可以达到真理,也不否认理性对认识真理的作用,理性和信仰统一在绝对真理之中。他的国家起源论则指出,既然国家和社会产生于人性的需要,而上帝又是人和人性的创造者,那么上帝就自然成了社会和国家的最后创造者。

在以上西方外交思想史产生的历史背景和西方政治思想介绍的基础上,再具体进入到西方外交思想史的讲授。讲授以王福春、张学斌的《西方外交思想史》(北京大学出版社,2014年)为基础教材,以陈乐民主编的《西方外交思想史》(中国社会科学出版社,1995年)为辅助教材。前者具有通史性质,且同时关注外交(思想)的 executive 内容(关于外交谈判思想的内容)和外交(思想)的 legislative 内容(关于外交政策思想的内容);后者则只是关注19世纪以来的西方外交思想,且侧重外交(思想)的 legislative 内容(关于外交政策思想的内容)。

通过这样层层递进式的展开,从学生的反应来看,还是收到了比较好的教学效果。

二、尝试勾勒西方外交思想史的历时性风貌

此外,根据"西方外交思想史"课程的特性,可以从历时性角度切入,将西方外交思想史分为古代、近代和现代三个阶段进行讲授。

首先,是西方古代外交思想史的三个阶段(从古希腊到中世纪末)。

城邦制度是古希腊包括外交思想在内的政治思想形成发展的最主要条件。古希腊的神是人性的,因此人们在探索国家问题时就能够摆脱超自然的神的束缚,把城邦制度视为大自然的造化,因此,古希腊人的国家观具有直观性特点。所以,"如何过好城邦生活"成为古希腊政治思想的主题。古希腊政治思想总是围绕公道、正义和善等观念展开。罗马城邦形成时期的制度与早期希腊城市的制度相似,但罗马人在思想意识方面也许最重要的一个贡献,是他们的法律基于理性而不是习俗。罗马人形成的最终法律观念也就是自然法的观念。自然法不是起源于司法实践,而是从斯多葛派关于有一个理性之神统治宇宙的思想中产生的。欧洲中世纪政治思想主体,以"上帝"为核心,以教会和国家、教权和王权的关系为主要内容。把教义作为判断一切是非的唯一标准和一切法律制度的根

据。它引导人们放弃对现实幸福的追求而寄希望于来世;它依据君权神授的理论,提出教会高于国家,教皇高于国王,教权高于主权,教法高于国家法,从而实现神权统治。

在第一阶段——古希腊阶段(公元前 8 世纪—公元前 2 世纪),提出了(城邦)"国家平等"和国际社会概念。正如尼科尔松所指出的那样:"尽管希腊人热衷竞争,事实是,他们已摆脱部族权利理论,朝向接受共同利益的概念。"在第二阶段——古罗马阶段(公元前 8 世纪—476),创立了国际法和契约神圣观念,并在外交礼仪和外交策略思想方面做出了贡献。尼科尔松因而指出:"罗马人寻求在国际法领域而非谈判领域对外交做出贡献。"在第三阶段——中世纪阶段(476—14 世纪),其特点表现为外交衰弱、无序、欺骗和狡诈;教权至上和世界王国思想。尼科尔松因而尖锐地批判道,在这一时期,"外交成了人类贪婪和愚昧的刺激、而非矫正手段",并因此遗毒意大利半岛,尤其是威尼斯。

其次,是西方近代外交思想史的两个阶段(15—19 世纪,约 500 年)。

正如斯塔夫里阿诺斯指出的那样,前古典时期和中世纪时期都是以游牧民族的陆上侵略为开端的。对比之下,近代是以西方人的海上侵略拉开序幕的;西方人以同样的机动性在世界的海洋上活动,进而无阻碍地开始全球规模的活动。除了公认的海上优势外,西方人还拥有更为重要的、全面的技术优势——这一优势在以后几个世纪中稳步增长。

在第一阶段——意大利阶段(15—16 世纪),开始出现常驻使团制度、领事制度,而拉丁文则成为外交中的公共语言。具体而言,威尼斯的贡献在于推动外交机构建立和外交档案保存,佛罗伦萨成为优秀外交官的摇篮,而米兰则是职业外交的诞生地。在第二阶段——法国阶段(17—19 世纪),随着民族国家体制开始形成,国家主权、国家至上的思想出现,国际法受到重视,外交专门机构开始建立,在外交中注重礼仪和对外交官的培训,而法语则成为外交中的公共语言。贝里奇因而指出:"现代外交体系的诞生,是中世纪终结和现代民族国家出现的必然结果,而其最重要的制度就是在驻在国设立大使馆。"作为领一代风骚的黎塞留,他在外交(思想)上的贡献包括负责成立了世界上第一个外交部、是最成功地应用国家理由信条(doctrine of raison d'état)的近代欧洲政治家、以及第一个坚持认为国际社会(community of states)持续进行谈判具有重要性的杰出人物。

近代外交思想之所以呈现这样的特点,是因为代表封建主义倾向与代表资产阶级倾向的两种不同外交理论和外交潮流较量的结果。就前者而言,它是一种封建制度苟延残喘的军事政治等级制度;就后者而言,则更多是一种源于商业契约的资产阶级理论,是一种市民谈判理论——其赖以为基础的假定认为:相对于完全摧毁竞争对手,他们之间的妥协总的来说会更加有利。

最后,是西方现代外交思想史的三个阶段(20世纪以来)。

由于全球前所未有的一体化,西方技术、观念和制度一直在以加速度扩散,从而使其影响的强烈程度上升到一个新的高度。但是,正是这一新的成功,逐渐削弱了1914年以前似乎不可侵犯的世界霸权。在这一时期,民族国家依然是国际政治的主要行为体,但同时出现了国际组织和跨国集团等非国家行为体;外交形式呈现多样化的特点;美国成为西方外交思想中心。

在第一阶段——两次大战之间阶段(1914—1946),第一次世界大战的主要意义恰恰在于它开始了对欧洲霸权的削弱——这一过程在第二次世界大战之后宣告完成。两次世界大战期间值得注意的两个西方外交问题是:其一,欧洲列强的外交陷于彷徨之中;其二,美国的全球主义外交思想第一次描出轮廓。该阶段西方外交思想主要表现为威尔逊民主外交,民族主义与极权主义之间的斗争。在第二阶段——冷战阶段(1947—1989),第二次世界大战完成了对欧洲的全球霸权的破坏,这一破坏始于第一次世界大战。因此,总的来说,这两次世界大战对世界具有相似的历史意义。东、西方冲突的根源在于德国、日本两个帝国崩溃后在欧洲和亚洲出现的巨大权力真空……这些真空在政治领域同在物质世界中一样是不自然的、暂时的。很明显,战争一结束它们就注定要被填补。问题仅在于由谁来填补、如何填补。另一个发展是第二次世界大战之后,不可阻挡的革命浪潮席卷诸殖民地帝国,极其迅速地结束了欧洲的统治。由此,这一极端的西方外交思想主要表现为意识形态化,以及由第三世界崛起所导致的国际关系民主化。在第三阶段——后冷战阶段(1989—至今),进入20世纪90年代以来,西方各大国,尤其是美国,都在根据新的国际关系格局来思考问题。概括起来说,在苏联解体、东欧剧变以后,西方为自己提出了两大问题:第一,强化西方大国的"世界存在",在观念上把全世界的大事都放在西方的关注之内;第二,以经济"全球化"的观点统揽国际关系,并以此调节对外关系的杠杆。在这样的背景下,出现了全球治理论、新干涉主义、历史终结论、文明冲突论、民主和平论、人权高于主权论等西方外交思想。民粹主义对西方外交思想的影响,是最新近的发展,还有待观察。

三、尝试调动学生独立思考西方外交思想史中问题的积极性

对于第二个问题,在确立教学中具体的教师—学生关系模式时,需要考虑教学中"教学方法的多样性与灵活性及各种教学方法的相互结合"的要求,并做到"注重启发式教学,调动学生独立思考问题的积极性"①。

具体而言,通过课堂互动、读书笔记撰写、作业讲评,做到贯彻"注重启发式教学,调动学生独立思考问题的积极性"的精神。以下着重谈谈作业讲评问题。

本学期给学生布置了四次写读书笔记的练习,分别是斯巴达之争及宣战之辩和米洛斯之辩(第一次练习的阅读材料)、康布雷同盟战争(第二次练习的阅读材料)、《永久和平论》(第三次练习的阅读材料)、基辛格《重建的世界》绪论和《大外交》尾章(第四次练习的阅读材料)。

在本课程中采取的作业讲评的第一种方式,是任课教师指出学生在几次读书笔记撰写(学术训练练习)中存在的普遍问题,从而促使其在独立思考的基础上不断求得改进。具体问题如下:

第一,对脱离规定的阅读材料进行讨论,结果是不能做到有的放矢。例如,有同学读书笔记的题目是"'弱国'无外交?",但没有"就事论事",分析圭恰迪尼及其同时代人产生这样的外交思想的根源,而却提出"弱国"也可以在外交谈判的博弈中最大限度地保全自己的利益——却对此无法做到有深度的剖析。

第二,讨论的内容与同学自己的读书笔记题目明显脱节,结果是游离主题、甚至文不对题。例如,有同学读书笔记的题目是"为新秩序建立提供观念与信念的美国",姑且不说此文与有关基辛格的两篇阅读材料之间不存在大的关联,该同学甚至在整篇读书笔记中根本没有去界定美国所提供的观念与信念的内涵是什么。

第三,写得比较散漫,没有聚焦到一个核心主题上,结果是缺乏深度。例如,有同学读书笔记的题目是"关于永久和平论中对沟通问题的解决和理论缺陷",除去该读书笔记第一部分"读永久和平论(Perpetual Peace)的一些认识"外,想要用余下不到1 000字讨论关于永久和平论中的沟通问题和永久和平论中的理

---

① 唐睿明、王棣华:《当前高校教学改革的基本思路和实现措施》,《新校园:理论版》,2010年第1期,第6页。

论缺陷两大问题,显然力不从心。

第四,缺乏或者不注重学术规范,结果是"硬伤"不断。例如,有同学在写读书笔记时,不会在首次出现的人名后加括号附上其英文(外文阅读材料涉及的都是英文)名字。

在本课程中采取的作业讲评的第二种方式,是先让同学互评后,教师再进行点评,从而引导学生进行更深入的思考。例如,有两名同学的读书笔记标题分别是"世界新秩序下的美国外交战略布局"和"论基辛格的均势外交战略"。他们分别简单陈述其各自的内容后,前者认为后者做得好的地方,是紧扣住了基辛格阅读材料中的核心内容——均势;后者则认为前者表现突出的地方,是理论思维能力强。在这样的相互"切磋"中,同学之间可以试图去各自"取长补短"。

结语

以上三个"尝试",是希望从具体的教学实践出发,"尝试"对本学期这门课程的教学做总结——冀望这是教改的第一步。

此外,还有在本学期教学中遇到的两个问题,需要在以后的教学中加以克服。

其一,对于西方政治思想史的把握和讲授,一方面,任课教师需要在这方面加强自己的知识储备;另一方面,任课教师以后也可邀请本院有此专长的老师加入进来担任某些时段的讲授,以期使西方外交思想史这门课程的讲授任务完成得更好。

其二,限于本文篇幅和教学中存在的可引用资料的原因,在本门课程中并未对西方外交思想史的共时性风貌进行全面勾勒——尽管这也是十分重要的内容。这需要留待在以后此门课程的讲授中进一步完善。

参考文献

[1] 王福春,张学斌. 西方外交思想史[M]. 北京:北京大学出版社,2006.

[2] [美]斯塔夫里阿诺斯. 全球通史:1500年以前的世界[M]. 上海:上海社会科学院出版社,1999.

[3] [美]斯塔夫里阿诺斯. 全球通史:1500年以后的世界[M]. 上海:上海社会科学院出

版社,1999.
- [4] 王振槐. 西方政治思想史[M]. 南京:南京大学出版社,1997.
- [5] G. R. Berridge, ed. Diplomatic Classics: Selected Texts from Commynes to Vattel [M]. Beijing: Peking University Press, 2008.
- [6] Harold Nicolson. Diplomacy[M]. 3rd ed. Oxford: Oxford University Press, 1964.
- [7] 王黎. 欧洲外交史(1494—1925)[M]. 天津:天津人民出版社,2011.
- [8] 陈乐民. 西方外交思想史[M]. 北京:中国社会科学出版社,1995.
- [9] 唐睿明,王棣华. 当前高校教学改革的基本思路和实现措施[J]. 新校园:理论版, 2010(1):5-6.

"极地自然与政治"交叉课程设置的内容与理念

潘 敏

【摘要】 极地自然与政治,是一门跨自然科学和社会科学的交叉课程,鉴于近年来北极问题的炙手可热、中国极地事业的蓬勃发展和同济大学在极地研究领域的杰出贡献,有必要培养更多的跨学科人才来从事极地问题研究和极地事务工作。这门课程的主要内容分两大部分:"极地自然",包括极地生态环境、可再生资源和不可再生资源的开发与利用,北极地区的人类等;"极地政治",包括极地地缘政治与安全,大国在极地地区的关系及其之间的角逐,大国极地政策以及中国参与极地事务等。

【关键词】 交叉课程 极地自然 极地政治

【作者简介】 潘敏,同济大学政治与国际关系学院国际关系系,博士,教授。

为贯彻落实《国家中长期教育改革和发展规划纲要(2010—2020年)》《统筹推进世界一流大学和一流学科建设总体方案》和《教育部关于全面提高高等教育质量的若干意见》等文件精神,围绕同济大学"双一流"及一流本科人才和交叉复合型人才的培养目标;也鉴于全球气候变暖下的两极地区的特殊地位、中国极地事业的蓬勃发展以及同济大学在极地研究领域的杰出贡献,有必要培养更多的极地研究和极地事业工作的人才,我开设了"极地自然与政治"这门跨自然科学和社会科学的交叉课程。课程性质是国际政治专业本科生选修课,如果进展顺利,将进一步开设全校平台上的公共选修课。

一、课程建设基础

中国极地研究始于20世纪80年代,起步较晚,目前,国内还没有一座高校专门开设"极地"这样一门本科生课程。然而近十年来,中国极地事业如火如荼,迫切需要这方面的外交、科研人才。同济大学多个学院长期从事极地研究,笔者也从事南北极国际问题研究十年有余,在整合这些学院极地科学研究的基础上,我们有能力也有必要开设这门课程,这就是"极地自然与政治"这门课程的最初思想火花。

同济大学环境科学与工程学院有多位教师从事南北极的生态环境科学研究、科考站的选址和环评工作,如陆志波博士和王峰博士的团队;海洋学院的王汝建教授是极地古生物学研究的专家,从事这方面研究有20余年;建筑与城市规划学院的郝洛西教授团队在极地照明设计方面获得专利,张琳博士对极地景观旅游方面有浓厚的兴趣,曾去北极地区实地调研。

同济大学极地与海洋国际问题研究中心自2009年成立以来,已发展成为我国极地国际问题研究的重镇。对我国极地和海洋事业发展的政策与战略问题进行了富有成效的研究,特别是在"十二五"期间依托国家海洋局专项课题,不仅在极地战略与政策领域的高级人才培养方面做了大量的工作,而且取得了包括专著、学术论文、研究报告、咨询报告在内的一系列成果,对于包括《国家安全法》和《中国极地考察发展"十三五"规划》在内的我国极地事业发展战略与政策的科学制定提供了重要智力支持,受到国家有关部门和领导的高度重视和充分肯定。

团队成员由三位教授和一位博士组成,除承担大部分的教学任务外,还负责邀请校内外专家开设四次专题讲座,组织学生参观极地展览馆,带领学生阅读相关极地方面的书籍等。笔者是研究中心的副主任,十多年来专门从事极地政治、南北极国家政策、北极原住民及中国极地战略与政策等的研究,取得了较多的研究成果,熟悉南北极科学研究现状,将负责这门课程的整体设计和一半左右的教学任务。

课程共同负责人环境学院的张海平教授是同济环境学科的科班生,获得博士学位后回校工作至今20多年,人脉广泛,负责"极地自然"部分的教学工作游刃有余。张教授多年从事区域水污染控制理论与技术的研究,近年来对南北极环境资源感兴趣,曾到北极地区进行生态环境和水资源的调研。承担多项国家自然科学基金、国家水体污染控制与治理科技重大专项、国际合作项目及上海市政府科研项目,在国内外专业期刊上发表70余篇论文,参与2部教材编写,多次获上海市科技进步奖。极地与海洋国际问题研究中心主任夏立平教授也是本课程团队成员,负责极地安全方面的教学;建筑与城市规划学院的张林博士,长期从事生态旅游规划和研究工作,将负责极地旅游的教学任务。

二、教学目标、教学内容与教学方法

(1)教学目标。开设此课程的目标是拓展国际政治专业本科生极地自然科学方面的知识,吸引学生对国际极地问题的研究兴趣,提高他们研究极地问题的能力,从而响应同济大学"双一流"学科建设的要求,培养跨学科跨专业一流本科人才,为极地跨学科研究、政府外交部门等输送相关的人力资源。

第一,拓展国际政治专业本科生的极地自然科学知识面。极地研究起源于自然科学,加之两极地区远离中国人的日常生活,很难获得一些感性认识,因此,研究极地国际问题需要一定程度的自然科学知识。通过这门课程的教学,使学生获得更多的如极地生态环境、海洋生物资源、北极航道等知识,以便更好地弄清楚极地治理、极地规则制定的缘由。

第二,吸引更多的学生对极地问题的兴趣。由于中国极地科学研究和考察起步较晚,即使是国际政治专业的学生对极地问题也所知甚少,但随着全球气候变暖和科学技术的进步,两极地区对中国而言也越来越重要,迫切需要更多的人去了解和研究这些问题。

第三,培养跨学科跨专业的一流本科人才。"双一流"大学的建设目标归根到底还是培养出一流的人才,本课程通过跨自然科学和社会科学,跨环境学、海洋学、政治学、社会学等学科的教学,培养出既了解极地自然科学知识,也懂得运用政治学理论分析极地问题的优秀学生。

(2)教学内容。这门课的主要教学内容分为两大部分,课时大体平均分配,一部分是"极地自然",包括生态环境、北极地区的人类、极地可再生资源(旅游资源、生物资源勘探、捕捞业以及航道资源)和不可再生资源(油气矿产资源)的开发与利用,这其中有大量的自然科学知识点;另一部分是"极地政治",包括极地地缘政治、安全、大国之间的角逐以及极地大国政策等。

本课程的教学内容和课时安排如下:

第一讲主要内容是极地自然生态环境及其特点。气候变化对两极地区的影响,以及反过来两极地区的变化又对全球、对中国的气候、经济、政治、军事等的影响(2课时)。

第二讲主要内容是极地地区的可再生资源如海洋生物资源、航道资源以及旅游资源的开发和利用情况。人类一直在利用和开发极地地区的海洋生物资源,实际上人类是在捕猎海豹、鲸鱼等过程中发现南北极的,继而进一步对南北极地区进行探险。近半个世纪以来,人类利用海洋生物资源的进一步扩张,比如,生物资源勘探,磷虾的捕捞和加工以及近20年来旅游资源的开发(6课时)。

第三讲主要内容包括不可再生资源的开发和利用。两极地区由于气候条件恶劣,加之技术方面的限制,目前南极大陆的矿产油气资源与南极领土一样被冻结,但在北极地区,由于其陆地和岛屿都是北极沿岸国的国家领土,矿产资源得到一定的开发和利用,比如,金、镍、油气资源等都有一定程度的开发(4课时)。

第四讲主要内容是北极地区的人类。由于南极地区没有原住民,重点讲述北极地区的原住民和居民。原住民的种类及人口分布状况、原住民的权利运动、气候变化对其生活的影响等(4课时)。

第五讲主要内容是南北极地区的治理。南北极地区治理机制的发展与演变以及面临的挑战等。南极地区的治理机制一直以来被认为是全球公域治理的典范,但随着人类越来越多地进入这一地区,南极条约体系越来越捉襟见肘,中国如何在这种趋势下参与南极地区的规则建设是本节的重点内容。而北极地区,却缺少这样成熟的治理机制,尽管如此,由于这里存在几个大国,使中国很难大有作为(4课时)。

第六讲主要内容是美国、俄罗斯的极地战略、政策、科学研究与在南北极地区的实力分布。美国是南极条约的建筑师,实际上南极条约是美国南极政策的外溢,在南极地区保持积极而有影响的存在,是美国半个世纪以来南极政策的主要目标,为此美国在南极地区的科研投入遥遥领先于其他国家(4课时)。

第七讲主要内容是中国的极地战略、政策与极地事务的参与以及在南北极地区的国家利益和实质性存在,中国如何参与北极事务,如何实现中国在北极地区的权益是本节课的重点(2课时)。

第八讲主要内容是极地地区的大国关系。美俄加在北极地区都有各自的领土,但俄罗斯在北极地区占绝对的优势,其次是加拿大,这两个区域性大国与美国、中国等在北极地区的关系及其角逐是这一讲的重点(2课时)。

(3) 教学方法和教学手段。本门课将采取混合式教学方法,以课堂讲授为主,以第二课堂教学为辅,课堂讲授将问题导入、案例分析、专题讲座等教学方法和形式有机地整合起来,并使用多媒体和实验室等教学手段来丰富课堂教学,同

时以课后阅读理论著作、参观展览馆等第二课堂教学来完成这门跨环境学、政治学、社会学等学科的课程教学,具体教学手段如下:

第一,在"极地自然"这一部分的教学过程中,对南北极自然科学知识点的传授,基本上采用课堂讲授手段,用问题引导法让学生对极地科学和世界产生兴趣,思考极地资源开采和利用以及如何治理等相关社会科学问题。此外,还可以使用实验法,通过一些简单的实验让学生了解极地生物资源的特性等问题。

第二,在"极地政治"部分,理论教学部分如大国关系、地缘政治、传统安全和非传统安全等主要采用讲授形式,提高学生的理论水平。案例教学部分,注重案例分析和学生讨论相结合的方法,组织学生利用所学的理论知识对极地经典案例进行分析,提高学生的问题分析能力。

第三,专题教学。请极地领域的专家进行专题讲座,比如同济大学环境学院的陆志波讲解中国罗斯海考察站选址以及南极生态环境,同济大学城市规划学院郝洛西教授讲解极地考察站灯光照明,张琳博士讲解极地旅游等。

第四,注重第二课堂教学。首先,通过课堂多提问题、多留问题来引导学生课后多阅读极地政治和治理理论经典著作,提高学生的理论水平。这样做可以很好地激发学生的学习兴趣,增强他们的学习自觉性;其次,利用好同济大学在中国极地研究中心的教学研究基地,组织学生参观中国极地展览馆,让学生有更多直观的感受;在这些基础上,组织学生撰写极地科普文章,提高学生的兴趣。

第五,在教学手段上,充分利用多媒体和网络技术教学。在制作PPT中,可插入适当的图片,也可以插入动态的视频资料进行教学。如果选用的视频资料放映时间较短,可在PPT中直接插入视频。如果是较大容量的视频,可作为单独的视频文件使用。这样课程更立体、更生动、更有活力。为了使同学们能够迅速地取得最新的教学资料、掌握更全面系统的相关信息知识,我们给学生提供国内外相关课程的网址等,这些资源不仅极大地方便了同学拓展知识,也在无形中培养了学生学习本门课程的兴趣。

三、课程建设规划与预期效果

为了能在2018年秋季顺利开课,教学团队在2017年秋季学期即开始准备,召开研讨会,并收集相关资料。在2018年春季学期,计划集中备课三次,制作课件。2018年秋季学期开课,并召开研讨会一次,补充资料,完善讲稿。到2019年秋季学期,第二次开课,进一步完善课件,并于2020年春季完成15万字的教材编纂任务。

为了完成本课程的建设目标,真正吸引学生对极地问题的兴趣,培养出一流的本科人才,在课程建设中,我们将从以下几个方面继续进行课程建设工作。

第一,加强教学团队建设。目前该团队中潘敏、张海平、夏立平和张琳四位老师对开设这门课程非常有信心,且教学工作较为出色。第一次开课后,我们会吸收参与讲座的专家进入教学团队,让这门课程更加出色出彩。

第二,编写教材。极地自然与政治,这是一门新的跨学科的交叉课程,目前国内还没有可供使用的教材,我们准备在第一次开课后编写8万字的讲稿,在第二次开课后编写15万字的教材初稿。

考核指标如下:① 首次开课在2018年秋;② 编写8万字的教案(中期考核,为进一步编写教材做准备);③ 制作14讲的课件、并附相关图片和视频(中期考核);④ 撰写1篇教学论文(结项考核);⑤ 完成教材初稿15万字(结项考核)。

开一门新课不容易,开一门文理交叉的新课更不容易,但我们这个教学团队有极地研究的基础,有实地考察的一手资料,再加上充分认真的准备,有信心把这门课讲得精彩,完成教学目标和任务。

参考文献

[1] 同济大学本科生院. 同济大学本科交叉课程申报指南[Z]. 2017-09-30.
[2] 赵蒙城. 教育学的理论与实务[M]. 合肥:安徽大学出版社,2006.
[3] 陶行知. 陶行知文集[M]. 南京:江苏教育出版社,2001.
[4] 中国极地研究中心网站[EB/OL]. http://www.pric.gov.cn/.
[5] 国家海洋局极地考察办公室网站[EB/OL]. http://www.chinare.gov.cn/caa/.
[6] 美国国家基金会网站(National Science Foundation of United States)[EB/OL]. http://www.nsf.gov/.
[7] 国际南极旅游者行业协会(International Association of Antarctica Tour Operators, IAATO)[EB/OL]. http://iaato.org/tourism-statistics.
[8] 南极科学研究委员会(The Scientific Committee on Antarctic Research, SCAR)[EB/OL]. www.scar.org.
[9] 北极理事会网(Arctic Council)[EB/OL]. http://www.arctic-council.org/.

[10] 潘敏.国际政治中的南极[M].上海:上海交通大学出版社,2015.
[11] 潘敏.北极原住民研究[M].北京:时事出版社,2012.
[12] 杨剑,等.北极治理新论[M].北京:时事出版社,2014.
[13] 陆俊元,张侠.中国北极权益与政策研究[M].北京:时事出版社,2016.
[14] 邹磊磊.北极渔业及渔业管理与中国应对[M].青岛:中国海洋大学出版社,2017.

"欧盟政治与经济"课程教学的经验与不足[*]

宋黎磊

【摘要】 "欧盟政治与经济"课程作为本科生专业选修课,在教学理念上,以中国学者立场解读欧洲一体化经验对其他地区包括中国在内的启示、对民族国家观念的挑战和文化多样性的影响。在课程设计中注重生动性和学理性,并设定三级教学目标,帮助学生既能以"欧洲的视角看欧洲"又能以"中国的视角看欧洲",教学过程中努力采用"情境体验法",创设教学情境、协作共享和对话交流的同时,依托新媒体教学平台激发学生的学习主动性。

【关键字】 欧盟政治与经济 中欧关系 欧洲研究与教学

【作者简介】 宋黎磊,同济大学政治与国际关系学院外交学系,博士,副教授。

本人从2014年起陆续承担了同济大学政治与国际关系学院开设的"欧盟政治与经济""中欧关系""当代欧洲政治与对外关系"这三门以欧洲为主要研究对象的课程。教学对象包括学院三年级本科生和一年级研究生以及部分留学生。本文中,笔者以"欧盟政治与经济"课程为例,总结了对于欧洲研究相关课程的教学经验和不足,并希望在日后的教学工作中提升教学水平和教学能力。

一、"欧盟政治与经济"课程的教学理念

作为开创当代欧洲史的新篇章,欧洲一体化进程与欧盟的经济、政治、法律建构所达到的深度与广度对世界格局产生了深远影响。欧洲一体化无论在观念,还是行为方式上对全球的国家和民众的冲击都是巨大的,这也是很多国家和

---

[*] 本文是教育部社科青年课题"欧盟东部伙伴关系对中国'一带一路'战略的影响研究"(项目编号:17YJCCJW008)、同济大学政治与国际关系学院《当代中国外交史》本科课程建设的阶段性成果。

民众始终不愿褒奖欧洲一体化的原因。在他们的内心深处依然保持着民族国家观念,在面对欧洲一体化时,他们找不到寄托,找不到归宿,找不到认同感。因而对于欧洲一体化目前的表现形式——欧盟持排斥和观望态度。当然随着时间的推移,欧洲一体化进程在打破原有民族国家观念的同时,欧洲会建立新的"合众国"观念,无论走向是联邦还是邦联,会有越来越多的人认同这种观念。由于涉及成员国主权的转移与共享,欧盟的组织系统具有独创性,在功能主义和权力政治间选择,在超国家与国家主义之间摇摆,在地区主义和全球主义之间的平衡,由此形成了一体化发展中的突出特点与难点。这一系统目前仍处于动态演变之中,当欧洲一体化不断遭遇"行百里路者半九十"的挫折时,对欧洲一体化的经验与理论质疑也在不断出现。

　　同时欧洲一体化还会带来另一个问题,即关于文化多样性的问题。在人类发展初期,受各种自然条件和社会条件的影响,人类分居各地,文化交流较少,使各地区、各国家形成了自己的文化传统。随着交通工具的发展,网络的发达,使得各地区交流沟通增加,人类开始趋同。人类在相互理解包容异族文化的同时,也逐渐加深了自身民族文化的认同。同样,随着欧洲一体化的发展,欧洲各国的文化界限逐渐被打破,少数族群很难再坚守自己的文化。正是看到这一点,欧洲一体化提出了"在文化多样性中发展"的口号,为保护各国的语言以及维护各国语言的平等,不惜投入大量人力物力建立翻译中心。欧洲统一的观念以欧洲的同一性和多样性为基础,形成了共同的价值观,共同的文化思想渊源和文化认同,同时保持了自己原有文化的延续性与差异性。所以借由欧洲一体化进程可以理解文化多元性以及欧洲人所讲的"多元一体"的发展理念。欧盟发展的独特性与普适性,使得跨学科、多视角的探讨构成了一体化研究的发展趋向,特别是使得理论创新具有了重大意义。

　　因此,在"欧盟政治与经济"课程的教学中,欧洲一体化经验对其他地区包括中国在内的启示,对民族国家观念的挑战和文化多样性的影响都是教学中不可回避的教学重点与难点。关键是如何以中国学者的立场和观点来加以解读。特别是欧洲与中国发展经验的比对问题,欧洲价值观中的特殊性与普适性因素对中国的借鉴问题,中欧关系中"和平、增长、改革、文明"四大伙伴关系的战略合作与机遇问题,都需要授课教师在遵守"研究无禁忌、教学有纪律"准则的同时加以把握。

二、"欧盟政治与经济"课程的教学经验

(一) 教学目标与教学内容

"欧盟政治与经济"是欧洲研究的入门级专业选修课程,因此,课程设计的生动性和学理性相结合显得尤为重要。一是将增加学生对欧洲的感性与理性双认知和使学生在以后的工作生活中对欧洲区域保持持续的关注兴趣作为初级目标。二是阐释一体化如何从经济发展延伸到欧盟"高级政治"领域,政治领域的合作如何导致"欧洲联盟"诞生,成员国又如何在欧盟框架下发展出了"共同外交与安全政策",实践与理论环环相扣,引导学生从理论角度探究欧洲一体化的意义、影响与发展前景。三是通过理论和案例在教学中对中国和欧洲联盟(欧共体)国家,这个最大的发展中国家与最大的发达国家聚合体之间在政治安全、经济贸易、文化及外交等各个领域进行对比,从而帮助学生既能以"欧洲的视角看欧洲"又能以"中国的视角看欧洲"。

"欧盟政治与经济"课程作为一门本科生专业选修课,在教学内容设计上突出了通识性、文化性、思想性、启发性、趣味性、导向性、思考性和知识性相结合的特点。课程以介绍欧洲一体化载体的各个国家为第一教学环节,从了解欧洲主要国家发展的历史、地理状况、政治体制等基本信息和通识性的知识入手,以展示各个国家不同民族的文化为内容,将各个国家历史上有影响力的人物通过传记或者故事的形式介绍给学生,让学生对人物的思想以及历史影响有更加深入的理解和思考,最终实现人文知识的普及和人文素养的提升。其趣味性体现在上课完全成为一次次对欧陆的旅行,让学生在旅行中去体验和发现欧洲文明与文化。为了增强课程的趣味性,选取了与主题相关的音乐或者影视片段,让学习者有更加直观的感受。视频在题材选择上也是包罗万象,包括旅游观光片、纪实片、采访片和历史故事剧等,内容也涵盖人文、国情、音乐、美术、建筑、时装、美食等,涉及欧洲方方面面的情况,努力为学生提供一道欧洲人文通识教育的大餐。此外,还邀请去过欧洲大学交流的高年级同学介绍在欧洲大学中学习和生活的方方面面,让学生做好去欧洲游学和留学相关的知识储备。简言之,让学生通过多种媒体获得了更加丰富的学习资源和知识信息,建构了自己对欧洲——这个原本陌生的世界的认知。在欧洲的精神花园中不断汲取人文营养,滋养自身的成长与发展。

在完成让学生确立对欧洲的感性认识的第一环节后，进入第二环节教学，力求使学生了解的内容包括：首先，什么是推动一体化产生的独特历史渊源和现实条件？在市场经济体制、工业革命和民族主权国家三大要素形成的基础上，西欧发达经济区域出现，战后实现永久和平的诉求，以及诸多必要条件的成熟，最终导致了欧共体的诞生。其次，欧共体/欧盟的发展演变历程，涉及一体化建设的各项重要领域作为一体化的起点、基石和活动重心，欧共体经济举措的不断深化构成了教学重点内容，涉及其三次重大的历史性飞跃，即从"关税同盟""单一市场"发展到了"经货联盟"阶段。其间既论及成员国间流通障碍的拆除（所谓"消极一体化"措施），也包括启动共同农业政策等"积极一体化"举措。继而，欧洲一体化如何从经济一体化发展到"高级政治"领域，进而在20世纪90年代"欧洲联盟"诞生，欧洲一体化在经济一体化基础上纳入了"共同外交与安全政策"和"司法与内务合作"两大支柱。同时还要学生认识到欧洲一体化与欧盟法条的日益扩展与完善是不能分开的。作为规范一体化进程的根本大法，欧共体/欧盟条约的缔结与修改具有重大意义，涉及《罗马条约》《单一欧洲法令》《欧洲联盟条约》《阿姆斯特丹条约》《尼斯条约》和《里斯本条约》等，制度与法律创新是欧盟发展的突出特色，有力保证了一体化实施。最后是历次扩大进程的介绍。作为体现一体化进展的又一基本维度，欧盟先后历经六次扩大，从6国增至28国。鉴于东扩的特殊重要性，也要加以细述。同时包括主要对外经济与外交政策，即发展政策特别是共同贸易政策。学生只有掌握了欧盟模式的历史与现实、实践与理论，才能对欧洲一体化的意义、影响与发展前景有自己的认识。

在第三个教学环节需要让学生比较全面地了解新中国成立以来中国和欧洲联盟（欧共体）国家之间在政治安全、经济贸易、文化及外交等各个领域的相互关系。一方面，课程广泛地介绍中国对欧战略与对策、欧盟对华政策，以及中国和欧盟在政治外交、经贸科技、可持续发展、教育和文化等方面的交流与合作。课程还深入关注中欧双方认知、相互交往和合作的历程。另一方面，又从各个不同的理论视角出发去讨论中欧双方在国际事务中的互动及其影响。第三个教学环节的特色正在于把理论讨论与实证研究、把欧盟的历史发展与当前的研究线索、把规范性理论与实证分析联系起来进行阐述。通过分析中欧关系当前的现状及未来的发展前景，帮助学生对当前的中欧关系做出正确的认识和判断。

(二) 教学方法

为了更好地达到课程目标,教学过程中努力采用"情境体验法",创设教学情境、协作共享和对话交流。在教学方法上体现了情境性、协作共享性、交流性、创新性和实用性的特点,主要通过创设教学情景,利用视频营造课堂氛围。同时让学生就不同主题进行集体讨论并发表看法,或者对某个观点和思想观念进行辩论,例如在讲法国和德国在欧洲一体化角色的时候,我们就陆续组织了以"戴高乐对欧洲一体化的影响""欧洲的德国还是德国的欧洲"为主题的讨论活动。另外,还采取小组协作的学习模式,学生通过查找相关研究主题资料,同时对资料进行归纳、整理和编辑,通过小组发言的方式在课堂上展示,各个小组分享各自的发言报告,期末考试问答题与他们自行选择的研究主题相关,这样就大大激发学生的学习主动性和参与性。除此之外,还配合使用任务式教学法和网络学习法,如请学生重点关注"中欧信使"微博,该微博是中国外交部欧洲司的官方微博,在第一时间及时发布重要对欧外交活动消息,介绍中国对欧政策、中欧关系以及欧洲各国政经动态和风土人情。学生通过对该微博内容按国别进行分组浏览,摘编出涉及该国政治、经济、文化等方面内容的10条微博和特定时间段内最热门微博的比对,进行量化分析,从而更好地自主获取关于欧洲的中国官方信息。

(三) 教学平台

学生通过教学情境、协作共享、对话交流这三个阶段已经把握了欧洲的性质、发展规律以及国别、地区和区域之间的内在联系,完成了由高中课本中关于欧洲的知识向更全面对欧洲认知的转移,建立了对欧洲、欧盟、欧洲一体化等概念的基本认知结构,但是要理解"欧洲文明"和"欧洲梦"离不开大量关于欧洲方方面面细节知识的输入和积累,它是建立知识彼此间联系的过程。而这些细节知识的获取主要依托新媒体平台。就是让学生把课堂上学到的知识通过新媒体平台进行有效迁移和整合,同时让学生对新知识的理解更加深刻,建立和完善对欧洲的认知结构,根据自己对国别、对文化内涵的偏好形成独特的认识视角。新媒体教学平台开发和建设是基于课程微信圈平台上对欧洲时事和评论文章的及时分享,整合诸如"中欧信使""欧盟在中国"等微博平台,辅以"欧洲时报""中欧关系研究"等微信公众号的内容。

（四）教学考核

课程考核是对学生新知识和知识迁移能力的检验。然而，"欧盟政治与经济"主要作为专业选修课的考核相对于必修课来说相对宽松，但是为了避免让同学以为是"不劳而获"的，"学和不学一个样"，因此，科学的考核制度对于提升该课程质量极为关键，也是课程获得学生良好口碑的重要环节。"欧盟政治与经济"运用了多样化的考核方式。具体考核内容包括：出勤考核、课堂表现考核、平时考试成绩、最终卷面考试成绩四部分。学生的到课率和课堂参与度必须作为重要考核指标。这样能够较为客观、公正地反映学生的学习状况和学习水平。课堂表现考核和平时成绩以小组讨论形式记录，每组选派发言人和课后递交小组发言记录用于评估，除了小组考核外，学生个人还通过主题演讲等方式进行考核，而期末的考试也以主观题为主，并且问答题与他们自行选择的研究主题相关，这样也督促了学生对平时课堂练习的重视。

三、教学中的不足与改进办法

教学中的不足主要体现在以下几个方面：① 为了将课程的教学理念落实到实际的课堂教学中，课堂上使用的诸如合作法、演讲法等教学方法有时会造成学生的畏难情绪。② 教师课堂上常按自己的见解来解释问题，唯恐学生不懂，面面俱到，忽略了学生的感悟体验或认识，有可能没有把学生主动学习的积极性调动起来。③ 让学生带着问题阅读教材时，有时问题设置过大，提出的问题难度大，针对性不强。④ 有的教学环节中教学目标设定过多、过大，重点不突出，使得部分课堂教学闲散有余而凝练不足。⑤ 综合运用教学语言能力有待提高，学生有时未能进入预设教学情境，个别学生参与不积极、不主动。

在改进措施方面：① 作为一门关于欧洲的多领域研究的课程，应结合学校和学院来访的欧洲教授的研究特长安排更多专题讲座，每位教授均需为这一主题方面有非常深入研究的知名专家。课程采用授课与讨论相结合的形式。② 除了教学的固定模块外，结合欧洲的形势变化，本课程每年均设立一个明确的主题，比如"多元文化与移民""欧洲一体化与反整合"等，使得内容更具有现实感，对学生更有吸引力。③ 通过每次授课前对学生的询问，了解到基本上学生对于欧洲的认知非常有限，在选修这门课程之前，去过欧洲的学生也很少，所以在课程教学中,增加更多帮助学生建立感性认知的欧洲实物,比如欧元、欧洲地图等会更有帮助。推荐学生欣赏欧洲电影、音乐、文学作品有助于增加相关背景知识,也会对本课的学习有所帮助。④ 在课程资料方面,建立系统的课程资料库,包括经典学术原著、与教学主题相关的音乐或者影视片段等。⑤ 学生对欧洲研究的课程兴趣也包括获取学校及其他渠道去欧洲大学交流和留学等信息。如何从这方面帮助学生,也需要再整合现有的信息资源。⑥ 教学相长的问题,教学中仍需注意留出足够时间与学生互动,对互动中有启发的内容加以记录并在每学期后总结。

最后,因为自己是研究欧洲问题的,总是难免有所偏好,希望在自己教学的课堂内能走出几个对欧洲研究有兴趣的学生,从而为欧洲研究的薪火相传略尽薄力。我自己从事欧洲方向的学习研究近十五年了,但仍然笃信陈乐民先生的话:"你要不了解欧洲,至少这个世界的一半,你就了解不了。"①

---

① 陈乐民:《欧洲文明十五讲》,北京:北京大学出版社,2004年,第1页。

历史视角:"家庭社会学"教学实践之创新与重要性刍议

黄健美

【摘要】 传统与现代经常被看作二元对立物,历史视角或许可以把二者连接和对比以加深理解家庭制度。本文尝试从历史视角出发阐述"家庭社会学"教学实践中所涉及概念与研究成果的诸多变迁。一方面,对于家庭的认识是一个历史的过程,譬如,倾向于现代的学者强调个人之间持久的感情纽带是家庭的核心,还有其他的学者则依然坚持更为正统的观点,他们强调血缘、婚姻和收养机制。另一方面,家庭的发展是一个历史的过程,有时因为地域和文化差异同样可以形成历史的视角。因此,历史视角既可以在学理上找到支撑,也可以从教学内容出发,论证历史视角的必要性。本文围绕一些核心概念的历时性变迁、有代表性的研究成果的地域差异(或谓历时性差异)、以及历史视角的议题展开论证,以呈现其在教学实践中的创新性和重要性。

【关键词】 经济共同体 核心家庭 父权制 个体化

【作者简介】 黄健美,同济大学政治与国际关系学院社会学系,博士,讲师。

"家庭社会学"作为社会学的一个分支学科是和社会学的发展同步的。19世纪末到20世纪上半叶,家庭社会学作为独立的学科出现,其主要标志是社会学理论和方法在家庭领域中的运用,从而产生了家庭社会学的理论和方法。美国芝加哥学派关于家庭问题的实证研究,他们的观点是:我们不仅要了解家庭,而且要明了城市化和工业化的发展所导致的后果,现有的问题亟待我们去解决,而家庭也等待着我们去巩固。社会学家W. F. 奥格本关注的热点就是城市化和工业化导致的家庭功能的丧失。到了20世纪中叶,家庭社会学研究成熟。它的主要标志是各种社会学理论流派形成,并被运用到家庭研究领域。这些社会学理论主要有:结构功能理论、社会冲突理论、符号互动理论、社会交换理论、发展理论等。此外,各种社会研究方法在家庭社会学研究中得到广泛而深入的运用,是家庭社会学研究成熟的又一重要标志,这些社会研究方法主要有:历史的方法、类比的方法、区位学的方法、观察的方法、个案的方法、社会调查的方法、统计的方法等。①

"用历史的方法研究家庭,以了解不同历史时期不同家庭的状况,了解现在的家庭和过去的家庭的联系和区别,这是一种间接的观察方法,是由今及古的历史'透视法'和从个别到一般的历史'复原法',它多被用来研究家庭史。"②历史视角属于"历史的方法",在教学中也可使用。本文尝试从历史的视角去关注家庭社会学教学中的一些常规议题。

一、家庭是经济共同体

历史上,家庭被认为是经济共同体。在讨论个体婚时,有这样一种解释:"私有财产的出现和对子女财产继承的需要产生了个体婚家庭。"个体婚家庭有比以往家庭更坚固、稳定的婚姻关系,能确保财产沿着父亲传递和继承。因此,个体婚家庭是为财产私有制服务的。其具体特征有:确立了一夫一妻的婚姻关系;财产关系是家庭的本质与核心;婚姻关系、亲子关系牢固;独占性同居;男子统治。③

莱因哈德·西德尔描述了中世纪繁荣期(16世纪和18世纪)的欧洲农民家庭,农民经济的运作首先是以生产、消费和家庭生活的统一为特征。丈夫、妻子和孩子以及亲戚(主要是夫妇双方的兄弟姐妹和父母)在一个农庄中生活和劳动。几乎没有任何一种其他的生产方式,在如此高的程度上需要一种"家庭性"的劳动组织,即在丈夫、妻子和子女相互补充的性别分工基础上建立的劳动组织。④

处在农民农户共同体领导地位的,一般情况下总是一对已婚的农民夫妇。在那些从事耕作业和畜牧业的农户中,特别明显地按照性别进行劳动分工便可以说明这一点。农夫是其所有下属男性劳动力(儿子、长工、依附农、短工)的最

---

① 潘允康:《家庭社会学》,北京:中国审计出版社、中国社会出版社,2002年,第23、24页。
② 潘允康:《家庭社会学》,第30页。
③ 邓伟志、徐榕:《家庭社会学》,北京:中国社会科学出版社,2001年,第201页。
④ [奥地利]莱因哈德·西德尔:《家庭的社会演变》,王志乐、朱小雪、王维华、田向荣译,北京:商务印书馆,1996年,第9页。

高主管,农妇则统管所有女性劳动力。原则上,所有被视为"成年人"的劳动力必须掌握其性别所属的所有工作。在"男性的"和"女性的"工作范围之内多数情况下只有很少的专门化,有一个例外是,在那些大的尤其是从事畜牧业的农户中,始终保持了一种劳动力在职能上的等级。至于男女之间的分工,一般情况下给男子分配的往往是离住宅距离较远、危险性较大、需要较强体力的工作。①

农民家庭仍是极其父权式的,这种情况应归结于以下事实:农妇的劳动在真正意义上是"非公共性"的。与此相似的情况在家庭工业生产方式中也可以看到,只是产业雇佣劳动的生产方式才允许职业妇女参与地方的和地区的公共生活,尽管这种参与受到种种限制和削减。也是从此才开始了妇女同地方的和地区的公共生活形式的一体化——这里也并非没有男人的顽强的抵抗。②

日本的上野千鹤子也提到了民俗意义上的探讨:文化人类学摸索找到的最小定义是"共同使用火(厨房)",也就是一起吃饭的共同体。所以如果发生"另起炉灶"的现象,就被看作是发生了住户分离。③ 日本学者关敬吾在《民俗学》一书中也讨论了火,共同使用火的一群人会产生类似于血缘的关系。④ 但是,这并不代表作者的观点,作者认为文化人类学所说的最小定义相当于"住户",而并不完全符合"家庭"的概念。家庭应该基于个体的"家庭自我认同意识,即 Family Identity(简称FI)"。可见,从"共同使用火"到"家庭自我认同意识"反映着日本近代社会的家庭观念变迁。上野千鹤子的 FI 概念应该影响了李霞、沈奕斐等国内学者的研究。

二、爱情的地位演变

爱情在今天家庭中的地位比历史上的家庭来得重要得多。在现在的家庭研究中,认为家庭构成要素的定义在发生转化,倾向于现代的学者强调个人之间持久的感情纽带是家庭的核心,其他学者依然坚持更为正统的观点,强调血缘、婚姻和收养机制。⑤

---

① [奥地利]莱因哈德·西德尔:《家庭的社会演变》,第19页。
② [奥地利]莱因哈德·西德尔:《家庭的社会演变》,第27页。
③ [日]上野千鹤子:《近代家庭的形成和终结》,吴咏梅译,北京:商务印书馆,2004年,第4页。
④ [日]关敬吾:《民俗学》,北京:中国民间文艺出版社,1986年。
⑤ [美]大卫·诺克斯、卡洛琳·沙赫特:《情爱关系中的选择——婚姻家庭社会学入门》(第9版),金梓等译,北京:北京大学出版社,2009年,第19页。

莱因哈德·西德尔的著作有一章节讨论了现代性和爱情的关系,他提出,爱情进入家庭范畴是18世纪中叶以后的事。18世纪中期,"在当时广大社会阶层中尚未使用爱情这个概念,爱情不可分割地同生存保障对策及事实相联系的,那种'非理智的爱'至少还不是一般通例,因为当时的经济和社会状况制约了人们的思想和感情。然而,现在市民阶级的经济社会状况发生了变化,那种经济上的理智与择偶之间'不言自明'的联系出现了裂痕。与此相应,他们的关于禁欲主义和成就的新价值观,他们的新的内心精神生活以及对个人的'可发展性'的信奉,使得陈旧的地位观念成为陈腐不堪的东西,取代身份地位(农民的女儿,行会师傅的儿子)的是'个性'。注意这种个性并且热爱这种个性成为夫妇双方的使命。"这里的爱情首先"是一种正确认识恋人德行的爱情,不是通过恋人的眼睛或头发而陷入狂热的爱情"。

"市民家庭促进了人的个性化。"如果说夫妻间晚间的经验交流取代了在农民、家庭手工业及行会手工业者家庭中相互间的沉默,那么,夫妻配偶间交流的内容已不是重复的劳动活动本身,而是对生产活动的解释,对它的加工以及生产活动象征性的代表物,这些才成为夫妻交流的内容。因此,与实际活动相比,个人精神的和内心的特点被突出出来。在农民家庭中由于妻子往往在分娩时过早死去,农民会在很短时间内又续弦,而对市民家庭的妻子来说不再会是这样。随着配偶间交流的重要性不断增加,发现和尊重配偶的"不可替代性"(个性)的能力也不断增长。①

三、核心家庭的结构演变

结构是指某一整体中的各部分相互联系的方式。家庭结构是指家庭中成员的构成及其相互作用、相互影响的状态,以及由于家庭成员的不同配合和组织的关系而形成的联系模式。按照代际层次和亲属关系立场可以分为核心家庭、主干家庭和联合家庭。核心家庭只有一对夫妻关系,一般指夫妻和未婚子女所组成的家庭。

美国有传统核心家庭和后核心家庭之分。在传统的核心家庭中,夫妻角色

---

① [奥地利]莱因哈德·西德尔:《家庭的社会演变》,第110、111页。

分工为丈夫外出赚钱、妻子理家养子,在 20 世纪 50 年代经过电视喜剧的宣传成为白人中产阶级中流行的家庭模式。随着妇女接受高等教育和就业机会的增多,双职工家庭的增长改变了传统的核心家庭的定义,成为新兴的核心家庭,称为后核心家庭。[1]

从这个结构变化可以解读社会变迁。"已婚妇女就业被认为是 20 世纪最重大的社会变革之一(施里夫,1984;史密斯,1979)。现在全美有薪劳动力中妇女占 45%。子女不满六岁的已婚妇女中 58% 在工作,这比 1975 年 36.7% 的比例有了明显增长(美国劳工统计署,1989a)。"

"已婚妇女就业改变了许多家庭中传统的性别角色分工。这种变化比较广泛地出现在较高阶级的家庭中。在这些家庭中,妇女就业的比率上升最大,而且这些妇女比工人阶级或较低阶级的妇女更倾向于走向职业化。在工人阶级和较低阶级的家庭里,性别角色则更加抗拒变迁。"

"关于正在变化的性别角色,有一个未曾预见到的后果就是,大约 210 万名年龄在 5—13 岁的儿童放学后没有成人监管(儿童、青年和家庭特别委员会,1989)。这些'脖子上挂着钥匙的孩子'(latchkey child)在家里发生意外的比率更高于平均水平,而且在学校也更容易出问题。有些情况下,地方图书馆成了代替昂贵的日托、雇佣保姆或把孩子单独留在家里的一条途径。图书馆报告说,在过去几十年中,放学后在那儿等着被父(母)接走的孩子越来越多了(德堪德里多,1988)。"

"美国社会为了适应就业母亲人数上升的趋势,在某些方面已经发生了变化。夫妇俩,特别是中产阶级中,共同承担家务并照顾孩子的数量增多了,不过这一数量仍很少。还有,虽然大多数就业母亲的子女由朋友或亲戚等非正式关系照看,但可资利用的日托机构也越来越多起来。"[2]

四、地域差异呈现的历史视角

"用历史的方法研究家庭还可以从现代仍然存在的原始民族的状况来研究,这是人类学经常使用的方法。"[3]笔者把李霞和沈奕斐的两部著作做某种"历时

---

[1] 刘怀军:《当代美国家庭的多样化趋势》,《当代亚太》,2003 年第 8 期,第 56 页。
[2] [美] 戴维·波普诺:《社会学》,李强等译,北京:中国人民大学出版社,1999 年,第 407 页。
[3] 潘允康:《家庭社会学》,第 32 页。

性的连接"。李霞的《娘家与婆家——华北农村妇女的生活空间和后台权力》和沈奕斐的《个体家庭 iFamily：中国城市现代化进程中的个体、家庭与国家》出版时间相差三年，两地的家庭结构却呈现传统父权制和现代性家庭的显著差异。

李霞关注了男权形式下的女权。她对华北家庭的研究有这样的分析：一种是以男性为中心，以正式权利和义务为特色的父系制家庭；另一种是以女性为核心，以情感纽带为特点的生活家庭。

首先，在华北农村，父权制家庭在缩小。"在近年来农村社会非农业化的过程中"，由于劳动力的流动，家庭作为生产单位的功能降低，而更多地成为一种"生活单位"。因此，其抚育、赡养，尤其是感情等方面的功能逐渐凸显，也就是说，生活家庭之性质日益重要。

其次，在生活家庭层面，母亲通常是家庭的情感核心，是生活家庭成立的基础。儿子结婚以后，导致分家的原因几乎都表现为婆媳矛盾和冲突。其根源在于一方面婆婆竭力希望延续并扩展自己的生活家庭，希望尽量长时间地将儿子、孙子女甚至儿媳包括在自己的家庭内。但另一方面，年轻的儿媳妇希望尽快地摆脱婆婆的家庭而建立自己的生活家庭，因为在婆婆的家庭中，她只是次要的和被支配的角色，无法实现自己的意义。分家以后，婆婆和媳妇分占两代家庭的情感核心地位。

其三，生活家庭是在父权制行式下展开的。在丈夫为"家长"的家庭里，妻子们在"当家"，妻子"当家"是在尊重并顺从丈夫权威的形式下——也就是"面子上要过得去"——行使实质性的决策权。这是生活家庭活动实践的一个特点。在家庭的各项事务中，丈夫具有的是公开的、象征性的最后确认权；而妻子的权力是现实性和经验性的。①

沈奕斐使用了个体化理论和家庭自我认同意识考察上海的家庭。从传统视角是这样的一个问题，即双职工的核心家庭在功能上是有缺陷的，当核心家庭需要完成生育功能时会改变家庭结构以满足功能的需要。她从全新的视角予以阐述：社会的存在是为了个体服务的，家庭的存在同样是为个体服务的，而不是反之。我们之所以要婚姻不是因为我们不结婚就活不下去，或者婚姻是每个人必需的一步，而是因为婚姻会让我们个体的生活更美好。

---

① 李霞：《娘家与婆家——华北农村妇女的生活空间和后台权力》，北京：社会科学文献出版社，2010年。

"改革开放把中国推入一个现代性社会",而这个社会开始允许个人拥有做出与他人不同生活方式的选择自由,包括个人、性、家庭内部关系等,这是和社会进入到现代性后期的转变紧密相关的,因为现代性后期强调把"自我是过程的核心"(the self as a project)放到了优先的地位(Allan 和 Crow,2001)。研究从个体化的理论视角分析上海家庭的多元和流动背后的逻辑,展示个体、家庭与社会三者之间的关系,并建构了个体家庭(iFamily)的概念,强调以个体为中心但受制于社会条件而代际关系紧密的家庭模式。

"年轻一代逐渐脱离了家庭主义,每个个体都站在自己的立场上界定家庭,在自己的利益上选择和决定家庭的结构和关系,而个体的选择和决定并非是自主决定的,在具体的语境下与相关家人的互动、协商、妥协中形成的传统和社会变迁以交织的方式影响着家庭结构和内部关系。"文中提到了两代人"两扇门,一碗汤"的模式确是极好的写照。所谓"两扇门"是指两代人之间分开居住,所谓"一碗汤"是指距离,一家熬好了一锅汤,拿到另一家,汤还是热的,意味着生活上可以互相照顾。因此,"两扇门,一碗汤"既减少家庭关系的复杂性,又方便互相照顾。既有联系,又有独立。① 这种模式具有个体化追求理性、价值的智慧。

这两个实证研究有相同之处,又有很大不同,站在任一个的角度望向另一个都有隔世之感。沈奕斐也提到了阎云翔的研究:"教授在中国东北农村的研究证明了在年轻一代中个体化的进程导致对独立自主的个体强调,从而影响了家庭的结构;而我在上海的家庭研究中,同样清晰地看到了个人的崛起,并且在年轻一代中形成了个体家庭。"② 正是从家庭主义到个体主义的转化这个角度,可以把两个实证研究做历时性的连接。

从以上两个现代社会的实证研究案例中,还可以看出新、旧学者之间的某些议题的延续性。老一辈学者费孝通论证了家庭建立的基础是生育制度的需要。他说:"在男女分工体系中,一个完整的抚育团体必须包括两性的合作。两性分工和抚育作用加起来才发生长期性的男女结合,配成夫妇,组成家庭。"③ 在农业社会,男女分工是家庭建立的重要基础,工业化以来这个基础越来越脆弱,女性可以不依赖男性而独立谋生。家庭建立的基础转向现代特征的情感因素。虽然

---

① 沈奕斐:《个体家庭 iFamily:中国城市现代化进程中的个体、家庭与国家》,上海:三联书店,2013年,第34、37、38、67页。
② 沈奕斐:《个体家庭 iFamily:中国城市现代化进程中的个体、家庭与国家》,第30页。
③ 费孝通:《乡土中国 生育制度》,北京:北京大学出版社,2009年,第122页。

这已经是共识,但是据新一辈学者的研究,生育仍旧是中国家庭非常重视的功能。即使是在上海这个现代化程度很高的城市,在以个体化理论切入的家庭研究中,沈奕斐的访谈对象都是已生育的年轻一代家庭。这既是家庭核心议题的延续性,也是文化延续性的体现。由此可见,历史视角的必要性和重要性。

结语

通过阅读文献,我们会发现西欧的家庭、日本的家庭、美国的家庭和中国的家庭都有不同的历史和不同的文化特征,在现代化的进程中也必然呈现出差异。历史视角可以加深对概念的理解,同时也可以加深对中国家庭的理解。因此,在"家庭社会学"教学过程中加强对历史文化的认识与探讨,引入历史视角,是一项值得重视的创新议题。

参考文献

[1] 费孝通. 乡土中国　生育制度[M]. 北京:北京大学出版社,2009.
[2] [奥地利]莱因哈德·西德尔. 家庭的社会演变[M]. 王志乐,朱小雪,王维华,等,译. 北京:商务印书馆,1996.
[3] [美]戴维·波普诺. 社会学[M]. 李强,等,译. 北京:中国人民大学出版社,1999.
[4] [日]上野千鹤子. 近代家庭的形成和终结[M]. 吴咏梅,译. 北京:商务印书馆,2004.
[5] 李霞. 娘家与婆家——华北农村妇女的生活空间和后台权力[M]. 北京:社会科学文献出版社,2010.
[6] 沈奕斐. 个体家庭 iFamily:中国城市现代化进程中的个体、家庭与国家[M]. 上海:三联书店,2013.
[7] 潘允康. 家庭社会学[M]. 北京:中国审计出版社,中国社会出版社,2002.
[8] 邓伟志,徐榕. 家庭社会学[M]. 北京:中国社会科学出版社,2001.
[9] [美]大卫·诺克斯,卡洛琳·沙赫特. 情爱关系中的选择——婚姻家庭社会学入门[M]. 9版. 金梓,等,译. 北京:北京大学出版社,2009.

在国际关系教学中运用双重学科背景的重要性

杨 烨

【摘要】 20世纪70年代以来,经济因素在国际关系中日益成为一种活跃的因素。全球化时代到来之后,国际关系中经济政治化和政治经济化的趋势越来越明朗。国际关系中政治因素和经济因素相互交叉、相互渗透逐渐成为一种普遍状态,在国际关系教学中的典型案例比比皆是。在研究中仅仅有国际政治与国际关系的学科背景已全然不够,还需要具有与经济学交叉研究的学科背景。涉及国际关系与经济学双重学科背景的实际教学意义,集中体现在本文列举的四个教学典型案例中。为构建中国特色的国际关系政治经济学,需要在专著出版、课程改革、师资进修等方面落实一系列重要的教学改革措施。

【关键词】 国际关系经济化 双重学科背景教学 典型教学案例 教学与课程改革

【作者简介】 杨烨,同济大学政治与国际关系学院国际关系系,博士,教授。

20世纪70年代以来,经济因素在国际关系中日益成为一种活跃的因素,其地位和影响迅速上升。至90年代全球化时代到来,国际关系中的经济因素进一步上升为国际关系中的关键因素。正因如此,在国际关系研究中国际政治的学科背景更需要和经济学科背景交叉研究,国际关系中政治和经济因素相互交叉和相互渗透的具体表现比比皆是。在国际关系现实问题研究中,对其中的经济因素和经济背景做一些粗略的分析已经显得远远不够,同时具备政治学和经济学双学科背景的重要性变得日益明显。

一、国际关系教学中经济学视角的重要性凸显

从第二次世界大战后到20世纪60年代末,由于整个世界处在以美苏为首

的两大对立阵营的两极格局之下,意识形态的冲突是国际关系中的主旋律,所以经济因素在国际关系中的影响和作用并不十分凸显。然而,自20世纪70年代开始到90年代初冷战结束前后,国际格局发生了巨大的变化。东西方关系的紧张局势开始缓和,中美关系从解冻到正式建交,美苏之间有关军事方面的谈判取得一系列重要成果。这个时期最引人关注并且对全球所有国家都产生影响的经济上的一系列重大事件的发生,使得经济因素在国际关系中的地位和作用日益凸显,经济政治化和政治经济化的趋势越来越明朗。

国际关系中政治和经济因素相互交叉和相互渗透的具体表现是:① 20世纪60年代末至70年代初布雷顿森林体系的崩溃和80年代美日之间频繁发生的贸易摩擦,充分反映了资本主义体系内部的经济矛盾和冲突越来越尖锐、激烈。② 这一时期第三世界国家在国际舞台上的地位逐步上升,要求打破旧的国际政治和经济秩序以及建立国际政治经济新秩序的呼声不断上升。在国际格局中处于明显不利地位的这类发展中的中小国家也恰恰是拿起了经济这个武器,向美国为首的发达国家显示它们团结战斗的力量。在1973年和1979年两次石油危机中,作为第三世界国家的重要组成部分的石油出口国利用西方国家工业发展对石油进口的依赖,经协调后达成一致,将原油的价格一下子提高了4倍,结果导致了全球性的通货膨胀,使大部分西方发达国家陷入经济滞胀之中。③ 跨国公司的大量出现和发展是这个时期国际关系中的另外一道"风景线"。作为越过贸易保护主义关税壁垒的一种新型的投资生产形式,跨国公司对母国和东道国的影响不仅仅是在经济上,还对其政治与社会的发展形成了重要的影响,因此各国的政府决策层先后开始对跨国公司进行不同方式和程度不等的干预。作为经济实体的跨国公司逐渐成为国际社会中一种日益活跃的新行为主体,对民族国家的主权提出了强有力的挑战。

冷战结束后,世界经济相互依存的趋势日趋加强,经济因素在国际关系中的地位与冷战时期相比显得越来越重要,以经济和科技为基础的综合国力的竞争已经成为国与国之间竞争的重点。经济因素重要性的上升,可以从全球贸易、金融、对外投资等经济领域得到全面反映。"世界贸易值从1947年的570亿美元增加到20世纪90年代的6万亿美元。90年代末全球外汇交易量每天达到1.5万亿美元,比1986年增加8倍。在20世纪90年代的大部分时间里,主要工业国向正在工业化的国家的直接投资大约每年增加15%,工业国之间的直接投资也以同样的速度在增加。"

上述趋势在三个层面上导致国际关系发生重大变化：① 作为国际关系主要行为体的民族国家，在对外政策中将对外经贸政策放在越来越重要的地位。各国政府都在制定符合本国经济利益的外贸政策，促使本国在国际经济竞争中处于相对有利的地位。② 在国际关系中——包括双边关系和多边关系——经济关系的地位明显上升，曾经对东西方经济对峙起到重要作用的巴黎统筹委员会于 1994 年宣布解散，东西方国家之间的正常经济交流得到毫无阻碍的发展。③ 在全球范围的国际关系层面，经济因素也迅速上升。多边贸易谈判的加速促使世界贸易组织取代了关贸总协定，对协调处理国际经济与贸易领域的矛盾起到更大和更有效的作用；国际经济组织活动异常活跃，国家领导人的各类多边经济会晤不断；跨国公司成为国际关系中一种十分活跃的新行为主体并且在世界经济发展中发挥了不可低估的影响；区域经济一体化发展速度加快并且覆盖国家地区急剧增加；西方主要发达国家之间的国际经济协调也日益加强。总之，冷战后随着世界经济一体化和经济区域化的发展，经济因素对国际关系将起到更大的作用，政治经济化和经济政治化、政治与经济因素相互交融的趋势将继续发展。

二、政治学和经济学双重学科背景的学术与现实意义

社会科学研究与自然科学研究存在着一个重要的差异，就是在自然科学的研究领域中，研究课题大部分是中性的，其研究成果往往发现、揭示或是重新解释了某种客观存在的自然规律。而社会科学研究则不同，在社会科学研究领域，由于研究者的世界观和政治立场不同，其研究成果往往具有双重性，即除了对这个研究课题做出一个比较客观的学术性结论之外，还会对这个研究课题做一个价值判断。所谓客观的学术性结论一般是指这位学者的研究结论是否最为全面、深刻和准确地揭示和反映了该事物的客观特征，是否从客观现象中归纳出一些带有典型或普遍意义的观点或理论。而价值判断则是指研究者对研究对象所持的一种态度或立场，是对其肯定还是否定的一种价值取向。例如：某一次战争是正义战争还是非正义战争，某一个国际事件是否是大国对中小国家推行霸权主义的后果，某一次国际会议是否仅仅是发达国家内部协调矛盾和冲突的结果，等等。

就上述意义看,从经济学视角研究国际关系往往会出现以下两种不同的状况。

其一,当政治学和经济学两个不同研究视角得出的价值判断和学术结论不发生冲突时,这种双重学科背景的研究至少应该具有以下几层意义:

(1) 国际关系原本就是一个综合性的范畴和一门综合性的学科,除了国与国之间的政治关系,军事战略关系和社会、文化关系等,经济关系是其中十分重要而且极为活跃的一个层面,以经济学理论和经济学方法对其做分析与研究,使国际关系研究有可能成为真正意义上的一种多学科研究的交叉学科。

(2) 由于经济关系是在整个国际关系中具有重要地位和影响的一个活跃变量,运用经济学的学科背景对经济关系的变化做比较准确和科学的描述,不仅能使研究者对整个国际关系变化的理解和把握更具深度和广度,而且从经济学视角切入研究国际关系,也为国际关系的研究大大拓展了视野和空间。

(3) 由于经济因素是国际关系中的深层次因素,所以,从某种意义上可以说政治关系的变迁在相当程度上取决于经济关系的变化,因此,当国际关系在政治层面上的一些重大变化尚未明朗化之前,研究者可以依据经济关系的变化对整个国际关系的发展趋势做出比较客观的预测性分析。这将会使国际关系研究具有一定的超前性。

其二,当政治学和经济学两个不同研究视角得出的价值判断和学术结论发生冲突时,研究者对同一现象的研究得出的可能是相互矛盾甚至截然不同的结论和判断。这时,从经济学学科背景研究国际关系会显得更有意义。因为,从经济学学科背景出发得出的结论和判断相对政治学学科的结论和判断来说会显得更为中性,因而有可能更加贴近客观现实本身。更重要的是,当研究者受政治学学科背景的限制而必须对国际关系中某一事物的性质给出一种既定的立场和态度时,他们就很难做到对这一事物的所有层面都进行比较深入与客观的分析。在国际关系研究中,运用政治学学科背景做研究之后,若是能以经济学学科背景对同一研究对象重新做一次研究和分析,就可以将两种不同的结论和判断同时展现在读者面前,这样起码可以启发读者做更多和更有深度的思考。除此之外,经济学学科的中性特征也决定了从经济学学科背景出发的分析和研究往往能够覆盖和涉及该事物更多的层面和角度,因而得出的结论与判断也就会更为全面和客观。

三、国际政治经济相互渗透的几个教学典型案例

在国际关系教学中,多次涉及国际关系双重学科背景的实际教学的意义,本文以四个教学典型案例来阐述经济学视角对研究国际关系问题的作用。先对案例分别作政治学与经济学的判断,再从经济学的视角具体分析这一事件对国际关系造成的政治经济的综合性后果和影响。

案例一:对布雷顿森林体系在第二次世界大战后世界格局中的作用的双重判断

政治学判断:是美国在战后最初二十年中建立全球霸权的重要经济支柱。

经济学判断:在战后世界经济格局中具有正反两方面的双重作用。

1. 布雷顿森林体系是战后美国从金融上控制其他国家的有力手段

① 美元为主要国际储备货币→各国拥有大量美元存款→美元派生存款形成大量对外贷款和对外投资→对其他国家财政金融的控制;② 美元为主要国际储备货币、主要清偿和支付手段→为应付国际间往来必须握有大量美元→美元升值或贬值→对国际贸易和国际金融市场造成不良影响;③ 美元等同于黄金→美元纸币可作为对外支付的手段→不动用黄金储备而印刷美元,扩大资本输出→美元在国际金融市场上泛滥成灾;④ 各国货币与美元保持固定汇率→各国政府担负维持美元固定汇率的责任→美元贬值→成员国抛出本币购买美元,加剧本国通货膨胀→转嫁美元危机。

2. 布雷顿森林体系为资本主义世界经济的稳定发展奠定基础

① 可调整的固定汇率制使汇率波动受到严格限制,汇率相对稳定有利于国际贸易的发展和国际资本流动的扩大;② 在战后黄金生产量增长不快的条件下,美元大量投放世界货币市场,解决了国际储备和国际支付不足的问题;③ IMF 在促进国际金融合作、建立多边支付关系、缓解会员国因国际收支逆差造成的困难方面起了积极作用,有利于世界经济的稳定和增长。

案例二:两次石油危机的政治学判断和经济学判断并不一致

政治学判断:是发展中国家团结战斗对发达国家取得的第一次巨大胜利。

经济学判断:对世界经济以及其他发展中国家的经济发展负面影响明显。

20 世纪 70 年代的两次石油危机强烈震撼了世界经济,它的破坏作用突出表现在四个方面:① 激化社会再生产过程的矛盾,加速经济危机的到来。第一次石油危机促成了 1974—1975 年的世界经济危机,而第二次石油危机促成了 1979—1982 年的世界经济危机。② 引起与石油有关的各类商品价格上涨,加剧了通货膨胀。第一次石油危机中,美国、英国、法国、意大利、联邦德国和日本的通货膨胀率分别上升到 11%,15.9%,13.7%,19.1%,7%和 23.2%。第二次石油危机中,除联邦德国和日本以外,美、英、法、意的通货膨胀率均超过了第一次石油危机。③ 造成国际收支严重失衡。1974—1981 年期间,石油输出国组织的成员国国际收支顺差 4 333 亿美元,发达国家国际收支逆差 722 亿美元,而非石油输出国的其他发展中国家国际收支逆差高达 4 271 亿美元,由此引起石油美元回流问题。④ 加剧国际金融市场的动荡。由于石油危机触发经济危机,发展中国家也蒙受了沉重的打击,导致其清偿能力明显下降,陷入债务危机;债务危机导致很多银行倒闭。同时,由于石油危机加剧通货膨胀,各国汇率和利率发生波动,引起外汇市场动荡。

案例三:科索沃战争的政治经济学结论——B52 飞机轰炸欧元?

政治学判断:冷战后美国新霸权主义——"人权高于主权"的典型实例。

经济学判断:对欧元挑战美国金融霸权的回应——B52 飞机轰炸欧元。

欧元启动时,在美国就没有引起多大反应:外汇市场波澜不惊,主流媒体报道不多,老百姓对欧元更是不甚了了。实际上,美国对待欧元心态复杂。它认为,欧元对美国既有利,又有弊;从近期看,对美元影响不大,从长远看,挑战不容忽视。

欧元运转正常对美国显然有有利的一面。其一,欧美经济关系密切,贸易量大,如果欧元有助于欧洲经济增长,对美国经济当然也有好处。克林顿总统在欢迎欧元诞生的声明中说,"一个统一的、经济强大的欧洲对美国来说也是有益的","一个带动欧洲成功的欧洲经济货币联盟符合美国的长远利益"。其二,欧元使欧洲的市场变得更加统一,有利于美国增加对欧出口和欧美相互投资。2003 年以来,许多企业和银行纷纷到欧洲抢占市场。美国一位欧元问题专家指出,欧元会带来"跨大西洋合作的飞跃"。

美国经济学家认为,"欧元总有一天会挑战美元",欧元区的经济实力已接近美国。当时,欧元区国内生产总值为 6.9 万亿美元,美国为 8.5 万亿美元;欧元区的进出口总额世界第一,1997 年出口额高出美国 25%。从根本上说,美国不愿看到欧元强大,向美元的世界金融霸权地位提出挑战,因为维持美元特权,对美国的好处实在太多。例如,它可以根据需要印发钞票,弥补外贸赤字,还可以用国内货币,填补外债窟窿。至于通过向国外发行美元收取铸币税,也是一笔不小的收入。更重要的是,在美国心目中,美欧关系是"领导"与"伙伴"的关系,是美国说了算,欧洲只能听美国的。在政治上、经济上、外交上和军事上向来如此,美国岂能让欧元与美元分庭抗礼?但事情的发展不会以美国的意志为转移,随着欧元的成长壮大,在美欧之间的这"战"那"战"中,无疑会增加一个"美元—欧元之战"——B52飞机轰炸欧元!

案例四:伊拉克战争——美国"倒萨"的醉翁之意何在?

政治学判断:"倒萨"是美国构筑单极世界和推行新中东战略的需要。

经济学判断:美国"倒萨"的醉翁之意——战争带来的多重经济利益。

1. "倒萨"战争使美国能获得丰厚的国家经济利益

(1)确保世界石油的可持续正常供应。目前,美国进口石油占石油总消费量的比例从35%提高到52%。虽然OPEC的石油产量只占目前世界石油总产量的35%~40%,但是由于它是目前世界上唯一拥有冗余石油生产能力的组织而掌握了影响石油价格的主导权,美国迫切需要推翻萨达姆政权,并确立起对这一地区石油的绝对控制权。

(2)恢复在石油收入再分配中主要受益者的地位。在海湾战争结束直至"9·11"事件爆发之前这一时期的石油收入再分配机制中,美国是最大的受益者。美国通过在海湾战争后鼓吹"萨达姆威胁论"一方面获得了在海湾驻军的地位,加强了美国对海湾石油出口国的直接控制,另一方面还借此向海湾产油国出口大量武器。"9·11"事件发生后,中东地区的石油输出国的国民进入美国也受到严格限制和审查,美国政府还加强对资金流动的监管,中东的石油资金开始从美国大量抽逃,分散投向其他国家。

(3)实现对所有依赖中东石油的国家的间接控制。美国扶植一个亲美或受美国控制的新政府可以使美国控制伊拉克的石油资源并进一步加强对海湾石油的控制,这不仅可以加强美国独霸世界的地位,还可以间接地约束中国这样经济高速增长、石油消费量和进口量急剧增加的国家。

2. 商家利益:瞄准伊拉克荒弃油田的开采权

美国的石油公司对伊拉克的大量石油资源垂涎已久。美国推翻了萨达姆的统治,在伊拉克扶植起亲美的新政权,美国的公司可以长驱直入伊拉克市场,获取重要财源,进而重整世界石油市场。

3. 个人利益:布什总统班子与石油界的关系

布什政府的核心人物几乎都有在石油界长期服务的经历。副总统切尼在海湾战争结束后曾就任得克萨斯州哈利伯顿石油服务公司的业务主管,该公司在海湾战争后因承包伊拉克石油管道修复工程而大发横财,获利2 400万美元。切尼本人在2000年8月将该公司的优质认股权出售,赚取了3 600万美元。另外,2000年美国大选以来,美国油气行业向政界候选人提供了约5 000万美元资金。

四、在教学中运用双重学科背景研究国际关系的迫切性

由于种种可以理解的原因,长期以来在国内学术界,国际政治与世界经济的研究各自为政,学科之间相互封闭,学术队伍界限分明,对国际政治经济学的综合研究起步较晚、水平不高。目前,在国内高等院校以及一些专业性学术研究机构中,国际关系类专业的学术队伍中大部分研究人员的学科背景是以政治学(含国际政治、国际共运)、历史学(含世界历史、国别历史)、语言学(外语)三大学科背景构成,经济学学科背景的研究人员所占比例较低。有关国际关系领域的各类科研项目和学术会议,也很少注意到要吸收经济学学科背景的学者参加和介入。显然,我国国际关系领域学术队伍的这种现状,很难与当前国际关系发展进程中政治与经济因素相互交叉、相互渗透的现实相匹配。

20世纪80年代中期至90年代初以来,随着改革开放速度的加快,一些国际政治经济学的译著相继出版,如罗伯特·吉尔平的《世界政治中的战争与变革》和《国际关系政治经济学》,苏珊·斯特兰奇的《国家与市场:国际政治经济学导论》,罗伯特·基欧汉和约瑟夫·奈的《权力与相互依赖:转变中的世界政治》等,由此,中国学者开始步入这一领域。但总体看,这一学科的研究还是处于起步阶段。由宋新宁、陈岳撰写的《国际政治经济学概论》一书的出版,从某种程度上可以说,是我国这一学科领域的第一部有分量的著作,具有开拓性,它以严谨的立论和深刻的论述为构建具有中国特色的"国际政治经济学"学科体系奠定了良好的基础。

在此基础之上,国际关系学科要继续沿着多学科研究和综合性研究发展,真正构建起具有我国特色的国际政治经济学,就必须使我们这支国际关系学术队伍的整体和个体都努力具备政治学和经济学双重学科背景。本人在多年的国际关系教学中做过探索,认为达到这一目标,至少可以从以下几个方面做出努力。

(1) 出版译著和专著:教育部有关部门可给予一定投入,组织各方面的学术力量继续翻译和编写出版国际政治经济学系列的各类学术专著和教科书(主要指国际关系类专业硕士和博士研究生的专业性教材)。

(2) 研究生课程改革:国际关系专业的硕士研究生可选修2~3门经济学主干课程。例如,世界经济概论、西方经济学(宏观、微观)、国际市场、国际合作与经济一体化、国际贸易理论与实务、国际金融概论等。

(3) 研究生招生改革:国际关系类专业硕士和博士研究生招生时鼓励跨学科招生,在跨学科招生时优先考虑录取经济学学科背景的本科生和硕士研究生,保证为国际关系类专业的研究和教学输送政治学和经济学双学科背景的新生力量。

(4) 研究人员与教师进修:要求国际关系类专业现任研究人员和教师系统进修几门经济学专业主干课程,使国际关系领域的既定的学术队伍从整体上尽快具备双学科背景(国际政治与世界经济)。

(5) 科研经费资助导向:各类纵向的社会科学科研项目指南以及评审过程中对国际关系类专业的科研项目有意识地增加政治经济交叉研究的课题资助力度并扩大资助范围。

新时代国际关系教学中的文化问题讨论方法思考

沈洪波

【摘要】 全球化是整个世界文明史的当代特征。中国作为全球化新阶段的引领者,已然发展成为当代重要的国际关系力量。在世界政治、经济、文化元素充分融合的变革时代,如何更加客观全面地评价"我族"与"他者",更加客观地回应我们与"他者"共存的世界发生的问题,在现阶段国际关系教学中显得尤为重要。本文试图从意识形态的把握、中国国际关系理论的讨论方法、中国传统文化的融入三个方面入手,对国际关系领域文化问题的教学表达、教学内容、教学指导思想方面进行探索。

【关键词】 新时代 文化 国际关系 教学

【作者简介】 沈洪波,同济大学政治与国际关系学院国际关系系,博士,副教授。

在国际关系领域教学中,意识形态、文化认同、理论观点、所持立场及相关问题等,既与国际关系研究的文化线索密切相连,又涉及国际关系的理论正确和教研方向,决定了国际关系教学内容的指导思想和方法传播,关系到学生对知识的领会掌握与正确运用。本文将这一类问题统称为国际关系教学中的文化问题。不同历史时期,伴随国际关系体系出现的新变化和国内政治理论与实践的发展,对国际关系教学中的文化相关问题的把握也会有不同的要求。本文是在当前我国国际国内政治和外交领域取得巨大的进展、国际关系进入新历史时代的背景下,就国际关系教学的理论与实践中的文化问题进行的试讨论。

一、国际关系教学中的文化相关问题的重要性

首先,从国际关系理论上看,"文化—国家(民族)—国际政治—全球化进程"

是把国际关系置于世界文明史框架下研究的一条重要线索。这条线索在过去30年我国国际关系学界的理论与实践中是在不断被证明的。从文明发展史的角度来看，在新旧国际体系转换的特定历史阶段，人们分析、判断国家间为利益和权利的争夺，国际政治基本行为体和国际政治基本构成要素发生变化都离不开对文化要素进行深刻的挖掘，离不开对文化问题深入地思考。因而，这条线索通过政治、经济、文化的不同途径，与政治理论、外交、国别、大国关系产生了更为密切的联系。当前我国政治经济发展进入新的历史时期，国际关系理论和实践都发展到新的高度和水平。"时代是思想之母。"在这样的新时代背景下，要求国际关系领域教学者拥有更宽厚的文化理论视野，更深层次地关注文化群体、社区文化、种族文化和国家文化的脉络发展及对国际关系发展变化的影响，进而对国际关系问题有更深层次的预见。

第二，这条线索的发展是将国际关系理论与实践置于世界文明史不同阶段的视野之下来考量，可以作为人类社会发展的前瞻。从世界文明史的整体视角来看，全球化是整个世界文明史的现代特征，并将在未来的很长时间内继续演绎。但与二战后相比，当前的全球化在保持原有的主要特点外还呈现新的特征，即在保持全球范围的紧密联系与"瞬间"高度互动性；不同国家和地区间的相互依赖加深的同时，人类面临和面对着更加广泛存在的全球共同利益、共同威胁和挑战，如生态环境问题、防止核扩散问题、毒品问题、恐怖主义问题、人口问题、贫困问题等等。从总的趋势来看变化，这些转变始终是围绕人类文化意识的转变，影响人类的价值观和生活方式，符合人类文化追求自由和命运共同体的本质，又不可避免地对民族—国家观念、主权、领土观念产生影响，从而对国际关系的发展趋向产生久远深刻的影响。从这个层面上看，这条线索可以作为人类社会的走向与前瞻来进行思索，引导国际关系领域教学、科研向更为科学的方向发展。

第三，全球化新的阶段特征使文化问题在国际关系教学领域被赋予更丰富的内涵。自19世纪以来全球化的发展在经历了5个发展阶段之后，随着英国脱欧和美国特朗普上台，全球化的负面潮流一时间超过全球化正面潮流，对国际关系的走向和理论均产生较为显著的影响。在这其中，一个必须引起重视的问题是：中国在此时成了全球化的中坚力量。习近平总书记在亚太经合组织第二十四次领导人非正式会议第一阶段会议上的发言明确阐述了中国对于经济全球化的态度："坚定不移引领经济全球化进程。经济全球化进入阶段性调整期，质疑者有之，徘徊者有之。应该看到，经济全球化符合生产力发展要求，符合各方利益,是大势所趋。我们不能因为一时困难停下脚步,要在参与经济全球化进程中,注重同各自发展实践相结合,注重解决公平公正问题,引领经济全球化向更加包容普惠的方向发展。我们要用行动向世界宣示,亚太对经济全球化决心不变、信心不减。"①中国的态度表明,一个强大繁荣的中国必定要对世界和平做出贡献。可见,全球化的新阶段,中国由全球化的参与者变为引领者,在其中的角色变得更为重要,必将发展成为全球新的政治文化力量,中国外交、中国文化、文化权利、文化安全成为国际关系领域需要进一步探索的重要问题。

二、新时代国际关系教学中文化相关讨论需要注意的几个问题

在以往的国际关系教学中,我们基本上是用西方的理论来解释问题,也用西方的批判理论来批判问题。即使近30年来,中国一大批优秀学者力图创立国际关系中国学派②,但在国际关系领域的教学中,我们介绍他者、解释他者居多。如今,面临的问题是,在这样一个政治、经济、文化元素充分融合的变革时代,我们应该如何更加客观全面地评价"我族"与"他者"? 如何更客观地回应我们与"他者"共存的世界发生的问题? 这其中涉及意识形态领域的问题、我们的文化立场问题,也是我们在国际关系领域教学中应该更深层次思考的文化相关问题。

一是意识形态安全问题。按照俞吾金教授的观点,"意识形态是一个总体性的概念","它以语言为载体","包括政治思想、法律思想、道德、哲学、宗教"等许多具体的意识形式,主张"观念统治世界"。③ 意识形态是国际关系研究一个重要的组成部分,对国际关系领域的教学来说至关重要。在笔者看来,在教学中把握这一问题,需从三个方面着手:一是坚定主流意识形态。坚定主流意识形态在教学中一个核心层面是坚定中国共产党的领导。在国际关系领域,要分析中国共产党作为世界第一大政党的比较优势,强调我们的政治主张、价值观念。诠释中国发展与中国政治自信的关系;中国共产党带领中国90多年取得的成绩,体现的大国担当,设计的"中国方案"联动世界发展。二是正确处理中西政治制

---

① 习近平总书记2016年11月20日在亚太经合组织第二十四次领导人非正式会议第一阶段会议上的讲话。
② 秦亚青:《构建国际关系理论的中国学派》,《人民日报》,2016年2月15日。
③ 俞吾金:《意识形态论》,上海:上海人民出版社,1993年,第68—74页。

度与意识形态的不同。伴随我国国际地位的提高与国际关系体系发生的新变化，中西意识形态的对抗可能会出现某种程度的缓和。这种缓和为国际文化交流打开新的空间。国际学术界和国际社会将不仅仅用西方价值一个标准或一个维度来看待世界。国际文化界一直主张的文化多元化逐渐被肯定。中西文化不再从意识形态层面把彼此作为"假想敌"，而从多元文化的不同视角更多地换位思考，会使国际关系的教学与研究更为务实。三是正确认识当前西方的"去意识形态化"问题。要看到，课堂教学中引导中国文化及意识形态领域挑战美国地位对于国际关系领域的教学并无益处，但也要注意当前美国提出的"去意识形态化"也不可取。去意识形态化的一个危险副产品是，一些国家在国际关系上不按规矩出牌，违背契约精神，造成"民粹主义抬头"。在综合当前国际形势的背景下，讨论相关问题应该选择恰当的分析实例、合理的视角、客观的评价。

  二是中国国际关系理论的讨论方法问题。对中国国际关系理论的讨论，近年来学界高度关注，是我们整个领域的"文化发展"问题。国际关系理论引导我们的教学、科研的方向和方法论，在教学中要注重处理好以下几个方面的问题及相互关系：① 西方国际关系理论的正确把握。国际关系理论源于西方，将西方国际关系的主要理论、重要流派扎实地传播到课堂上，仍然是我们在教学方法上要坚持的方向。多年来，我们在教学和科研中所完成的是对西方理论的介绍、解读、分析、比较，甚至批判。这是教学和研究国际关系的学科基础和基本方法，不会改变。② 中国实践是中国国际关系理论之源。中国国际关系学者努力创建自己的国际关系理论与学派。经过数十年的努力，显然已经取得丰硕的成果。新时代的中国大国外交必然催生有中国特色的中国国际关系理论体系，必然使中国的国际关系理论以特有的东方智慧走上世界舞台。为此，在国际关系理论的教学中，"照搬照抄"西方理论，或者"言必称西方"在本质上危及中国国际关系理论发展并影响我们的教学质量。如何用我们的理论解释国际关系的实践？国际关系理论以往研究中缺乏中国案例。从国际关系的实践上来看，当前的中国，处在种种变化的漩涡中心。"一带一路"的设想，达沃斯论坛的呼吁，都表现出中国对全球化进程得以持续下去的决心与渴望。习近平总书记指出，中国引导全球化的最终目标是构建人类命运共同体，实现共赢共享。中国的国际关系理论必然产生在这样的东方智慧之中。③ 用中国理论讨论中国方案。在笔者看来，分析、比较和探索全球治理的中国方案，是中国国际关系理论和中国学派的，本身就是当代中国为世界输出的公共产品。中国方案中渗透着中、西方国际关系理论、外交思想的源头与发展路径,却是一个不同于以往的全球治理思路。过去我们的国际关系理论体现的是西方发达国家的理念,而今则需要用中国理论、中国智慧提出世界问题的中国解决方案与思路。这样,中国学界完全有资格与国际同行进行平等的对话。如此,我们的理论教学也才会有一个较为全面的把握。

三是中国传统文化的融入问题。杜维明先生曾经这样提出:"中国真正要崛起必须是文化的崛起。""国家文化软实力应该是影响世界核心价值的魅力","儒家文化的生命力在于传统文化内化为当代核心价值的基础,与'地球村'的出现带来了全球生命共同体的融入"。[①] 胡慧林教授也认为,当前中国的国家文化发展问题不是去探索"被动的国家文化制度安排,而是国家文化战略的主动设计与谋划"[②]。在国际关系领域教学中对中国传统文化的融入进行探索,是国际关系教学中的一个重点,也是难点。笔者粗浅地认为,有必要在以下几个方面与学生进行探索:其一,站在中国人的立场上,我们为什么、要以怎样的世界伦理与其他传统对话。发展中国特色的国际关系和外交,我们必须在本位的基础上吸收外来成就,通过中国伦理本身内在的要求通往世界,才能体现"建立既融合又独立的文化特色"的中国文化原则与策略。在这一过程中,要明晰在我们的文化传统中,有哪些资源可以应用,哪些障碍必须克服,而又能保持我们自己文化的特色,使中国传统文化中的"内圣""道统""外王"在国际关系领域得到新的、更好的阐释。其二,拓展与西方传统、西方理论的对话思路、对话途径。新时代中国国际关系学人的任务,重要的不是我们可以找到多少与"他者"文化的共识,而是在文化、宗教、价值多元的现代世界中找到中国传统与全球伦理、宗教对话的最多的可能。在教学中,一方面要避免极端相对主义所造成的各执己见与矛盾冲突,另一方面又不至跌落回绝对主义所造成的消除异己的弊端。我们需要探索的是这样的目标:在丰富的国际关系理论与实践中,有一个共同的根源或基础,然后逐渐分化成不同的存在与价值领域,我们身在其中。其三,在国际关系的理论系统中逐渐形成中国传统的定位。笔者浅见,未来国际关系理论的发展,比较理想的是会出现这样的面貌:我们可能建构一个巨大的系统,涵盖丰富杂多、表现深刻矛盾冲突的内容,它们熔为一炉后结合成为一个整体,却又井然有序,分别在这个系统之内得到它们适当的定位。儒家文化传统要渗入到现代国际关系理论

---

① 杨朝明:《孔子文化奖学术精粹丛书:杜维明卷》,北京:华夏出版社,2015年,第187页。
② 胡惠林:《文化战略与管理》(第一卷),上海:上海人民出版社,2012年,第11页。

体系中，需要做深入的疏解和切合时宜的诠释，在全球化世界中显示出新的功能和意义。

三、新时代国际关系领域教学方法中应注意的文化相关问题

第一，从教学表达上，坚持教学中传递正能量、与时俱进。要使学生对国际关系领域的理论和现象认识更为深刻，就要在课堂上充分调动学生思维主动性，增强学生对新时代中国特色社会主义的道路自信、理论自信、文化自信。在教学中特别需要处理好以下几个方面的问题：一是历史与现在、未来的关系问题；二是分析好双边、多边关系问题。按照党的"十九大"提出的我国外交关系处理的基本原则与宗旨，同时考量双边、多边关系的根本目的是全球和平与全球问题的解决；三是处理好理论与现实的关系问题。对西方理论的演变及客观评价，宗旨是用马克思主义的理论和思想方法来引导学生思考国际关系的格局，增强学生的全局意识和大局意识。

第二，从教学内容上，坚持实事求是、强化底线意识。大数据推动了我国文化传播方式的变革，信息安全风险剧增、西方文化入侵和渗透日益加剧使意识形态和主流价值观面临被边缘化的危险，特别是随着以社会化媒体、移动传播、大数据传播为特征的媒介融合时代的到来。国际关系的教学要坚持实事求是的原则，强化底线意识，把握语言尺度，坚持自信的开放理念，在确保教学方法、教学质量的同时，引导与启发学生成为专业人才。

第三，在教学指导思想上，坚持兼容并蓄、他为我用。在学术话语、思维方式、写作范式的方法上，侧重于比较法在教学中的应用的同时，坚持中国学术。使国际关系由"在中国的学术"向"中国的学术"的方向转变，即在充分借鉴、吸收西方和外来学术有益、有用成分的基础上，实现学术身份的转换，中、西不同主体性的转变。建构基于中国文化土壤、中国学术、适合中国文化的、有中国特色的创新的国际关系学科。

开设涉台课程的总结与思考

沙卫东

【摘要】 本文概要介绍了近年来大陆高校开设涉及中国台湾的课程情况,梳理了获得涉台资讯的渠道、途径,介绍了主要涉台学者(重点是台湾学者)及其研究成果,设计了涉台课程的主要内容,总结并反思了涉台的教学方法。

【关键词】 涉台课程 参考文献 课程内容 教学方法

【作者简介】 沙卫东,同济大学政治与国际关系学院政治学系,讲师。

2001年以来,我在同济大学陆续开设了一些涉及中国台湾的课程,如公共选修课"台港澳概论""台湾政治经济与两岸关系",以及政治学与行政学专业的"港澳台地区政治与发展""战后国共两党关系演变与两岸关系发展"等。使相关课程受学生欢迎,让学生修读后有收获和提高,一直是我努力追求的目标。

一、大陆高校开设涉台课程概况

查阅大陆著名高校近年来的培养方案,发现有不少开设了涉及中国台湾的课程,如北京大学国际关系学院开设了专业选修课"台湾概论"与"两岸关系与一国两制";中国人民大学国际关系学院开设了外交学专业选修课"台港澳政治与经济",国际政治专业留学生培养计划和外交学专业辅修第二学士学位要求里有"台港澳政治"课程;外交学院的国际政治专业开设了专业选修课"台湾研究";浙江大学的国际政治专业开设了专业选修课"台湾政治与社会研究"。

北京地区高校开设的校际选修课里,有一门是"台湾政治经济与两岸关系",有近20个高校的学生可以选修此课。

大陆不少高校还设立了台湾研究院(所),其中,最有名的是厦门大学。成立于 1980 年 7 月 9 日的厦门大学台湾研究所,是海内外最早公开成立的台湾研究学术机构。2004 年 2 月 19 日,经厦门大学批准,升格改制为台湾研究院。2014 年,由厦门大学台湾研究团队牵头,与中国社科院台湾研究所、复旦大学、福建师范大学共同组建的"两岸关系和平发展协同创新中心"入选国家级"2011 计划"。该院是目前大陆最大的涉台人才培养基地,30 多年来已经向各级各类涉台工作部门输送了大量的涉台专业人才。该院的人才培养全面贯穿于本科生教育、研究生教育以及实务部门人员的继续教育全过程。30 多年来,该院共招收博硕士研究生约 600 人,其中,台湾学生 50 多人。截至 2017 年 6 月,该院已经毕业博士研究生 53 名,硕士研究生 216 名。该院还鼓励教师为学校其他院系开设本科生课程或做专题讲座,以增强本科生对台湾知识的了解,拓宽他们的知识面。2004 年以来,该院教师已利用短学期为本科生开设全校性选修课程 60 多门,做专题讲座 300 余场。[①]

在这次修订本科生培养方案时,有观点认为,在国际政治、国际关系、外交学专业的培养方案里设置涉台课程,是"政治不正确"。笔者以为,"台港澳问题",尤其是台湾问题,具有特殊性,不能只从中国大陆的角度看,还应该拉开距离,从地区、国际的角度看。所以,中国外交部在香港/澳门特别行政区设有特派员公署,在其他省区则没有;大陆涉台机构自 20 世纪 90 年代起也引入外事系统人事,目前,国台办主任刘结一、中国社会科学院台湾研究所所长杨明杰、全国台湾研究会会长戴秉国,都是外事系统出身。我理解,中国共产党自"十九大"后中央处理两岸关系,一方面,以我为主,着力推进两岸经济社会融合发展和心灵相通;另一方面,加强在国际政治经济等各层面,压缩蔡英文当局制造、扩大"台独"活动的国际空间。所以,国际政治、国际关系、外交学专业的学生是应该要修读涉台课程的,不存在所谓"政治不正确"的问题。

二、资讯与参考文献

每次上涉及中国台湾课程的第一堂课,我都会向学生介绍获得涉台资讯与参考文献的渠道、途径,要求他们课外去了解、阅读。

---

① 厦门大学台湾研究院简介,http://twri.xmu.edu.cn/14285/list.htm,2018 年 1 月 18 日。

随着互联网和移动通信的发展,学生的阅读习惯也发生了很大变化。与之相适应,我首先介绍的是涉台公众微信号和涉台网站,详见表1和表2。

表1 主要涉台公众微信号

公众微信号	账号主体
今日台湾(twdaily)	中国台湾网台湾频道
直通台湾(zhitongtaiwan)	中央电视台
台海研究(thyj147)	上海台湾研究所
台湾研究动态(twyjdt)	个人
侠客岛(xiake_island)	人民日报海外版编辑部
中评社(crn2005)	北京中评时代传媒科技有限公司

表2 主要涉台网站

涉台网站名称	网址
国务院台湾事务办公室	www.gwytb.gov.cn
海峡两岸关系协会	www.arats.com.cn
中国台湾网	www.taiwan.cn
台海网	www.taihainet.com
中国评论新闻网	www.crntt.com
"行政院"大陆委员会	www.mac.gov.tw
财团法人海峡交流基金会	www.sef.org.tw
"中央选举委员会"	www.cec.gov.tw
中国时报	www.chinatimes.com
联合报	www.udn.com
自由时报	www.ltn.com.tw
苹果日报(台湾)	www.appledaily.com.tw
"中央日报"网路报	www.cdnews.com.tw
风传媒	www.storm.mg
中国国民党	www.kmt.org.tw
民主进步党	www.dpp.org.tw

浏览涉台公众微信号和网站主要是为了获得即时资讯,而要获得系统而深

入的理解,还是该阅读相关学术论文和学术专著。

目前大陆有关台湾研究的主要学术刊物有:

《台湾研究》:由中国社会科学院台湾研究所主办的综合性学术刊物,创刊于1988年,原为季刊,2004年改版为双月刊。主要刊登涉台重大问题、热点问题以及基础性研究等学术文章,内容涵盖台湾政治、经济、社会、文化以及两岸关系等领域,兼载书评、学术动态等。

《台湾研究集刊》:由厦门大学台湾研究院主办,创刊于1983年,原为季刊,2010年改版为双月刊。主要发表关于台湾问题的前沿研究成果,包括台湾政治、经济、法律、历史、文学、宗教、社会、教育以及两岸关系等方面的论文、书刊评介、学术综述等。

《现代台湾研究》:由福建省社会科学院现代台湾研究所主办的综合性学术期刊,创刊于1993年,原为季刊,现为双月刊。主要刊登有关台湾政治、经济、社会、法律、文化、历史、文学宗教和祖国统一、两岸关系等方面研究的学术论文。

《台海研究》:由中共上海市委台湾工作办公室主管、上海台湾研究所和上海社会科学院出版社主办的公开学术性季刊。2013年9月在国内外公开出版发行。主要发表有关台湾问题的最新学术研究成果,包括:两岸关系和平发展理论与实践,两岸重大政策分析研究,两岸关系回顾、进展与趋势研究,当代台湾政治、经济、社会、文化研究,涉台国际问题研究等。此外,还刊登重大学术活动、学术信息、书评等。

《台、港、澳研究》:中国人民大学书报资料中心编辑发行的"复印报刊资料"双月刊。精选研究台港澳政治、经济、社会、文化、教育、历史等方面的优秀成果,多层次、多视角解读台港澳政治社会、经济生活中的热点问题和发展问题。主要栏目有"一国两制"理论与实践、两岸关系、台湾研究、香港研究、澳门研究等。

大陆研究台湾问题的学者主要有:陈孔立、陈先才、陈星、郭建平、郭震远、郭中军、姜南扬、李非、李家泉、李松林、李义虎、李振广、刘国深、刘红、刘景岚、刘震涛、林冈、贺涛、何子鹏、胡公展、黄嘉树、倪永杰、彭维学、单玉丽、沈惠平、史卫民、苏格、孙代尧、孙岩、孙云、陶文钊、唐正瑞、佟文娟、王鸿志、王建民、王俊峰、王为、王英津、吴寄南、吴仲柱、肖元凯、信强、刑福有、徐博东、徐锋、严安林、杨立宪、余克礼、张春英、张风山、张海鹏、张仕荣、张文生、张耀武、章念驰、赵勇、周忠菲、祝捷,等等。他们的论著在大陆很容易找到,且他们的论著大部分是由(北京)九州出版社出版的。

要对台湾和两岸关系有全面了解，不能只从大陆的角度、只看大陆人的论著，还须从台湾的角度、阅读台湾人的论著。鉴于目前大陆对台湾的论著不易获得，我在课堂上会做重点推介。在此概要如下：

台湾世新大学李功勤教授的专著《台湾政治发展史：1895年迄今》（幼狮文化事业股份有限公司，2013），以客观的历史高度，深入剖析台湾百年来的政治发展。

台湾大学政治学博士彭怀恩的专著《台湾政治发展历程》（风云论坛有限公司，2013），运用政治发展理论，探讨1949年以来台湾政治体系的变迁，检视影响台湾政治的历史脉络，包括政治、经济、社会结构，分析从蒋介石、严家淦、蒋经国、李登辉、陈水扁到马英九的政治动态。

彭怀恩的另一本专著《"中华民国"政府与政治析论》（风云，2009），从政治学的角度，来探讨1949年以来在台湾的政治体系与政权机关；从动态的观点，描述选举制度、政党政治及利益团体活动，并进一步分析台湾当局的对外及两岸政策。

从1972年6月蒋经国接任"行政院长"到1988年1月辞世，张祖诒始终是蒋经国的重要文胆，见证了那一段台湾政治与经济的重大变革。他撰写的回忆录《蒋经国晚年身影》（远见天下文化出版股份有限公司，2009），追忆在蒋经国身边16年的日子，触及当时接班的敏感话题，以及台湾几次重要历史事件，是重要的史料记录，有助于了解蒋经国先生担任"行政院长"与"总统"期间重大决策的背景。

由高雄应用科技大学前校长吴建国撰写的《破局：揭秘！蒋经国晚年权力布局改变的内幕》（时报文化出版企业股份有限公司，2017），运用第一手资料以及当事人的陈述，探讨蒋经国两任"总统"任期权力的斗争与角力，揭开种种改变台湾命运重大事件的真相。

要了解李登辉的生平、思想、主张及其执政期间的重大事件，可以阅读他的《台湾的主张》（远流出版公司，1999）《李登辉执政告白实录》（印刻出版公司，2001）《新·台湾的主张》（远足文化事业股份有限公司，2015）。

2000年，民进党创造了台湾历史上第一次政党轮替，在胜选的狂喜中上台执政；然而八年之后却被民众羞耻地赶下台，甚至在"立法院"的席次剩下不到四分之一，刚下台的陈水扁更因贪污洗钱遭到收押。这中间，到底发生了什么事？台湾未来的路，又该怎么走？陈国祥主编、南方朔等著《哭泣的台湾：看民进党执政八年》①(印刻出版公司,2008),从不同角度探讨民进党执政的八年,举证翔实,论述深刻。《联合报》总主笔黄年(笔名:童舟)著《这样的陈水扁:执政八年同步纪实(2000—2008)》(联经出版事业股份有限公司,2008),是陈水扁执政八年的同步纪录,也是对陈水扁"泛权谋主义"的精辟解析。林浊水的专著《历史剧场:痛苦执政八年》(印刻出版公司,2009),细数 2000—2008 年民进党陈水扁执政期间台湾政治与社会的病态,期望公众走出各种基本教义派或绝对主义的迷情,以更清明的睿智来关怀台湾的未来。

台湾大学政治学系教授暨台湾大学调查研究中心主任洪永泰教授的专著《谁会胜选? 谁会冻蒜?》(天下文化,2014),以深入浅出的笔调及图表告诉读者,如何判读民调预测结果,如何解读统计数字的意涵及限制,如何理解政治版图;进一步了解:省籍情结是否存在、民调如何操控,种种政治议题。

对两岸关系的研究,台湾学者的成果丰硕,主要有:

中国文化大学邵宗海教授的系列著作,如专著《新形势下的两岸政治关系》(五南,2011)、主编《探索两岸和平协议的多元角度观察》(五南,2013)、专著《两岸谈判与协商:从白手套到官方接触再到?》(正港资讯文化事业有限公司,2016)。

台湾大学政治学系张亚中教授的系列著作,如《两岸主权论》(生智文化事业有限公司,1998)《全球化与两岸统合》(联经,2003)《一中同表或一中各表:记两岸统合学会与联合报的辩论》(生智,2010)《统合方略》(生智,2010)《两岸政治定位探索》(生智,2010)《剥复之间:两岸核心问题探索》(生智,2012)。

包宗和、吴玉山主编的《争辩中的两岸关系理论》(五南,1999 年初版,2011年 2 版)以及《重新检视争辩中的两岸关系理论》(五南,2009)。

张五岳主编的《两岸关系研究(第 3 版)》(新文京开发出版股份有限公司,2014)。

黄年著《大屋顶下的中国》(天下文化,2013)《蔡英文绕不绕得过中华民国:杯子理论与两岸未来》(天下文化,2015)《献给天然独:从梵谷的耳朵谈两岸关系》(联经,2017)。

蔡东杰等著《图解两岸关系》(五南,2015)。

---

① 该书的撰稿人分别是:"序论一"南方朔,"序论二"黄肇松,"宪政篇"高永光,"外交篇"苏起、陈一新,"国防篇"兰宁利,"两岸篇"林祖嘉,"经济篇"朱云鹏,"财政篇"韦伯韬,"教育篇"秦梦群,"人事篇"黄创夏,"人格篇"黄光国。

毕业于中山大学政治学研究所的黄志呈博士著《在台湾演变中的中国人认同：从1992年至2012年之民调资料分析》（致知学术出版社，2015）。

陆委会前主委、"国安会"秘书长苏起著《两岸波涛二十年纪实》（天下文化，2014）。

海基会前副董事长兼秘书长高孔廉著《两岸第一步：我的协商谈判经验》（联经，2016）。

中国国民党文化传播委员会前主任主委李建荣的《解冻两岸20年》（天下文化，2011）。

随着两岸交流的发展，出现了两岸学者在对方出版学术论著的情况，如毕业于中国人民大学政治学系、供职于汕头大学的陈健博士在台湾出版的《台湾选举制度的政治学分析》（博扬文化事业有限公司，2012），台湾大学政治学系教授、台湾"中央研究院"院士朱云汉主编、在大陆出版的《台湾民主转型的经验与启示》（社会科学文献出版社，2011），都是很有见地的学术专著。

国外学者在两岸出版的论著，也是应该阅读的，可以了解第三方的视角与观点。如［美］陶涵（Jay Taylor）著、林添贵译的《蒋介石与现代中国》[①]（时报文化，2010；中信出版社，2012）《蒋经国传》（时报文化，2009；华文出版社，2010），［美］卜睿哲（Richard C. Bush）著、林添贵译的《台湾的未来——如何解开两岸的争端》（远流，2010）《未知的海峡：两岸关系的未来》（远流，2013），以及［美］丹尼·罗伊（Denny Roy）著、何振盛和杜嘉芬译的《台湾政治史》（台湾商务印书馆，2004）。

三、课程内容与教学方法

在教学大纲和教学安排里，我将介绍中国台湾的课程内容设计为以下几个板块：

一是台湾的自然、历史、人文概况介绍；

二是台湾政治析论，包括：政局演变、政权架构、政党政治、选举政治等；

三是台湾经济透视，包括：发展过程、内外条件、取得的成绩、存在的问题、

[①] 该书在台湾出版的中文书名是《蒋介石与现代中国的奋斗》。

未来发展等；

四是海峡两岸关系的回顾与展望，包括：大陆的对台政策、台湾的大陆政策、两岸交流与商谈、存在的问题、努力的方向等；

五是审视"台独"，包括：历史演变、组织与人物、理论与思潮、社会基础、国际背景、发展前景等；

六是台湾问题的国际因素分析，包括：美国、日本、东南亚、其他国家、国际组织等。

台湾的政治、经济、两岸关系、所处的区域和国际形势等都处在快速的变化中，所以涉台课程是时事性很强的课程，需要及时做出回应，至少学生要知道发生了什么。每次上课时，我都会花一段时间去回顾、评论一周以来发生的与台湾有关的重要事情。一方面是了解学生课外收集整理相关资讯的情况、督促他们养成持续关注的习惯；另一方面，趁热打铁，引导学生思想激荡、多角度分析思考，加深理解。如果一周来发生的涉台重要事情比较多，回顾、讨论就会占用较多课堂时间，可能会影响既定的教学进度，需要在两者之间取得平衡。

上课还是以我为主。认真备课，做好PPT，储备些短视频，影音结合，以饱满积极的状态面对学生。

当然，提高学生的课堂参与也很重要。我经常要求学生完成课堂报告（准备好PPT并口头报告）进而组织交流讨论，督促学生由被动学习转变成主动学习。

我还会要求学生至少精读一本涉台学术专著，写读书笔记，凝练专著内容，谈谈读后体会。一方面是督促学生多读书、读好书，另一方面是锻炼、提高他们的写作能力。

我的课堂上常有一些来自台湾的交换生以及大陆去过台湾交换或旅游的学生。我会请他们通过比较谈各自的感悟体会，加深相互理解。青年代表着未来，他们的多交流、多沟通、多谅解，有助于拉近两岸同胞的心理距离，实现习近平总书记讲的"两岸同胞的心灵契合"。

关于本科教学中多样化教学体验的思考

栗晓红　杨海燕

【摘要】 作者在多年教学经验上提出，注重学生多样化教学体验是一种有效的教学方法。多样化教学体验是指教师根据学生的认知特点和规律，通过创造各种情境和机会，促使学生在课堂教学过程中主动、积极地认知并思考，结合自身的经验关联融入情感，由此生发丰富的联想和深刻的领悟。本文在概念理解基础上，分析了以多样化教学体验为手段的课程设计的原则和类别，并进一步对该教学方法可能导致的误区进行了反思。

【关键词】 本科教学　教学体验　多样化教学体验

【作者简介】 栗晓红，同济大学政治与国际关系学院社会学系，博士，副教授；杨海燕，上海财经大学公共经济与管理学院税收系，博士，讲师。

本科课程教学的目的有三个：第一，把相关知识传授给学生；第二，提升学生运用知识分析和解决问题的能力；第三，对学生予以价值观的引导和人格的培养。如何取得最大的教学效果是每一位教师要思考的问题。本文认为，注重学生多样化的教学体验是一个比较有效的教学方法，其核心在于调动学生的学习兴趣，诱发学生进行主动思考，促使学生积极整合自己的经验，从而最大程度地开发学生的潜力。

一、何谓多样化教学体验

（一）教学体验

体验最早是一个心理学范畴的概念，是指一种由体验主体的多种心理因素，比如态度、想象、理解、感悟等共同参与的心理活动。我对教学体验的理解是教师根据学生的认知特点和规律,通过创造各种情境和机会,促使学生在课堂教学过程中主动、积极地认知并思考,结合自身的经验关联融入情感,由此生发丰富的联想和深刻的领悟。这同时也是一种需要随时发挥社会学想象力的状态,要勤于在自己的微观经验和宏观社会结构之间、即时经验与历史变迁之间穿梭。简要地说,使学生保持课堂"在场"的状态。

美国实用主义哲学家、教育家杜威从经验自然主义的哲学观出发,提出教育的本质之一是经验的不断改造。尽管杜威没有用"体验"而使用"经验"这一概念,但他所说的经验与体验有着相似的内涵。他在《民主主义与教育》中提到:"经验包含一个主动的因素和一个被动的因素,这两个因素以特有的形式结合着。只有注意到这一点,才能了解经验的性质。"[①]换言之,经验可以分为主动和被动两个方面。主动即体验,即尝试,是为求得某种结果而进行的尝试行为。被动即是经受,是接受感觉或承受体验的结果。当主动尝试与承受结果结合在一起时才构成经验,单独一方均不构成经验。

教学体验不是一种被动行为,而是学生在通过多种自主的活动后自觉产生的,在体验中获得并加强的认知、感受、领悟和意义。教学体验最重要的是教师在精心设计、循循善诱、给予充分的自由的前提下,充分调动学生自身的能动性。

(二) 多样化教学体验

多样化教学体验相对应的是单一教学体验,即课程教学中只重视一种教学方式,只为学生提供一种教学体验。目前在中国,特别是指传统的"授—受"型教学模式。在"授—受"型教学模式中,教师作为知识的权威和拥有者,主要作用是讲授和传递书本知识,而学生则是被动的知识的受体。教师对学生观察、了解、分析、归类是为了更好地管理、控制学生,以达到期望的教学效果。师生之间很少有真正的精神交流,难以形成积极的情感体验。在"授—受"关系中,常有的是居高临下的说教,很难有平等的对话和交流。教师漠视学生的独特性、自主性,把自己的观点、思想强行灌输给学生。在这种情况下,学生要么是接受知识的容器,但是这些知识往往是和自己的经验有隔膜的,是书本上的知识;要么是身在心不在,难以集中注意力听课,即便是知识接受这一基本层次上,效果也大打折扣。

---

① 约翰·杜威:《民主主义与教育》,王承绪译,北京:人民教育出版社,2001年。

所谓多样化体验,指教师运用多种形式的教学手段,比如,传统的讲授、学生参与讨论、课外阅读与思想笔记、实际案例分析、课堂辩论、课上课下练习与测验、实地参观与调研、邀请有实务经验的专家讲授等方式,给学生带来丰富的体验。多样化体验可以避免单一体验带来的单调和乏味感,有利于充分调动学生的兴趣和积极性,促使其主动参与和思考,师生在对话中进行知识与智慧的交流。

多样化的教学体验要求教师能够设身处地为学生着想,不会强行用自己的思想代替学生的思想,用自己的行动代替学生的行动。尊重每一个学生的独特性,不会用统一的标准衡量所有的学生,知道每个学生学习方式的不同,让每一个学生都能在教学中获得成功的机会,体验到生命成长的快乐。

二、多样化体验在本科课程中的设计

(一) 基本原则

1. 多样化教学体验是手段而非目的

这是多样化体验教学设计的首要原则。多样化体验是为了高质量地培养人才,切忌本末倒置,为了学生体验而去设计教学。对于很多教师,尤其是年轻教师来说,追求学生体验有很大的诱惑力,因为这样的课堂更为显得活泼和激动人心,更容易被学生认可和追捧,这些表面上的华丽容易使人忽略教学和人才培养的严肃性。在任何时候,都必须把真正促进学生知识的精进、思维的训练和人格的养成放在第一位。从另一个角度讲,多样化教学体验并不排斥任何一种教学方式,如传统的灌输式教学,在特定教学目标和特定情境下,灌输式教学可以是一种非常适合的教学方式。

2. 多样化教学体验是体验的有机结合而非拼凑

这是多样化体验教学设计的第二原则,也是第一原则的逻辑结果。能够清楚意识到多样化教学体验非目的,而只是手段,就意味着必须用目的来引领多样化体验的设计和安排。这样的设计和安排也意味着多样化的教学体验是有机的要素结合而非杂乱无章的体验拼凑。对于教师来说,如何能够做到有机结合,这既需要对每一次教学的目的和内容有清晰的认识,也需要对学生有一定的了解,还需要熟悉各种教学方式及相应的学生体验,能够根据需求灵活地运用这些方式和体验。

（二）类别分析

现代大学教师应该为学生提供多种多样的学习体验，通过传统的讲课、实际案例的讨论与辩论、大量的阅读与写作、实地体验等形式，来加深学生的理解，更好地掌握课程要求的内容，并激发学生课外学习的兴趣，而后者更为重要。以下简单分析下教师采用较多的一些教学体验。

1. 讲授法

传统讲授是最古老也是大学里最广为使用的教授方法。值得思考的问题是它有效吗？如果是，那么在什么样的情况下才能产生最佳效果？讲授的优势在于可以提供全面的知识，概括分散在多种原始资料中的材料，通过提供学习方向和概念框架来帮助学生更有效地阅读，集中教授各种关键性概念、原理或思想，往往可以激发学生在某个领域加深学习的兴趣。讲授的过程中，教师还能展示解决问题的各种方法。运用讲授法最为忌讳的是，教师只考虑授课内容的完整和全面，忽略学生的感受。在这个意义上讲，我们这里讲的讲授法不同于传统的方法。讲授的时候要密切观察学生的状态，随时调整自己的用语、节奏和内容。

2. 现实案例讨论

案例法在商学和法学教育上有着较为广泛的运用，往往指通过商业案例和法律案例的讨论来学习商学和法学知识。这里的现实案例讨论法是一种比较宽泛意义上的讨论，指引导学生讨论社会现象，从中概括提升出知识，或运用已有知识和原理进行分析，从而使上课有趣味，知识有效用，能力有提升，学生有收获感。一般而言，与脱离有意义的背景情况而进行的学习相比，案例提供了融入背景的学习，案例讨论能产生良好的学习效果。案例往往是学科领域中问题情况的真实描述，一般包括几种可以选择的处理方法或举措，案例教学要求学生不仅应用所学的课程内容，还要主动查阅其他资料。

3. 课外阅读与小课题研究

课外阅读、相关影片赏析和小课题研究是激发学生主动学习的一种重要手段。本科课程的教学不能局限于教科书学习，而应该广泛阅读相关文献，教师应教会学生如何进行理解性阅读，如何思考作者的写作意图，思考本次阅读与以前的学习的关系，思考怎样运用他们所理解的知识。比如：学习重要的篇章之前先看标题；写下他们想要解答的问题，阅读时加旁注；在重要的概念下方划线或做上明显突出的标记等。除了阅读之外，观看相关主题的影片也是一种好的方法，在增加趣味性的同时，让学生学习用文字、图像、故事，甚至舞蹈等多种表达方式进行思考和表述的能力。和课程相关的小课题研究是一种非常好的方法，教师通过对整个研究过程的指导，采用学徒制的方式培养学生综合运用所学知识提出问题、分析问题和解决问题的能力。

（三）以课堂案例讨论为例的教学设计

为使学生获得深层次的体验，最关键的是调动学生的积极参与态度。就积极学习而言，典型的教学方法就是讨论。通过讨论，帮助学生学会如何消化知识、如何应用知识以及如何思考。在教学过程中，讨论会自然而然地从阅读教材时遇到的各种问题、教师教授过程中的难点、学生的各种经历体验，或者之前的课尚未解决的问题中生发出来。在运用课堂案例讨论时有以下几个关键问题需要把握。

1. 清晰的问题意识

为了什么而讨论？希望达到的目标是什么？这是案例讨论的逻辑起点，这要求教师对课堂目标有着清晰的认识。在实践中，我们经常见到为了讨论而讨论的现象，课堂似乎很热闹，但是讨论背后的问题意识不清晰，整个讨论非常散漫，学生最后也没有什么收获。从这个意义上讲，所有的讨论都是教师的精心设计和安排，而所谓教师灵机一动而发起的高质量讨论往往意味着教师娴熟的组织讨论技巧，而这背后是多次经验的积累和感觉的到位。一旦问题确定，讨论的契机可以是灵活的，可以从当下的社会热点开始，从共同的经历开始，从观点的分歧和争论开始，从实际问题或疑难问题开始等。

2. 灵活的组织形式

讨论看似是学生积极主动的发言，背后是教师的精心组织。就讨论形式而言，可以是课堂随机发起，让学生就某一个现象进行分析和讨论，也可以是让学生课后充分准备，课堂再进行讨论。前者适合调动学生兴趣、让学生练习课程原理等情况；后者适合多种理论的综合运用，在这种情况下，如果学生未曾就有关的讨论内容进行深度思考，要进行讨论是很困难的，可以考虑在一节课结束时给学生布置一些问题，让他们在下一次课之前就这些问题收集资料。就目前讨论实践来看，后一种方法运用得较少，还需提高。

讨论还可以分成小组讨论和个人讨论两种形式。小组讨论适合以下几种情况：第一，班级人数比较多，小组讨论便于把更多学生纳入讨论中；第二，希望培养学生团队协作能力；第三，尤其适合决策类的论题。如果班级规模较小，而且主要是观点的碰撞,可以采取个人讨论的方式。有时候也可以把两种方式结合起来用,辩论也是讨论的一个元素。

3. 微妙的引导和总结

一次优质讨论要求教师有着高超的课堂节奏掌控和推动能力。一方面,要使学生认识到讨论的价值,认识到学会高质量表达,学会和老师、学生沟通的重要性。另一方面通过塑造宽松且开放的课堂气氛,使得学生乐于公开谈论自己的想法,乐于倾听他人意见并做出反应,提高表达能力的同时,也提高倾听的技巧。同时,还应该培养学生形成讨论的规则意识,包括以下几个方面:第一,同学之间一旦发生观点相左的情况,可以辩论,但是不可进行人身攻击;第二,学会尊重别人,在同学发言的时候要认真倾听,不应低头做自己的事情或者看手机;第三,要注意控制发言的时间,不要一个人滔滔不绝占用课堂太多时间。

教师还要在讨论中时刻关注全班同学的状态,要照顾那些内向、不爱发言的同学,主动让他们发言,还要学会中止那些说话太多的同学,比如规定一次发言时间不超过多少分钟,一次讨论中最多可以发几次言,等等。最后,非常重要的是,要时刻注意对讨论进行总结提升,这是讨论的画龙点睛部分,只有超越学生的讨论水平,方能体现教师的专业水平,学生的收获才会比较大,也才有更持久的动力参与以后的课堂讨论。

三、更多思考

(一) 关于讨论式教学的进一步思考

单一体验教学包括传统的以教师为中心的灌输式教学和现在时兴的以学生为中心的讨论式教学。考虑到前种教学方式的弊病在思想上已被广泛认识,在实践上也得到了部分纠偏,我们在这里着重讨论后一种教学方式。部分是出于对灌输式教学的唾弃,部分是出于对西方大学研讨课(seminar)的神往,近些年来,我国大学教学中渐渐有了一种讨论式教学的风潮——由学生阅读材料和组织课堂讨论,教师主要进行点评。这种教学方式对于激发学生深入阅读课程材料和广泛参与课堂讨论有其积极意义,但是如果整个课程都采取这种方式,乃至所有课程都鼓励采用这一方式,仍然是不可取的。原因在于这种方式不能根据不同课程或者同一课程内部不同教学目标来灵活选择教学方式,而后者需要多样化教学体验。从这个意义上说,多样化教学体验实际上是多种教学方式的组合,任何单一教学方式都不能够满足人才培养目标。

(二) 关于教师自身的课程体验与学习

体验式教学的对象不仅仅是学生,教师也会从课堂上获得各种感悟并引发其自身的思考。对学习体验获得感悟的最佳途径是研究自己的学习。通过师资培训、各类会议及实践参与,教师也作为学习者带来自己的成长和提高。对自身学习经历的特点和问题进行反思,对于教学工作来说有很大的意义,会使自己更加清楚地意识到作为教师的行为对学生的影响有多大。对教师而言,最重要的是结合自身经历,设身处地地理解学生体验学习的方式,根据自身教学实践来设计合适的教学目标、教学方法和评价标准,努力把那些最能帮助自己的学习方法和行为进行整理和概括并付诸实施。多样化教学体验对于教师同等重要。

包容、启发与创新
——本科教学改革交流

张　俊

【摘要】 学生是教学的主体，教学改革的核心应以学生为中心。学生面临各类压力，有提升学习境界、学历层次、综合能力的愿望，但教学中存在老师主导而学生参与不足，以知识传授为主而能力培养不足，重结果考核而轻过程培养等问题。教学改革的态度是理解学生的处境、尊重学生的选择，引导学生重思考，鼓励学生干中学，支持学生创新。具体的方法可选择实践性强、包容性高的课题，以一个问题为中心，多个角度分析，分享知识平台，促进学生个性转化为创新。

【关键词】 包容　启发　创新　教学　改革

【作者简介】 张俊，同济大学政治与国际关系学院社会学系，博士，副教授。

传统的教学，教在前面，学在后面，老师是主动的，学生是被动的。在资讯发达的今天，知识的获取已经非常多样便捷。以老师为主导的传授式教学受到诸多挑战，教学改革势在必行。教学改革需要重新审视学生的处境和学习意愿，分析课堂教学的困境和问题，激发学生的学习兴趣，培养学生的能力，提升学生的境界。教学改革就是重新回到以学生中心的教学，学生的学习积极性、主动性被调动起来以后，老师所起的作用就是启发和引导，为学生的学习提供指引，提供机会，提供平台，促进学生的个性转化为创新。

一、学生的处境与学习意愿

曾经的大学生是天之骄子，考上大学成为大学生，就是社会的精英，因此学生有很强的自豪感。随着大学扩招，更高学历层次毕业生的增加，大学本科生的社会地位相对下降了。同学们虽说考上同济这样的名校非常不容易,但是还有迫切提升自我的强烈愿望。

(一) 学习境界的提升

这是一个新时代,也是一个巨变的时代。现在大学生的成长过程多数有良好的物质环境,但同时面临不少的困惑。在进入大学前,要跨过层层考试,到了大学,应试的压力少了。同学们也更有时间和机会思考自己的学习过程。他们对教育是有期望的,希望教育能够给他们解惑。在应试教育阶段,学生更多的是记住了知识,而没有去思考知识是如何生产的,知识如何从实践中提炼出来。面对很多知识困惑,他们往往不知道如何去处理,尤其是如何从一个知识的学习者变成一个知识的运用者。同学们想知道为什么学习的理论这么难懂?这些理论是从哪里来的?这些理论有用吗?跟我们相关吗?在中学阶段难以解决的问题,在大学阶段终于有机会来应对了。

(二) 学历层次的提升

到同济来学习的学生,往往有继续深造或出国留学的打算,因此他们的本科教育只是他们教育链中的一环,是希望为下一步的深造学习打基础的。对于一些能够前后贯通的基础课程,他们就非常重视,希望能够在这些课程中学习到非常全面、扎实、深入的基础知识,而且取得比较好的成绩,在将来申请研究生、博士生或者出国的时候,能够有比较好的课程成绩和课程成果,可以去跟导师交流。

(三) 综合能力的提升

大学的扩招,产业结构的转换,使大学毕业生面临着巨大的就业压力。曾经的大学生是不会为就业烦恼的,考上名牌大学,就会有非常好的就业。而现在的情况是,考上大学才是万里长征第一步,离一份理想的工作还有很长的路要走。同济大学的本科毕业生,找一个工作没有什么问题。但他们往往有更高的职业期望,也就会面临更大的就业压力。

要面对就业压力,就要有全面的能力。同学们非常看重英语、计算机、研究方法等能力的培养,但另一方面,同学们也非常清楚仅仅只有这些硬知识是完全不够的,而需要以能力去面对压力。几个关键的能力就是思考能力、判断能力、操作能力。面对一个实际问题时,如何去思考?在众多的利弊中如何去权衡、选择、判断,如何找到着手点,将它操作落实?而这些能力的培养是同学们急需的,他们希望在课程中有这样的训练过程,有这样的教学安排,并提供反复训练的机会。

二、课程教学的三个问题

(一) 老师主导与学生参与不足

传统的教学方式就是老师在讲台上讲,学生在下面听,大部分时间以老师的讲解为主,学生也参与讨论和问题回答,但在课程时间上的安排很少。这样的方式有它的好处。老师可以按照一个框架,对这门课程的知识体系做一个全面系统的介绍。而且讲课老师在这门课程上往往有多年的教学和科研的经验,老师进行详细的解释和阐释,能够将老师的学习心得以及相关体会介绍给学生。有利于学生理解知识的生产,也就是知识是如何积累、生产和发展的,这是老师为主导型的教学的长处和合理性。但另外一方面,老师为主导的教学方式,在资讯特别发达的今天,就面临着几个问题,首先学生往往难以长时间专注听讲,尤其是人文社科类的课程,学生的注意力容易分散,很难长时间集中。在一学期的连续课程中,要保证每个45分钟学生都全神贯注,对课程内容、课程设计、老师的讲解都有非常高的要求。常见的状况是老师在上面讲得很投入,很深入,很陶醉,但是学生在下面可能就已经开始神游了。所以,以老师为主导型的课程教学模式,在资讯特别发达、阅读碎片化的今天,面临着很大的挑战。

如果以学生为主体,以学生讲解作为一种主导教学方式,又面临一个什么问题呢?学生可能参与性很高,积极性很高,但是毕竟学生进入这个领域的时间非常短,相关的周边知识积累非常少,学生在交流和介绍的时候往往不够深入。它的好处是,虽然不够深入,因为是学生自己的体会、自己的总结,所以印象深刻,会在学生的头脑中留很长时间。

课程教学的改革要在老师的主导性与学生的参与性间取得平衡。教学效果最终的检验标准在学生,学生学习兴趣提高了吗?知识掌握了多少?能力形成了多少?思路开阔了吗?老师的知识再多,不一定能够激发学生的学习兴趣和积极性,那教学就变成了老师的自我欣赏、自我陶醉。课堂教学中,老师的首要作用是调动学生的学习积极性，让学生知道课程知识这么有趣、这么好玩、这么惊喜、这么有用。学生的积极性起来后，老师就要在知识的海洋中给学生指引方向和导航。

（二）以知识传授为主而能力培养不足

学海无涯，对于任何人来说，知识都是学不完的。虽然这是终身学习的时代，要活到老，学到老，但比学习更重要的是知识的运用与生产。因为知识学得再多，如果不会融会贯通，不会在实践中运用，那学习知识便成了书柜藏书，只可以满足知识的展示，在有需要的时候炫耀一下。在处理具体问题时，学习的知识拿不出来，发挥不了作用，这样的知识都是"书柜式"知识，用处不大。更不要说，遇到新问题，既有知识都无法解释，无法提供答案时，能否运用已有知识去提出新思路、新方法了。知识再多，都在书本上，都在考卷上，这样的知识都是不牢靠的，不实用的。所以，课堂的教育是要让学生形成能力。

仅仅靠听老师讲课，听知识体系，并没有进行实战演练，学生的能力肯定培养不起来。但在现有的教学体系下，老师重在将完整的知识体系在课堂上全面地讲解，意在呈现知识的历史、框架、关系等。但如何在实践中运用知识，如何在实践中检验知识的有效性却少有涉及。因为要培养学生的知识运用能力，就要有更多的实际调查、课程作业、课堂讨论，而且需要反复训练、反复尝试，需要有一个时间周期。此外，能力的形成必然与个体的特征相关，并不会是一个标准化的培养过程，每个学生所需要的帮助会有一定的差别。老师需要对每个学生的个性等有些基本的了解，才可以在课堂教学中有针对性地进行指引。然而，在有限的课堂时间里，并不是每个老师都能够认识每个学生，可能连每个学生的姓名都记不起来，难以对学生的个性有所了解，那么，老师的课堂讲解的重心就自然而然在知识上了。另外，能力训练仅靠课堂时间肯定是不行的。一门课程的课堂教学时间是固定的，增加了能力训练环节，必然会增加老师课堂外的工作量，在没有其他激励制度的安排下，愿意去主动积极多花时间培养学生能力的，只能是个别老师的行为。

（三）重结果考核而轻过程培养

课程成绩对于学生拿奖学金、就业、升学、留学都很重要，所以，学生还是非常看重学习的成绩，但是现在的课程考试方式，为了强调客观性、公正性，多以考试的方式进行,试卷包括了课程的知识要点,以及运用知识对一些问题的看法、观点和评述等。以考试的方式检验学生的学习有一定的好处,能够促进学生梳理知识点,形成整体的知识框架。但是问题也很明显,在有限的考试时间里,多是以知识点的记忆为考点,学生考前背得滚瓜烂熟,考后忘得一干二净。对于短期记忆力好的学生,平时不怎么学习,到时候拿到课堂笔记、课本和相关资料快速记忆,也能有个不错的考试成绩。学生在这门课上投入的时间很少,知识没有内化,能力没有形成,但是有个不错的成绩,会激发学生投机取巧的心理和行为,也会影响其他课程的学习。

课程考试不仅检验学生的学习效果、学习成果,还要检验学生的进步。比如,一个学生的卷面成绩是 85 分,另外一个同学的卷面成绩是 80 分,但 85 分的同学在此门课上参与积极性不高,进步也不大,而 80 分的同学在此门课上参与积极性高,进步很大。那么,从教育的本意来说,80 分比 85 分更有意义,这是有进步的 80 分。教育不就是促进人的完善和改变吗?但是在分数上 85 比 80 分高,80 分的进步意义被忽视了。此外,通过考试还要促进学生学习、能力培养。考试成绩是一个激励措施,引导学生的学习,成绩的评定应该基于学生的整个学习过程,而不仅仅是一个结果。如果考试对学生学习的促进作用有限,形成错误的信号,会影响真正认真学习的同学。

三、课程改革的态度

(一) 理解学生的处境

教学改革的重心在老师,中心则在学生。中国高等教育经过 40 多年的发展,其形势已经发生了很大的变化,大学生面临更大的就业压力,更多的选择方向。学生对大学学习的期待已经多元化。大学要为国家培养栋梁,培养学术后备军,发展科研,学生的目标则更加个体化和具体。只有理解了学生的处境,才能有更宽广的心胸去包容各类学生的各类想法。大学当然应该为社会培养精英,但不仅限于精英。社会的发展需要各式各样的人才,只要学生将来都能够脚踏实地,通过自己的努力为自己、为家庭、为社会、为国家创造幸福生活,教育就算是成功的。

(二) 尊重学生的选择

学生都十分年轻，未来有无数的可能，老师可以去引导学生，但应尊重学生本身的特长与本身的选择。有太多的例子是，老师、家长基于更崇高的目标来指导学生的专业选择、职业选择、研究方向选择，去培养学生的能力，但并没有从心底里了解学生的兴趣、爱好，最终学生可能会在某方面形成很好的业务能力，但在人生的发展上多少会有遗憾，总觉得自己的兴趣、爱好没有去延伸，去满足。更多的情况是，学生勉强应付，能力没有发展，时间也浪费，心理还受到影响。因此，老师要明白，不是所有学生都是对专业知识非常有兴趣的，即使老师通过各种方式激发，也不一定成功。但学生可能对其他方面特别着迷、感兴趣，比如创新、创业、跨专业学习等。对于这样的情况，老师就要理解学生在大方向上的选择，能够将课程知识与其大方向选择结合起来，一方面，可以拓展课堂的知识面，另一方面，也可以增加学生的学习积极性。

(三) 引导学生重思考

学生将来不论从事什么工作，思考能力总是重要的，这也是大学教育的精髓。在每一门课程中，都应培养学生的思考能力。这对老师的要求较高，也考验老师的"内功"。知识的发展肯定是基于实践的需要，但问题的解决都离不开思维的突破。思维的美妙是每一个高等教育学习者应该享受和体验的。在每门课程中，前人积累了很多的美妙思考，老师就是将这些思维的跳跃与闪现再次通过语言呈现出来，跟学生一起分享前人的研究乐趣、思考乐趣，让学生体会到独立思考的重要性和乐趣。这样的过程，就是老师和同学一起成长的过程，是教学相长的过程。

(四) 鼓励学生干中学

大学生已有学习过程多是直接学习知识，也就是学习已经成形的知识，但对知识的形成过程缺乏体会和感受。知识在学生的头脑中过于抽象，难以与实际情况联系起来。大学学习的过程就是要逐渐弥补学生知识与实践之间的鸿沟。鼓励学生参与社会实践、社会调查，学生针对实际问题，再回到理论中来，理论就不那么抽象，也更能理解理论指导实践的可能性和重要性。

(五) 支持学生的创新

老师的知识多，也容易受既有知识的条条框框所束缚，而年轻人成见少，往往往会有些大胆的想法。其实,学生大胆地想,对于学生和老师来说,都是最宝贵的财富。就个人教学经验来看,并不是所有的年轻学生都能大胆地去想,有想法的学生也是少数,能大胆去想的学生就更少,对于能够基于事实有理有据的提想法的学生,都应该鼓励、支持。哪怕想法比较另类、比较理想。整个课堂保持开放的态度,不拘泥于标准答案,形成探索的氛围,对于全班同学都是受益的。

四、课程改革具体方法

(一) 选择实践性强、包容性高的课题

在课程教学中提供实践性强、包容性高的课题供同学们参与。比如,"上海隆仁里口述史",此课题基于上海城市发展变迁的宏观背景,对一个里弄做深度挖掘,可以从建筑、空间、文化、生活、历史、社会、治理等多方面去分析。当时隆仁里即将要拆迁,作为建筑的隆仁里将很快消失,作为上海里弄精神载体的隆仁里应该得到传承。同学们得知有这样一个调查课题,也很兴奋。可以近距离地去了解上海里弄了,虽然上海里弄一直都在,但没有这样的课程安排,可能一直不会这么深入地去了解一个里弄。里弄对于同学们来说,有距离、有好奇感。一个里弄就是城市的一个细胞,对于想了解上海、了解大城市的人来说,都是一个非常好的窗口,同时里弄的复杂性可以包容同学多元的兴趣。

(二) 提倡一个问题多个角度分析

差距总是在对比中出来的,同学们在一起学习,一个最大的好处是可以互相学习。在分析、思考、解决一个问题的时候,大家一起来,从不同的角度去收集资料,去发现问题,可以激发同学们的学习兴趣。以一个问题为主,可以保证大家的合力,如果每个同学各选各的题,各个题目相关性不大,那么对一个问题的理解就比较浅显,无法深入。大家都向一个方向选题,人多力量大,只要老师引导得当,可以大大提高研究的广度和深度。多个角度分析,可以让各个同学发挥特长,激发兴趣,避免选题与学生的个人选择脱节。同学们的参与积极性就会提高,就会将课程学习与个人的发展结合起来,为学生长远的成长助力。

(三) 建立学生为中心的知识创新分享平台

大学课堂提供了一个知识分享的平台,传统的教学主要以老师为中心来分享,学生参与分享的机会比较少。以一个调查研究课题为主导,让学生来分享自己学习的知识,发现知识的过程可以极大地提高学生的学习积极性、主动性,而且可以大大提高课堂知识的来源,让同学们尽早来到一个真实的分享环境。在多元的知识来源和交流讨论中,同学们可以更好地去理解知识的形成、知识的传播、知识与个体认识的关系,也更能促发学生去思考、探索。在分享的过程中,老师要提醒学生保持开放包容的心态,当所有的同学都加入了开放的交流过程,同学的个性、问题的共性会逐渐显现。老师要保护同学的积极性,保护讨论中闪现的火花,鼓励同学深入学习、深入研究,将个性转化为创新。

实践教学

基于领导力培养的课堂案例教学与实习基地建设联动模式初探
——以政治学与行政学专业行政类课程群为中心*

田 亮

【摘要】 本文在本科生行政类课程的案例教学的实践基础上,尝试按照"引进来""走出去"的思路,将校外教学实践实习基地的相关资源引入传统的课堂教学环节中,以期校内和校外"两种资源"、课堂教学和实践教学"两种形式"、学生和教师"两个主体"的无缝对接,尝试使理论和实践相互促进的"学堂—公堂—学堂"学习模式,以期切实提高在校大学生将理论知识用于分析、解决基层政务实际问题的领导能力。

【关键词】 案例教学改革 教学实习基地 领导力培养

【作者简介】 田亮,同济大学政治与国际关系学院政治学系,博士,教授。

引言

在大学公共行政类课程教学中,案例教学的意义和作用毋庸置疑。但对于基本无公共管理实践经验的广大本科生来说,目前通行于 MPA、MBA 阶段的案例教学方式,其教学效果却差强人意。在目前大学本科课堂教学和校外实习培养模式下,如何通过流程优化等手段,最大限度地提高本科生的创新思维能力和解决实际问题的管理能力,就成为现阶段本科教学改革的一个重要目标。为此,我们在多年来的探索过程中,试图找到一条通过教学机制"微创新"的渐进式教学改革之路。概括起来就是:充分利用现有资源,通过"走出去"和"引进来"两

---

* 本文是同济大学教学改革研究与建设项目"政治与国际关系学院国际化发展与实践教学模式的探索与研究"的中期成果。

种方式,一方面尽可能地借助公共管理实务界的力量来扩展实践教学空间,强化案例教学的知识与技能培养功能;另一方面,最大限度地利用任课教师的理论研究优势,增进校外集中实习实践的能力培养效果,从而将卓越政务管理人才培养方略落到实处。

政治学与行政学专业培养方案中的公共行政板块课程旨在培养大学生解决问题的实践能力。实践能力的习得,无外乎通过两个途径:一是长期的实践历练,二是包括案例教学在内的各种间接性学习。通过典型案例情景模拟,案例教学可以显著地提高学生分析和解决实践问题的思维能力,有效地弥补本科生培养过程中实践环节训练的不足。确切地说,案例教学是一种在教师的安排和指导下,学生通过阅读、讨论已被整理出来的个别事物某一时段、某一方面的具体情况来理解同类事物的一般原理的教学方法。与传统课堂教学方法不同,案例教学十分注重学生的主动性、创造性的发挥,注重引导学生通过对具体案例的多视角、多层次的论辩、分析和归纳,运用相关概念和理论工具,模拟公共管理实境,提出解决问题之道。在案例教学过程中,一个适当的案例以其实践性、具体性和实证性的特点,打通了行政管理理论与实践的鸿沟,即通过直接和间接的描述向学生提供模拟性的情境,让他们能够运用所学的理论和方法设身处地进行分析和判断案例所处的内外环境,提出解决问题的相应对策和方法,从而为他们将来的行政管理工作奠定坚实的能力基础。

一、本科生案例教学所面临的挑战

同济大学作为"双一流"高校,始终把培养拔尖创新人才作为自己的使命和责任,确立了"知识、能力、人格"三位一体的人才培养模式,努力使每一名学生经过大学阶段的学习、熏陶以后,具有"扎实基础、实践能力、创新思维、国际视野、社会责任"五方面的综合特质,成为引领可持续发展的专业精英与社会栋梁。具体到政治学与行政学本科专业,培养目标则是使学生具有政治学、行政学等学科的知识,能运用定性和定量方法解决实践问题,具有一定的组织、协调和管理能力。由于深刻地认识到案例教学在培养学生能力过程中的重要性[1],我们在"公共行政

---

① 宁骚:《公共管理类学科的案例研究、案例教学与案例写作》,《新视野》,2006 年第 1 期。

学""当代中国政府与政治""公共政策分析""地方政府学""社区公共事务管理""领导与决策学"等一系列与行政管理能力培养密切相关的课程中,进行了形式多样的实践探索。其中一个重要环节就是二年级学生暑假被安排到街道、乡镇进行为期四周的集中实习实践,亲身体验基层公共管理与实务。从数年来毕业生近100%的就业率和用人单位的好评率来看,本专业教学改革业已取得了显著的成效。

但是,通过几年来的教学实践我们也发现,由于大学生特别是低年级大学生缺乏社会实践经验,对基层公共管理和服务情境认知不足,使得我们在开展案例教学过程遇到一系列困难。主要表现在:

一是学生学习行政管理专业技能的动力不足,学习主动性不够。目前在校大学生在理论学习的过程中,比较普遍地存在着目标模糊、积极性不高的状况。调查表明,由于他们在校期间还无法预料到将来在可能的政务实践中需要哪些知识和技能储备,有时候即使"知道"专业技能学习的重要性,但在行动上又没有表现出应有的紧迫感和强烈的求知欲望。因此,如何激发大学生学习公共管理理论和技能的积极性,成为目前大学公共行政教学工作中面临的一大难题。

二是课堂案例讨论浮于表面,效果欠佳。一方面,大学生从学校到学校,完全缺乏与公共事务管理相关的问题意识和情境感,从而使得他们提出的政策方案和管理措施大多无的放矢;另一方面,则应归因于任课老师的知识结构和偏好。在目前大学普遍重科研轻教学、重理论创新轻实践经验的考评导向下,任课老师大多从书斋到学堂,长于理论分析而短于实战经验,因而在案例选择、解决方案的针对性方面可能与鲜活的公共管理现实格格不入。

三是暑期实习实践与课堂教学存在着较大程度的脱节。在暑期集中实习实践过程中,学生们虽然一定程度上能接触到真实的政务实践场景,但由于缺乏相关知识和技能的储备,这种实习往往成为见习,成为"雾里看花"。实习单位指导教师出于大学生实习时间短和处理复杂事务能力有限等考虑,大多不愿或不敢把实际事务放手交给学生去做,因而造成在多数情况下,学生在实习实践过程中不过是基层治理活动的旁观者,至多是作为帮手承担一些无关紧要的杂务。因此,如何有效提升课堂案例教学和校外集中实习实践的教学成效,达到通过实践环节来锻炼学生分析、判断、创新性思维和实际解决问题的能力,就成为集中实习实践教学所要面对的主要课题。

鉴于上述理由,我们在政治学与行政学本科专业教学中,以"卓越的政务管理人才"为培养目标,探索并初步总结出了一套政务实践案例教学模式。该模式的主要特点是：将校外教学实践实习基地的相关资源引入传统的课堂教学环节中，以期实现校内和校外"两种资源"、课堂教学和实践基地实习"两种形式"、学生和教师"两个主体"的无缝衔接，从而切实提高在校学生将理论知识运用于分析、解决基层政务实际问题的能力。

二、突破实践教学瓶颈的思路和方法

为了进一步提升并整合近年来政治学与行政学专业实践实习改革成果，探索在约束条件下完善"卓越政务管理人才"培养模式，以打通传统理论教学和实践教学之间的阻隔为目标，我们着重在如何发挥校内和校外"两种资源"的合力优势，以及如何对接课堂教学和实践教学"两种形式"上下功夫，以期构建"野外实践—课堂教学—野外实践—课堂教学"的学习闭环。

我们发现，让大学生在实践中接受挑战是激发他们理论学习和技能操练积极性的有效途径。为此，我们尝试了多种形式的现场教学和案例教学，一方面通过邀请基层政务管理者和公益组织领导人进课堂的方式，将鲜活的基层政务实践和社区治理课题带入相关课程案例教学过程之中，以激活实践案例讨论，不仅能有效地锻炼学生的创造性思维能力，推动他们的专业基础知识和基本理论的学习，而且有助于教师实践教学能力的提升；另一方面，则是让学生带着课堂教学中接触到的理论和方法去有意识地参加校外实习。主要做法如下。

（一）课堂讨论从政务实践中精选案例素材

我们一般在学期开始之前，组织任课教师集体备课，确定若干实践教学知识点，然后向相关教学实习基地征集他们在实践中遇到的重点难点问题，组织学生有针对性地进行研究性学习，并及时将讨论结果反馈给实习基地。比如：我们在与上海杨浦区某街道负责人的接触中发现，2015年以来，在上海市委市政府加强社会基层治理有关文件的精神指引下，以加强社会治理、资源下沉为内容的街道体制改革虽然在聘用人员若干序列上进行了梳理，大幅度提高了社区工作者的薪酬待遇标准，但受原有的体制机制束缚，人力资源管理仍有相当大的改革空间。为了让暑期实习更有成效，我们提前大半年让学生就课题查阅文献，进行前期调研，爬梳相关资料。这样，同学们在走上街道实习岗位之前，早已对街道的运行体制、管理难点等了然于胸。当他们一旦进入现场后,就能迅速进入状态,帮助实习单位解决一系列实际问题。例如:本专业 2015 级的一名学生,在实习之前总认为地方政府在应对群众上访过程中行为失当,对地方政府和基层公务员的评价偏于负面。2016 年暑假,他恰好被安排到该街道的社区综治中心实习,任务是跟随信访办工作人员处置辖区内群众信访。结果他一个月的工作精力"基本上耗在一个缠访户那里了"。这段经历很大程度上改变了他对地方政府的认知。实习结束后,他不仅写出了颇有见地的实习小结,还在接下来的"社区公共事务管理"课上进行了精彩的案例报告。

(二) 引入基层政务管理者进课堂,改善案例教学环节

邀请相关教学实习基地的政务管理者走进课堂,担任主讲嘉宾,作案例讨论点评人,与同学们密切互动,可以切实改变理论教学苍白、案例教学"不接地气"的现状,大大增强案例教学的针对性。这个案例讨论应安排在暑期实习之前的课堂上进行。河南省濮阳市某乡镇是属于典型的黄河滩区,所属县为省级贫困县。近年来,当地政府借国家实施黄河滩区居民整体搬迁战略之机,计划集中建设一批社区化住宅,一方面解决滩区搬迁人口房源问题,同时加快推进小城镇建设。该镇党委和政府对土地流转、村级两委班子的建设、提升镇干部的能力等现实问题非常关切。我们校地双方在有关部门的支持和协调下,在该镇挂牌建立了同济大学教学实践实习基地。了解当地政府的诉求后,我们很快地成立了联合课题组,随即围绕上述重点难点问题开展了初步调研。我们把当地政府关切的现实问题抛给"社区公共事务管理""公共政策分析"和"公务员制度理论和实践"等课程的任课教师,让他们事先组织学生熟悉当地的经济、社会等背景资料,并学习有关理论知识。比如:我们布置学生阅读《黄河边的中国》等著作。在初步讨论的基础上,逐步凝聚成了几个适合本科生参与的课题,由任课教师分工合作,编写成案例,组织学生深入学习。后来在安排案例讨论课时,我们邀请到实习点的镇党委书记走进课堂,担任嘉宾和案例点评人。具有丰富一线基层管理经验的党委书记,带着一口浓重的河南乡音,妙趣横生地分享他处置的几个典型案例,耐心回答同学们关切的问题。书记的现身说法使同学们身临其境,深受启发。学生们感叹说,"纸上得来终觉浅""原来中国乡镇工作太复杂了,基层干部待遇低,晋升通道狭窄,责任大权力小,太不容易了",从而对从事公共管理工作更多了一分敬畏之心。

(三) 课堂案例讨论与集中实习对接

由于课堂案例素材来自社区治理一线的实际需求,因而问题导向非常明晰。我们的课堂案例是大学生在未来集中实践实习将要遇到的真问题,而嵌入式的田野集中实习实践所直接面临的治理技能,又是他们在实习之前在学校已经有所准备并在课堂上讨论过的。所以,同学们在实习单位实习过程中,能迅速地进入角色,成为当地政府的好帮手,提出创新解决问题的思路。仍以河南濮阳为例。近年来当地公办学校遇到来自民办机构的不公平竞争,生源大量流失,老师不满意,学生家长也不满意,但当地政府对此却束手无策。在我们同当地公办学校校长和骨干教师的座谈会上,同学们运用所学到的公共管理知识,给他们提出了一些创新性政策建议,使他们觉得思路一新,也因此对学生们刮目相看。

课堂学习和实习环节的无缝衔接,不仅体现在学生集中实习的过程中,而且还体现在实习结束后的课堂教学环节中。当同学们集中实习结束后,他们会再度回到课堂。由于他们有了一段基层公共事务治理的亲身体验,再进行案例讨论,针对性就明显提高,所提的政策建议和管理对策也变得有的放矢。

本科生在大二年级暑假到基层政府进行为期一个月的实习实践,是他们检验专业理论知识、操练各项技能的难得机会,必须抓好落实。但如果不能提前筹划、精心准备,实习效果会大打折扣。为此,我们在安排学生暑期实践之前,先行与实习单位指导老师沟通,根据他们的实习岗位需求和技能要求,回来设计有关课堂案例讨论题目。比如,2017年,上海杨浦区某街道文化活动中心在暑期需要较多帮手,任务包括筹办上海体育节长跑比赛、中小学生古诗文大赛等项目。得知这个需求后,我们提出了"文体赛事的运营与管理"课题,将之嵌入"公共行政学"课程的案例教学环节中。这部分内容在教材中其实没有直接体现,但有关知识点仍然间接地反映在"行政沟通""财务行政"等章节中。相关同学接到任务后,非常兴奋,主动查阅相关书籍,并各显神通,咨询周边有类似经验的学长学姐,编写了可操作的策划方案,又在课堂上进行模拟角色扮演,取得了良好的效果。

实习过程中校内指导老师和实习单位指导的沟通非常重要。按照学校的要求,我们的指导老师在学生实习实践期间,将多次走访实习单位,与学生交谈,了解他们在实习过程中遇到的困难,听他们谈实习实践体会。同时,与实习接受单位指导老师见面,了解同学们的工作表现。实习单位反映,我们的学生不仅视野开阔,创新意识和能力俱佳,而且做事有板有眼、收放自如,是近年来接受数批实习学生中表现最好的一批。

（四）集中实习实践后的总结与课堂设计

实习实践告一段落后，我们要求同学们认真撰写实习报告，并召开实习总结大会，交流实习经验。为防止实习总结交流走过场，我们要求学生们根据一线的观察和体验，给我们的课程设置和教学工作提建议和意见。当然，受制于学校科层制的管理体制，已定的培养方案不可轻易更动。不过，在目前课程体系中，进行教改"微创新"仍有可操作的空间。学生的学习过程并不会因为一门课的结束而终止。为了最大限度地利用好实习实践机会，我们还充分考虑到后续课程的有效衔接。为此，我们与后续的"社区公共事务管理""人力资源管理""组织行为学"等课程的任课老师沟通，在组织相关知识点教学中尽可能补差补缺，不断完善学生的知识结构。

三、结语

在公共管理类课程教学中，相对系统的理论教学和经验性的案例教学可以做到相互促进、相得益彰，其中课堂理论教学是基本形式，案例教学只能是课堂理论教学的一个有益补充，而且大学生参加社会实践的途径并不限于短短的一个月集中实习。我们的探索只是着眼于如何最大限度地开掘并利用暑期这个集中实习实践平台，一方面提高集中实习的有效性，另一方面则为改进现存课堂案例教学提供一个外部支持。至于如何打通学校课堂案例教学和校外实习基地的实践教学之间的阻隔，如何发挥校内任课老师和校外实习单位指导老师各自的优长，充分利用校内和校外两种资源，还有许多值得研究的课题。

参考文献

［1］ 罗依平,戴宗.案例教学改革与公共管理学科研究生科研创新能力培养[J].研究生教育研究,2012(6).
［2］ 宁骚.公共管理类学科的案例研究、案例教学与案例写作[J].新视野,2006(1).
［3］ 陈慧荣.案例教学的方法论基础——以公共管理教学为例[J].中国大学教育,2014(9).
［4］ 郑淑芬.案例教学法的作用、实施环节及需要注意的问题[J].教育探索,2008(4).

与学生同游
——论城市社会学课程中的实践教学

钟晓华

【摘要】 随着全球城市化、后工业化进程的逐渐深入,城市的重要性日益突显,城市研究教学也逐渐多元化,教学目标兼具人文反思性及实践应用性。本文通过梳理城市社会学的实践教学传统,讨论城市实践教学对学生个体培养、学科平台建设及学校地区良性发展的意义,以及新时期城市实践教学的创新导向,提出城市实践教学的重要性及发展路径。

【关键词】 城市研究 城市社会 实践教学

【作者简介】 钟晓华,同济大学政治与国际关系学院社会学系,博士,副教授。

城市是研究人性和社会过程最有效和最有利的实验室。

——罗伯特·帕克[①]

对于城市研究的日趋重视,是世界范围内的快速城市化、工业化的必然结果。城市是现代产业和人口聚集的地区,是人类文明和社会进步的标志。刘易斯·芒福德曾说:"城市实质上就是人类的化身——城市从无到有,从简单到复杂,从低级到高级的发展历史,反映着人类社会、人类自身的同样发展过程。"有关城市研究的本科教学课程,主要集中于社会学、经济学、政治学等人文社科学科,以及城市规划、建筑学、管理工程等工科学科中,体现出教学目标兼具人文反思性及实践应用性。一方面,城市发展史、城市政治学、城市文化等课程要求学生从文明发展、政治制度、增长机器、社会结构等视角理解城市发展规律;另一方面,城市规划、城市地理学、城市生态学、城市经济学等课程为促进城市发展、缓

---

① [美]R. E. 帕克等:《城市社会学——芝加哥学派城市研究》,宋俊岭、郑也夫译,上海:商务印书馆,2014年,第4页。

解"城市病"提供优化空间、创新治理的技术支撑。

城市社会学诞生于19世纪末20世纪初的欧洲,发展于20世纪上半叶的美国,其背景就是快速工业化、社会化所带来的各类城市问题和社会矛盾的产生。作为一门以城市区位、社会结构、社会组织、生活方式、社会心理、城市问题为研究对象的学科,起到了人文反思与实践应用之间的桥梁作用,并做出了打破学科壁垒、贯通理论探索与实证研究等方面的有利尝试。笔者近年来先后参与了复旦大学和同济大学的城市社会学、社区研究、社区文化、大都市比较研究(英文)、上海研究等课程的教学工作,教学对象为社会学、城市规划及其他学科(欧美交换生)的本科生,如何在教学中体现理论与应用结合是一大难点,走进城市的实践教学尤为重要。

一、城市社会学的实践教学传统

城市社会学的产生可溯源至十九世纪末二十世纪初的欧洲,许多城市由于人口激增,造成食物、住房、医疗卫生等资源及设施短缺,进而引起城市秩序混乱、生存状态恶化等问题,德国社会学家滕尼斯、韦伯、齐美尔等人从社区与社会、城乡结构理想型建构、城市精神生活特征进行了一系列理论探索。

(一) 芝加哥城市实验室

继而在20世纪二三十年代,芝加哥学派提出了比较系统完整的城市研究理论及方法,强调理解城市问题的重要性和科学性,把城市社会学建设成了一个相对独立的学科分支。芝加哥学派产生于城市发展初期的芝加哥,除了人口的快速增长外,还有一系列因素使得这个城市成为"城市研究的理想实验室":它是一座工业城市、商业中心和交易所,资本主义在那里获得了近乎野蛮的发展;它的人口结构混杂,20世纪初就有一半以上的人口是外国移民,多样性特征突出;它的地方宗教与文化认同鲜明,受到新教的影响,有厚重的文化与艺术历史基因;更重要的是,快速的城市扩张、工业发展和人口集聚引发了一系列的社会问题,芝加哥也因此被称为"黑暗的、开放的、堕落的城市"。芝加哥学派基于当时的芝加哥城市,对人文区位、邻里关系、人口、种族、犯罪、贫民窟等问题的研究,都是城市社会学研究的典范。这种问题导向的学科传统在教学中也有着很好的应用,芝加哥学派的代表人物之一罗伯特·帕克(Robert Park)就要求每个研究生一同进入贫民窟调查,通过广泛而深入的城市调查,他与同事、学生绘制了芝加哥社会问题地图,标注了青少年犯罪、卖淫、精神病和其他社会问题的发生地和发生频率,并在《流浪者的内心——关于精神与社会流动的考察》等学术著作中对移民、失业者、无家可归者等社会弱势群体进行了深入剖析。芝加哥学派的学科建设与教学实践不仅对生态学等城市社会学实证分析方法的发展做出了贡献,而且使学生在"参与观察""生活史"等方法应用中更为深入、综合地理解了自己生活于其中的城市日常生活世界。

(二) 人本主义的城市观察

继芝加哥学派之后,简·雅各布斯以其记者与作家的敏锐行走于纽约下城区,批判现代主义城市规划与建设带来的诸多弊端,倡导复杂而多样的城市生活,并以城市行动家的身份号召并参与了抵制格林威治村城市重建活动,她的《美国大城市的死与生》被城市规划、建筑学等领域奉为经典。[①] 和雅各布斯一样,丹麦人扬·盖尔喜欢用自己的城市生活经验来强调人性化城市的重要性,他带着学生观察城市公共空间,使用"公共空间—公共生活调研法"(Public Space & Public Life Survey,即 PSPL)对城市公共空间质量和市民公共生活状态进行评估。该方法旨在通过实地考察、地图标记、现场计数和访谈的方法了解和掌握人们在公共空间中的活动和行为特点,为公共空间设计和改造提供依据,从而达到创造高品质公共空间、满足市民开展公共生活的需要,这种城市观察方法也成为了较为系统的城市研究教学工具。[②]

(三) 新时期的多元交叉实践

进入 21 世纪,全球化、可持续研究等议题逐渐热门,欧美高校纷纷开设了城市社会学与全球比较研究、城市可持续研究的交叉课程,除了课堂教学外,加入了"城市游走"(urban tour)的课程设计,并设置专门的教学目标及考核方法[③]。国内目

[①] [加拿大]简·雅各布斯:《美国大城市的死与生》,金衡山译,上海:译林出版社,2006年。

[②] [丹麦]扬·盖尔:《交往与空间》,何人可译,北京:中国建筑工业出版社,2002年。

[③] Lars Christiansen & Nancy Fischer, "Teaching Urban Sociology and Urban Sustainability on Two Feet, Two Wheels, and in Three Cities," *Teaching Sociology*, Vol. 38, No. 4 (2010), pp. 301 - 313; Osgood, A. K. and Chernega, J. J., "The Challenges and Benefits of a Sociology Travel Study Course," Paper presented at *the annual meeting of the American Sociological Association Annual Meeting*, Caesar's Palace, Las Vegas, NV Online〈APPLICATION/PDF〉.(2014 - 11 - 25)from http://citation.allacademic.com/meta/p498529_index.html.

前的城市社会学教学仍以课堂教学、理论学习为主,有少数课程纳入了"走进城市"实践教学内容,但仍是实验性的。复旦大学于海教授主持的《全球城市比较研究》、同济大学伍江教授主持的《城市阅读》和东南大学段进教授主持的《城市社会空间研究》将城市行走、城市调研及实习实践纳入到了正式课程的内容及考核要求中,学生要在老师的带领和指导下,进行与课程内容相匹配的城市参观,开展课题研究,并完成课题报告。

二、城市实践教学的意义

城市社会学发展不过百年,作为一个学科的产生与兴起,始终围绕城市这个中心议题,应对不同阶段、不同制度语境下的城市问题,学科建设也在动态演进。城市社会学,不仅是社会学专业学生的一门主干分支类的专业必修课,也是城市规划、公共管理等专业的学生重要的跨学科必修课。城市既是学生的研究场域、研究对象,也是技术应用的对象,进入"城市现场"的实践教学之重要性可见一斑。

(一) 培养学生个人能力

城市实践教学,要求学生针对特定城市空间中的某一城市问题进行专题研究,应用课堂上学到的社会研究方法描述现象、解释机制、预测趋势,批判性反思西方城市社会学理论对中国城市问题的解释力。其二,将学生带入城市中熟悉的日常生活场景,锻炼其人际交往和社群融入能力,同时又引导以破除习惯的思维方式脱离常识(social removal)[①],更为全面而客观地透视现象背后的本质,扩展其理解社会的深度与广度。其三,问题导向的实践教学,要求学生以解决问题为目标,在认识问题之后,提出规划协调、政策优化、社会调整的建议方案,从而培养其策略性思考的能力。

(二) 搭建教学实践平台

城市实践教学会根据教学主题带学生进入城市社区、公共空间(广场、公园、

---

① Schmid, Thomas J. & Steven M. Buechler, "Crossing Boundaries: Sociology in the Wilderness". *Teaching Sociology*, Vol. 19, No. 1(1991), pp. 34 – 41.

街道等)以及各类城市组织(政府、学校、企业、非政府组织),组织课程走访考察的过程也是建立合作网络的过程,搭建融合各类城市组织与城市场所的实践平台,不仅能为课程积累不同类型的实践基地,也能为学生进一步的课题研究与创新创业教育整合校外导师资源。笔者通过组织实践课程,就积累了诸如街道政府、社会组织及企业园区等实践平台,在学生的科研深造、双创教育、职业发展等方面起到了积极的作用。

(三) 建立"三区联动"机制

对于常规课程而言,很难做到国际交流课程中的国内外城市走访与比较研究的深度,走进所在的城市和地区更具操作性,这在一定程度上也促进了大学与城市的互动。芝加哥大学与芝加哥市的关系是一个典型案例,大学依存于所在的城市,大学的建立与发展源于当地实业家的捐地与资助,同时城市也为学科发展提供了天然的实验场;与此同时,大学在追求普遍知识的同时也服务于当地社区,1894 年芝加哥大学建立了贫民安置院,既为贫民提供社会活动中心,又为师生提供教学实习基地,1903 年芝加哥大学的老师们又倡导成立了社会科学的慈善与社会工作教学实习中心,寻求更有效地解决社会问题的办法,20 世纪 50 年代芝大又称为当地城市更新的主要倡导者,师生与周边社区合作,共同推进了社区公园改造、住房修缮管理等工作。① 芝大与同济有很多相似之处,优势学科、优势区位、优势资源,使得同济具备成为上海研究及城市科学发展高地的先天条件,我校相关专业的学生的学习与实践成果已体现在学校所在的四平社区的城市景观改善、社区营造、社区自治等方面的实际工作中。城市实践教学从基础层面推动了"三区联动"(大学校区、科技园区、公共社区)机制的建立,是高校与城市良性互动的体现。

三、城市实践教学的创新导向

近年来,各类城市宣言、城市可持续发展目标(SDGs)②、新城市议程

---

① 郄海霞:《美国大学与城市互动的案例分析——以芝加哥大学与芝加哥市的互动为例》,《清华大学教育研究》,2006 年第 10 期。

② 可持续发展目标(SDGs)诞生于 2012 年联合国可持续发展大会(里约+20 峰会)。SDGs 旨在制定一套普遍适用于所有国家而又考虑到各国不同的国情、能力和发展水平,同时尊重国家政策和优先目标以平衡可持续发展的三大支柱(环境保护、社会发展和经济发展)。

(NUA)①等国际主流话语,以及因环境问题、贫困问题、韧性规划等议题而搭建的世界城市联盟都是自主性全球城市网络的实验性联结。在国内,中央城市工作会议、十九大报告指出,我国城市发展已经进入新的发展时期。改革开放以来,我国经历了世界历史上规模最大、速度最快的城镇化进程。如何转变城市发展方式,完善城市治理体系,提高城市治理能力,着力解决城市病等突出问题,又是中国特色新型城镇化道路的问题与挑战。在此新形势下,高校城市社会学的实践教学应顺势创新,建立问题导向的课程建设体系,将专业教学与思想政治教育相结合,在社会实践和日常生活中加强对大学生的引导,努力增强大学生社会责任感、创新精神和实践能力,引导他们树立正确的世界观、人生观和价值观。

(一)理论创新:新马克思主义"社会-空间"辩证

中国改革开放30多年来的经济与社会巨大转型,强烈地影响着中国城市化的过程、特征、机制与模式。全球化浪潮与国家的体制转型,从根本上改变了中国城市的发展环境与作用机制。新马克思主义对城市之于社会发展作用的重新评估极富启发性,城市不仅仅是社会变迁的空间载体,而成为动因本身。空间不仅是资本累积的发生场所,而成为了生产对象、生产资料本身,社会关系围绕着空间生产而产生与重构,集体消费、利益冲突、结构变迁都具有空间属性。城市空间作为社会结构的重要体现,具备经济、政治、文化等要素,社会的空间性和空间的社会性这一对辩证统一关系将贯穿城市研究及教学。

(二)团队创新:搭建跨学科、跨界教学团队

正因为空间属性的加入,城市社会学有了跨学科、跨界对话的基础。实践教学应纳入城市地理学、城市规划、建筑学、城市政治学、城市可持续研究等交叉学科视角,建立由高校教师、专业人士(如建筑师、规划师)及各领域实践者(如政府官员、企业管理者、社区工作者、社会组织负责人等)组成的跨学科、跨界教学团队,结合城市社区、单位组织、公共空间等实践地点进行现场教学。

---

① 2016年10月,在厄瓜多尔首都基多召开了第三届世界人居大会,审议通过了《新城市议程》(NUA)。NUA强调了四方面的内容:一是包容性发展、合作与分享的理念;二是城镇化、城市问题对当今全球面临的共同挑战的重要性;三是优良的城市规划是引领健康城镇化、应对气候变化和社会分化等重大全球挑战的重要工具;四是城市问题必须有系统的解决方案,要从社会、经济和环境三个可持续发展的基本维度入手,通过政府、企业和社会的合作与互动,采用立法、金融杠杆等手段对从国家政策到规划与设计、规划实施的全过程,进行创新与协同。

(三) 方法创新：大数据广度、工作坊深度

城市社会学的课程一般开设在三、四年级，学生完成了基础理论、研究方法学习和基本技能训练，城市社会学课程在此起到了起承转合的作用，既要对前阶段的学习成果进行应用巩固，又要培养专项研究能力。[①] 不同于传统的社会调查和评估方法，诸如网络痕迹、手机信令、交通卡、银联卡消费等大量实时、价值密度高的新兴数据为城市研究开拓了更为广阔的视野，避免了由于抽样数据的误差或个案的代表性不足而导致的结论偏差。如学生在社区周边设施调查时将现场统计的数据与线上抓取的谷歌街景、百度地图数据进行比对，确保数据的准确性。

除了新数据、新技术的应用，问题导向的工作坊也是实践教学的又一方法创新。学生被分成不同的小组模拟不同的城市角色，就一个具体的案例进行实地考察，并运用课堂所学进行方案设计，最后在课堂上进行成果展示。如同济大学景观专业在2017年4月开展的"共治的景观——社区参与式微更新设计营造联合工作坊"研究，以上海杨浦区创智天地片区为研究对象，着力探讨政府、企业、社会组织、商铺、居民等利益相关者在公共开放空间形成和更新过程中不同的角色与定位，并邀请不同专业的老师、专业人士、社区居民、社会组织代表进行指导及方案评审，学生在实践教学中逐渐理解实现社区景观环境可持续的"社会-空间"逻辑。

(四) 议题创新：全球化语境下的地域性

近20年来，随着传统意义上城市社会学研究的"空间""网络"转向，经济地理学的"文化""制度"转向，城市规划研究的"社会""经济"转向，当代西方城市社会学研究显得更加丰富，主题更加多元。城市社会学的研究对象开始从"单体城市"向更广泛的后福特城市形态扩展，并随着后福特生产的全球化进程与跨国分工体系的形成而逐步跨越"国家"边界，以一种全新的全球化术语来研究重构中的全球性城市社会空间，全球化成为了城市研究教学重要的内容[②]。在笔者参与的英语课程中，不同国家的学生共同参与，组成跨国小组合作讨论，甚至到不同城市进行实地调查，大大增强了全球城市比较研究的教学效果。

[①] 罗吉等：《面向规划学科需求的城市社会学教学研究》，《城市规划》，2015年第10期。

[②] Saskia Sassen, *Global City: New York, London and Tokyo*, Princeton: Princeton University Press, 2000.

另一方面，国家话语及地域性特征在教学中更显得尤为重要。中国城市化的进程将迅速叠加于"传统工业化""后工业化""全球化""信息化"的社会时空中，西方城市化进程与西方城市社会学理论并不能线性模仿和借鉴，必须进行比较理论评析，为中国城市转型发展寻求理论想象力与思路。在城市行走、阅读和反思的过程中，学生们更易从西方理论与中国经验的比照反思中体会到文化认同与本土特征，形成对于城市社会发展规律的深刻认识。

当然城市实践教学面临着学生安全保障、课程经费等诸多现实挑战，也会遇到"回到课堂"的困境，美国社会学家怀特在意大利街头的长时间参与式观察成就了《街角社会》这一著作，但他在书的后记中也讲道，因为过分融入地方圈子，以至于回到哈佛大学讲课时差点调整不了语言与思维方式。更大的挑战来自现实冲击对学生的影响，欧美的课程反思了"中产陷阱"（class pitfall）现象[1]，大多数来自中产家庭的学生在进入贫民窟后的震惊与失望成为久久不能消解的负面情绪。上海交通大学的陈映芳教授多年来带领学生进行城市社会调查，在流动人口、棚户区、征地、居住贫困等议题的调研实践中学生不乏"帮助弱势者的热忱"，陈老师告诫学生"不要有居高临下的道德优越感和救济者姿态"[2]，但这个"度"对于青年学子而言尤难把握。因此，实践教学设计要匹配课堂教学的进阶性和主题性，平衡安全保障与自主选择，把握融入深度与抽离时间，试点式地逐步推开多元教学团队与教学方法，具体的教学实践将在后续研究中深入展开。

参考文献

[1] Lars Christiansen, Nancy Fischer. Teaching Urban Sociology and Urban Sustainability on Two Feet, Two Wheels, and in Three Cities[J]. Teaching Sociology, 2010, 38(4): 301-313.

[2] Osgood, A. K., Chernega, J. J. The Challenges and Benefits of a Sociology Travel Study Course[C]. the annual meeting of the American Sociological Association Annual Meeting, Caesar's Palace, Las Vegas, 2011.

[3] Schmid, Thomas J., Steven M. Buechler. Crossing Boundaries: Sociology in the Wilderness[J]. Teaching Sociology, 1991, 19(1): 34-41.

[4] Shaw, Greg M. Living, Learning, and Teaching Anti-Poverty Policies: Reflections on

---

① Shaw, Greg M, "Living, Learning, and Teaching Anti-Poverty Policies: Reflections on an Undergraduate Travel Course," *Political Science and Politics*, Vol. 37, No. 4(2004), pp. 855-858.

② 《陈映芳谈青年与城市社会研究：城市调查的难度在哪》，澎湃新闻市政厅，2015年9月20日。

an Undergraduate Travel Course[J]. Political Science and Politics，2004，37(4)：855-858.

[5] Saskia Sassen. Global City：New York, London and Tokyo[M]. Princeton：Princeton University Press，2000.

[6] [美]帕克,等.城市社会学——芝加哥学派城市研究[M].北京：商务印书馆,2012.

[7] [加拿大]简·雅各布斯.美国大城市的死与生[M].南京：译林出版社,2006.

[8] [丹麦]杨·盖尔.交往与空间[M].北京：中国建筑工业出版社,2002.

[9] 郄海霞.美国大学与城市互动的案例分析——以芝加哥大学与芝加哥市的互动为例[J].清华大学教育研究,2006(10)：42-43.

[10] 罗吉,等.面向规划学科需求的城市社会学教学研究[J].城市规划,2015(10)：39-43.

[11] 陈映芳谈青年与城市社会研究：城市调查的难度在哪[R].澎湃新闻市政厅,2015.

高校实践教学改革模式初探：
以建设同里实习基地为例

陈 晋

【摘要】 实践教学在高等教育教学中占据重要位置。为响应新时代下国家提出的教育改革要求，高校教育者理应改进现有的实践教学模式，注重课外实习基地的多样化建设。近年来，同济大学社会学系结合自身的专业特点与定位，在江苏省同里古镇实习基地建设过程中进行了有意义的探索。

【关键词】 实践教学改革 实习基地 社会学

【作者简介】 陈晋，同济大学政治与国际关系学院社会学系，博士，讲师。

实践教学是高等教育教学的重要环节。深化推进高校实践教学改革与建设校外教学实习基地密不可分。《国家中长期教育改革和发展规划纲要（2010—2020年）》中明确提出"高校应加强实验室、校内外实习基地建设，且应加强重点科研创新基地建设"。由此可见，高校本科生实习基地建设在高校教育模式改革进程中占有重要位置。然而，部分国内高校虽然在实习基地建设方面投入巨大，却难以有效发挥实习基地的实践教学价值，造成课外教学资源的荒废，教育改革停滞不前。究其原因，很大程度上是并没有将实习基地充分发展成为具备长效性、稳固性的课外实践教学基地，这也为"如何通过实习基地建设推动高等教育改革"提供了诸多思考。

一、社会学系建设同里古镇实习基地的意义

从世界范围来看，高校实习基地与科研基地建设方兴未艾。高等学府都将本科生教育视作办学的基础与关键，而实习基地与创新科研基地为高等院校完

善教育模式、人才培养方法以及教师队伍的改革提供了广阔的平台,通过实习基地来培养高质量大学生已经成为教育进步的重要途径。德国柏林大学在最初创办时期就已经要求"教学与科研结合起来",并致力于形成"科研-教学-学习"的高校教育模式;美国哈佛大学与杜克大学将本科生教育改革重点放在"习明纳"课程体制的安排上,鼓励本科生参与跨学科学术交流以及科研项目训练,以此来培养其创新与实践能力;加州大学伯克利分校为了实现本科生教学与科研模式的互动,成立了具有实习基地性质的"本科生科研办公室",提供给本科生形式多样、数量充足的科研机会。综合来看,国外著名高校本科生教育改革过程中具有以下特点:① 重视本科生科研能力建设,关注实践教育、课程改革、实习基地与创新基地的建设;② 重视学生的跨学科交流,鼓励不同学科的学术交流合作;③ 重视学生在高校教育中的主体地位,致力于构建师生互动的人才培养模式。

从国内来看,本科生实习基地、创新基地建设正逐渐成为高等院校教育改革中的关键环节。北京大学注重深化面向用人单位基础部门的本科生实习基地建设,鼓励高校在课程改革中引入实践教学和现场教学的方式;清华大学充分利用校友资源,建立了"清华大学学生社会实践实习基地"项目;中山大学、华中科技大学也不断向实习基地输送优秀学生,并致力于构建涵盖学生科研训练、实习计划等内容的实践教学模式;复旦大学紧紧围绕学校整体发展战略和育人目标,积极"走出去",结合不同学科的特色和优势,建立校外学生实践平台。从国内著名高校实习基地建设经验来看,实习基地已成为本科生实践教学以及"第二课堂"建设的重要内容,各高校也致力于从实习基地、创新基地中寻求高校教育改革的出路。

在吸收国内外丰富的经验基础上,同济大学社会学系进行了适当的教育改革创新:大力建设江苏省同里古镇实习基地,将本科生人才培养模式、本科生跨学科交流学习、本科生科研建设、社会学系教师队伍建设等一系列教育改革内容纳入实习平台中,有效利用实践教育资源。通过同里实习基地的建设,挖掘其实践教学价值,努力构建"学术科研训练+第二课堂教学+跨学科合作+社会服务+基层教学组织改革""五位一体"式的稳固的、长效的本科生实践基地教学模式,推动同济大学、社会学专业教育改革的深入。

社会学是一门实践性极强的专业,"走向田野、扎根社会"是社会学学科发展的必由之路。《同济大学深化综合改革方案》为学校改革发展提供了具体的行动纲领,并明确地提出"以改革教学管理体制与创新人才培养模式为核心,以改革学科建设机制与优化科学研究管理体系为龙头"这一教育思路。社会学学科教育模式的改革与发展，依赖于实习基地所提供的"第二课堂"以及"实践教学"的广阔空间。本科生可以通过稳定的实习平台来夯实专业基础、提升实践研究能力，并促进问题意识、解决能力以及综合能力在实践中的稳固提升。为此，同济社会学系在致力于同里古镇实习基地建设的同时，也将重点放在探索和建设同里古镇实习基地长效的、稳固的实践教学模式，拓展社会学学科多元化人才培养模式，为同济大学学科改革与建设贡献力量。

为突出同济大学社会学学科优势，社会学系在同里古镇实习基地建设过程中，大力强调跨学科合作，将社会学专业教育模式改革与同济大学教育改革推向更高层次，并通过社会学与其他学科的交流合作所形成的"示范性效应"，为更深层次的跨学科教育改革提供宝贵经验。2015年"两会"中李克强总理强调高等院校改革中应关注"质量提升"，而跨学科间的交流合作将成为提升学科质量、推动教育改革的关键环节。近年来，同济大学社会学系与城市规划系的学术合作特别密切，并取得了丰富的研究成果。同济社会学系研究聚焦于"城市社会学"领域，而城市规划学科研究的重点则放在"城乡规划建设"方面，两种学科在研究领域、研究视角等方面具有很强的互补性，这就为跨学科合作提供了可能性。同济社会学系与城市规划的学科合作也依赖于同里古镇实习平台。因而，推动同里古镇实习基地建设，势必促进社会学系与城市规划更深层次的交流合作，为同济大学教育改革提供具有实际价值的参考。

二、社会学系建设同里实习基地的措施与成效

江苏省同里镇是江南六大水乡古镇之一，拥有丰富的历史文化遗产资源。同里古镇旧称"富土"，建镇于宋代，文化底蕴深厚，有着丰富而宝贵的历史遗存，先后建成私家宅园38处，寺、观、祠、宇共47座，其中明清两代建筑约占古镇区建筑总面积的70%，目前拥有各类不可移动文物116处，其中全国重点文保单位4处、省级文保单位4处、市级文保单位16处。同里是国家太湖风景区十三景之一，退思园于2000年被列入"世界文化遗产"名录，2007年被列为"首批20个国家重点公园"之一。

同里古镇既是景区，又是一个生活着1万多居民的大社区，近年来，同里古

镇先后获得中国十大历史文化名镇、中国十大魅力名镇、中国十大影视基地、中国人口文化基地、全国文明镇、国家 AAAAA 级旅游景区、国家园林城镇、联合国迪拜国际改善居住环境最佳范例奖、全国美丽宜居小镇等荣誉。

同里古镇具有深厚的学术科研价值，更为同济大学社会学系本科生的教育实践培养环节的改革与发展提供了可贵的素材与平台。社会学系从 2014 年起，多次组织教师前往同里古镇进行考察，与当地镇政府、社区居委会、居民代表进行会面、座谈，商讨在同里古镇建设实习基地的具体方式与方法。

2014 年 11 月，同济大学社会学系教师参加了在同里古镇召开的"东亚城市论坛"国际学术会议。会议上，来自中国同济大学、复旦大学、日本立教大学、韩国首尔市立大学等知名高校的社会学家、城市规划师、学生等，共同讨论城市与社会发展的关键议题。此次会议结束后，举行了"同济大学社会学系同里古镇实习基地"挂牌仪式，社会学系与同里古镇保护管理委员会签订合作协议书，标志着同济大学教学实习基地正式落户同里。

同里古镇自 2015 年 3 月启动"申遗"工作以来，社会学系借助实习基地建设，大力助推古镇保护与申遗工作。江南水乡古镇是农耕时代的聚落遗产，具有突出的普遍价值，申报世界文化遗产已酝酿争取多年。1996 年，苏州市周庄、甪直、同里与浙江乌镇、南浔、西塘等 6 个古镇被国家文物局列入"中国世界文化遗产预备清单"。2015 年 3 月 27 日，江南水乡古镇申报世界文化遗产工作推进会在苏州召开，标志着横跨江苏、浙江两省三市十三个古镇联合"申遗"工作由此实质性启动。江南水乡古镇申报世界文化遗产项目已被国家文物局列入国家"十三五"申遗计划。苏州现有周庄、甪直、同里、千灯、锦溪、沙溪、黎里、震泽、凤凰 9 个古镇参与申遗。

2015 年 7 月 13 日—8 月 7 日，社会学系 2012 级 13 名本科生就"同里古镇居民社区生活满意度与遗产认知状况调查"进行了为期四周的专业实习。此次实习从交叉学科研究角度出发，以社会学知识为基础，体现了同济大学在城市社会学、历史文化古镇保护等领域的专业特色。实习过程整体顺利有序，社会各界反映良好，学生收获很大。

7 月 13 日—17 日，在社会学系陈晋、王甫勤等老师的指导下，学生就实习内容进行了培训，并且特别就"田野调查与访谈""问卷调查与量化研究"等专业调查方法接受了 2 次系统性的培训。7 月 20 日当天，同学们在同里镇政府所在地接受了有关同里遗产保护项目的专项培训，由建筑与城市规划学院周俭教授主讲、同里古镇保护委员会代表、社区代表等出席并做相应介绍。在上述培训过程中,学生们认真积极,就学习难点、疑点积极与老师、当地代表沟通,取得了良好的前期培训效果。

7月20日—31日,由2名老师带队,学生们走进江苏省同里古镇社区,开展了为期2周的实习调查。学生被分为两组,分别在同里东新社区和鱼行社区进行调查工作。调查主要采用了问卷调查、跟踪访谈两种方式。其中,问卷调查样本数量为500份,按性别、年龄等要素,依人口比例发放,内容涉及社区生活满意度、社区服务满意度、社区交往满意度、文化遗产认知与满意度、遗产保护规划认知与满意度、遗产旅游认知与满意度、实施项目认知与满意度等方面。跟踪访谈则为200户。值得一提的是,实习调查得到了当地政府、社区、居民乃至媒体的大力支持和配合,为工作的顺利开展和完成创造了有利的条件。《吴江日报》《苏州日报》、吴江电视台等当地主要新闻媒体,以及网易新闻、"同里旅游"官方微信公众号等网络媒体,均对同济大学社会学系暑期实习活动进行了专项报道和采访,起到了良好的宣传效果。在社区代表的帮助下,同学们得以进入居民家中,面对面地和人交流沟通,不但实践、完善了自己的专业技能,也锻炼了在社会中与当地居民、商户、游客等不同人群交流的能力。在实习过程中,学生积极主动,特别是克服了当地酷热天气的不利影响,充分利用在课堂上学到的专业知识,结合前期培训成果,圆满地完成了上述问卷和访谈任务。带队老师认真负责,不但每天跟随学生下社区,手把手地教导,并且在实习过程中定时召开碰头会、找学生谈话,及时地讨论、解决调研过程中出现的各种问题,为实习的顺利进行打下良好的基础。

8月3日—7日,学生回到学校后,开始就上述实习调查经验撰写实习报告。在撰写过程中,学生积极地与老师交流、沟通,认真反思、总结实习相关心得、经验、教训,取得了良好的成效。经过此次锻炼,学生均表示对社会学专业知识的理解得到了进一步加深,并且对社会调查的实际操作程序和方法有了丰富的体会,在接下来的学习过程中,将更加注意理论和实际相结合,关心人民群众真正关心的问题,将实习的经验运用到未来自我的学习和成长过程中去。

2016年4月,为进一步做好江南水乡古镇联合申遗工作,同济大学规划专家工作站落户同里,并将领衔建设同里古镇文化遗产数据库,收集记录当地历史地图、人口变化、经济变化、建筑物修缮等信息。同济规划专家工作站将在未来3年内,为古镇核心区建立房产申遗数据库和同里档案馆,记录每一幢古建筑的点滴变化。数据库将梳理出古镇的房屋信息和研究资料。国内目前还没有一个人居型遗产文化数据库,同里古镇文化遗产数据库的建设,将为3年后江南古镇联合"申遗"提供帮助。专家工作站的建成,标志着社会学系同里古镇实习基地建设走向持续化、长期化阶段。

综上所述,目前同济大学同里古镇实习基地建设已经基本完成,并且实现了第一期的教学实习、实践活动。

三、问题与展望

在上一阶段的实习基地建设过程中,仍然存在着若干问题。例如2015年社会学系本科生暑期实习过程中,出现了一些意外情况。在同里高温酷暑条件下,相应的准备不足,以致有个别同学、老师出现身体不适的情况。其次,因为实习经费限制等问题,没有提供足够的调研专用设备(包括录音笔、照相机、手持式问卷输入设备等),导致在实际操作中偶尔出现设备不够的情况。最后,因为相关经验不足,导致学生在实习初期出现紧张、调研效果不佳等问题,但是随着时间推移和老师的悉心指导,上述问题很快得到了解决。

在下一阶段的实习基地建设中,将在学生暑期实习管理方面更加重视、更加灵活,鼓励外地实习交流,提高相应的经费补贴比例,使得学生实习真正成为本科四年学习过程中重要的、不可或缺的一环。

未来基地建设规划设想包括:社会学系将独立于传统课堂之外的实践环节视为教育改革的突破口,强调通过实习基地的建设与完善,为师资队伍建设、本科生人才培养创新提供广阔实践空间;在同里实习过程中,将充分坚持"参与式教学理念",鼓励本科生独立自主地参与到实习基地的实践过程中;另一方面,充分利用同里实习基地的社会资源,将本科生的学术研究、实习锻炼、社会服务需求融入同里实习基地实践活动中去,培养学生学术能力、社会交往能力以及社会服务能力;此外,以社会学系教师为引导者,通过鼓励学生参与到跨学科的学术合作研究以及基层教学组织中去,构建一种师生互动、教学相长的人才培养模式。将同里古镇发展成上海市乃至全国性的具有创新性、示范性的社会学本科生实习教学基地,并立足同里,开发出一套完整的、体系详备的实践教学模式,为同济大学以及其他高校的教育改革创新提供宝贵经验参考。

参考文献

[1] 艾训儒.新时期高校校外实习基地建设问题及思考[J].中国林业教育,2012(1).

[2] 杨艳秋,李伟凯.地方高校实习基地建设机制与实践教学模式创新研究[J].黑龙江高教研究,2012(7).

[3] 李建楠,刘玉峰,李春晖.校外实习基地建设与管理中的困境及对策[J].实验技术与管理,2009(9).

[4] 蔡敬民,董强,余国江.高等院校校外实习基地建设新思考[J].中国大学教学,2009(2).

[5] 张安富.加强实习基地建设的实践与思考[J].中国大学教学,2008(12).

[6] 王娟.关于加强本科实习基地建设的思考[J].福建师范大学学报(自然科学版),2011(3).

浅议课外实践教学对来华留学生教育的重要性、方式和作用
——以同济大学"中国外交与国际关系"全英文课程为例

王丽琴

【摘要】 在中国高校为来华留学生开设的人文社科类全英文课程的设计中，课外实践教学的环节值得给予特别关注。考虑到来华留学生已经在母国既有的教育体系中形成了不同于中国学生的观点，课外实践教学环节可以丰富授课教师课堂口头授课的单一模式，增强授课教师的说服力。同济大学为来华留学生开设的"中国外交与国际关系"全英文课程可以通过组织学生与中国外交部的精英、与其他国家驻上海总领事馆的精英以及与欧美同学会上海分会等群团机构内在国外留学后返回国内的中国民众交流等三种方式开展课外实践教学。这样能够帮助学生在课堂形成关于中国外交的理性认识的基础上又形成感性认识；帮助他们消除原有的认知偏差，加强对中国和中国外交的理解，培养更多的"知华派""友华派"和"亲华派"。

【关键词】 来华留学生　课外实践教学　中国外交与国际关系

【作者简介】 王丽琴，同济大学政治与国际关系学院国际关系系，博士，副教授。

随着来华留学生逐渐增多，国内学者对来华留学生教育的研究也日益增多，研究的议题也更加集中。目前国内对来华留学生教育研究的主要议题包括留学生的跨文化适应问题[①]、管理体系问题[②]及留学生教育中的国家形象问题[③]等。有的

[①] 万梅：《关于来华留学生跨文化适应问题研究的综述》，《现代教育科学》，2008年第6期，第19页。

[②] 李茜：《中国高校来华留学生教育中存在的问题及对策》，《现代职业教育》，2017年第39期，第38页。

[③] 哈嘉莹：《来华留学生与中国国家形象的自我构建》，《山东社会科学》，2010年第11期，第152页。

研究还深入探讨了来华留学生教育过程中各种应用型专业比如汉语言[①]、给水排水工程[②]等课程的教学设计。但是目前国内既有的研究成果较少涉及来华留学生教育中的人文社科类专业比如中国外交、中国社会和中国历史等全英文课程的设计。

当前国内的高等教育也日益关注到课外实践教学的重要性。当前的研究更多集中于对课外实践教学应用于理工科应用型专业,比如高等教育的医学专业[③]、汽车专业[④]、工程专业[⑤]、化学专业[⑥]、对外商务汉语[⑦]和计算机[⑧]等课程的设计中。可以说,绝大多数高校都能认识到课外实践教学对理工科应用型专业"培养学生的实践动手能力和创新精神具有重要作用"[⑨],因此高校的理工科应用型专业构建并实施了相对完备的课外教学体系。然而,在人文社科类专业教育体系的构建中,对课外实践教学的认识并不充分,特别是国际政治等人文社会科学专业,在针对来华留学生的教育体系中缺乏课外实践教学的设计。

同济大学为全校来华留学生开设的"中国外交与国际关系"全英文课程是上海市来华留学生英语授课示范型课程,也是教育部来华留学品牌课程"当今中国(China Today)"系列课程之一。研究"中国外交与国际关系"课程中对于课外实践教学的应用对其他高校来华留学生教育的人文社会科学专业的全英文课程设计及相应教育体系构建有启发意义。

本文以同济大学"中国外交与国际关系"全英文课程教学中的课外实践教学为例,探讨课外实践教学对留学生教育的重要性、方式和作用等三方面内容。本文第一部分从"中国外交和国际关系"授课教师和听课学生两个方面探讨了课外

---

① 李玉军:《留学生课外语言实践过程中的几个问题》,《暨南大学华文学院学报》,2006年第4期,第12页。
② 李哲等:《来华留学生建筑给水排水工程全英文课程教学实践探讨》,《高等建筑教育》,2012年第2期,第58页。
③ 董天翔等:《积极开展皮肤性病学课外实践教学培养临床实用型人才》,《中国高等医学教育》,2017年第8期,第62页。
④ 陈东、陈学俊:《汽车学院本科课外实践教学的探索》,《实验科学与技术》,2008年第6期,第106页。
⑤ 鲁浈浈:《课外实践在工程经济学教学中的应用研究》,《高教学刊》,2015年第23期,第222页。
⑥ 陈志敏、任志宇、袁福龙:《化学专业拔尖人才培养课外实践教学模式探索》,《山西师大学报(社会科学版)》,2014年第41卷,第306页。
⑦ 王晓华:《对外商务汉语新型教学模式——课外实践教学》,《现代中文学刊》,2002年第5期,第47页。
⑧ 邹艳丽:《浅谈大学计算机教学与课外实践》,《长春教育学院学报》,2013年第21期,第102页。
⑨ 武宝林、王文涛:《基于应用型本科人才培养的课外实践活动体系的构建与实施》,《中国大学教学》,2012年第5期,第68页。

实践教学的重要性;第二部分讨论了"中国外交与国际关系"课程实施课外实践教学的三种方式;第三部分分析了课外实践教学在"中国外交与国际关系"课程中发挥的独特作用;第四部分是本文的结论。

一、课外实践的重要性

对于同济大学教授和选修"中国外交与国际关系"全英文课的师生来说,课外实践教学有着丰富的意义。

一方面,从授课教师的角度来说,如果仅由中国教师全英文讲授"中国外交与国际关系"课程,其说服力未免单薄。囿于中国自身教育体系和自我认知,中国教师的观点往往只能从中国的角度出发理解中国外交的历程和中国与其他各国关系。这些认知与来自世界各国不同教育体系选修该课程的留学生的认知有时候会有较大偏差。如果在"中国外交与国际关系"的课程设计中安排课外实践教学的环节,就能够帮助来自不同社会背景和教育背景的留学生更加深刻地理解中国在外交方面的立场,减小认知偏差,更有助于达到课程预设的效果,培养更多留学生中的"知华派""友华派"和"亲华派"。

另一方面,从听课学生的角度来说,设计课外实践环节可以通过学生与中国的精英和民众接触,使他们在课上形成理性认识的基础上,能再形成对中国外交的感性认识。曾经有一名英国来华留学生选修"中国外交与国际关系"的课程,囿于英国教育体系和早期自身对西藏的认知,该生一直不能理解中国政府把西藏作为中国不可分割的领土这部分内容。在该生看来,西藏人民应该有自己的自治权。考虑到英国国家教育体系的教育和英国在中国西藏地方的历史,这是可以理解的。但这与中国政府对于西藏的定位背道而驰。后来授课教师专门安排了同济大学西藏同乡会的学生与该生交流,让该生了解西藏地区人民对于中央政府的认可和依赖,让该生理解中央政府在20世纪50年代初解放西藏后充分考虑西藏当地居民的要求设立西藏自治区的意图和行为。虽然西藏问题纯属中国内政问题,不是中国外交的问题,但这样的交流比授课教师单纯的文本讲授更加生动、形象、有说服力,有助于修课学生主动修正自己的认知偏差,形成对中国外交的正确认知。

二、课外实践教学的方式

对于选修"中国外交与国际关系"全英文课的留学生,我们可以用三种方式组织课外实践教学。

第一,可以组织学生前去中国外交部参观,并邀请中国外交的决策者和执行者与学生一起座谈。中国外交的决策者和执行者们亲身参与中国外交政策的制定和执行,是中国与其他各国交往的亲历者和践行者。他们决策和参与中国外交的经历对来华留学生来说比授课教师口头授课更加生动,更有说服力。

第二,可以组织学生前去其他国家驻上海领事馆参观,并邀请领事馆的工作人员就该国与中国外交关系的历程和心得与学生一起座谈。"中国外交与国际关系"课程的教师在讲授中非关系一讲时,曾经于2014年4月组织学生前去埃塞俄比亚驻上海总领事馆参观,并邀请总领事由哈纳·方达·沃尔德·乔治斯(Yohannes Fanta World Giorgis)就埃塞俄比亚与中国的经济关系与学生面对面交流。由哈纳·方达总领事从埃塞俄比亚国家的立场阐述了埃中关系的悠久历程、中国为埃塞俄比亚社会发展做出的贡献以及埃中合作的美好前景。这对经常质疑中国在非洲搞殖民主义的外国留学生来说,是颇为震惊的一幕,扭转了这些"疑华派"先前在母国的教育体系中已经形成的错误认知。

第三,可以组织学生前去一些群众团体比如欧美同学会上海分会等机构参观,并邀请这些从欧美国家留学后回国的海外留学人员与学生一起座谈。欧美同学会等机构作为海外留学回国人员的联谊机构,所有会员都是在欧美国家多年留学或生活后返回中国的留学生,这一机构及其会员完全有能力承担公共外交的部分职能。这些机构的会员有着丰富的在国外学习和生活的经历和体验,他们对中国与其留学所在国的关系有着亲身的体会。如果能够组织学生和这些曾经长期在国外学习或生活的留学回国人员一起交流,作为两国关系的亲历者和见证者,他们会有更多的共同语言,会达到更好的教育交流的效果。当然,有的时候授课教师本身就是欧美同学会等团体机构的成员,或者授课教师本身就是从留学生的母国留学后回国的,那么教师还可以从亲身经历这个方面来理解中国外交以及中国与各个国家的关系,这样的亲身经历比单纯的文本讲授更生动、更有说服力,能得到更多来华留学生的共鸣。

以上三种方式能够给选修"中国外交与国际关系"课程的来华留学生带来关

于中国外交的更加深刻、生动、形象的认知,有助于加深他们对中国外交立场的理解,可以有效减少留学生中的"疑华派",培养更多的"知华派""友华派"和"亲华派",从而更好地达成课程预先设定的目标。

三、课外实践的作用

组织同济大学选修国际政治或中国外交课程的来华留学生积极参加课外实践教学,丰富了"中国外交与国际关系"全英文课程的授课方式,补充了教师课堂讲授的单一模式,有助于顺利完成课程任务,达成课程目标。课外实践教学可以在教师授课形成理性认知的基础上再帮助学生形成对中国外交的感性认知,消除他们原有知识体系已经给他们造成的认知偏差,减少"疑华派",培养更多的"知华派""友华派"和"亲华派"。

首先,来华留学生在中国学习和生活,本身就能增加学生对中国的感性认知;而组织学生参加与中国外交相关的课外实践教学,则使学生有更多机会增加对中国外交的感性认知。如果组织学生前去中国外交部参观并与中国外交的决策者和执行者座谈,那么学生更加可以从中国政府的角度出发了解中国在当今国际关系中的定位和立场。这些比授课老师单纯的讲解更能加深学生对于中国外交的理解。

其次,课外实践教学能帮助选修"中国外交与国际关系"全英文课程的来华留学生对中国外交形成全面认识,而不只是单纯了解中国学者的观点。在课堂授课的同时,组织学生前去其他国家驻上海总领事馆参观,并跟其他国家外交的决策者和执行者座谈,这样既能帮助学生了解中国外交的立场,也能帮助学生了解其他国家对中国外交的认识,减少学生对中国外交立场的疑惑,帮助他们形成较为全面的认识。

最后,课外实践教学能帮助选修"中国外交与国际关系"全英文课程的来华留学生获得更多机会接触参与和亲历中国与各国交往的普通民众,使来华留学生在了解中国精英关于中国外交的想法的同时,也能了解中国普通民众关于中国外交的想法。这样的课外实践教学为来华留学生和曾经在留学生所在国留学的回国人员创造了交流的机会,便于加深双方对对方国家外交立场的理解。

四、结论

鉴于目前国内对于来华留学生教育的研究中较少涉及人文社会科学类课程的设计,也较少关注到课外实践教学在来华留学生教育中的特殊作用,本文以同济大学为来华留学生开设的"中国外交与国际关系"全英文课程为例,探讨了课外实践教学在课程设计中的重要性,考察了课外实践教学可以采用的方式,并分析了课外实践教学发挥的独特作用。

考虑到人文社会科学类来华留学生在母国已有的教育体系中已经形成了自己独特的观点,所以针对这类学生的教育比较特殊。一方面,从授课教师的角度来说,如果仅由中国教师全英文讲授"中国外交与国际关系"课程,其说服力未免单薄。另一方面,从听课学生的角度来说,设计课外实践环节可以通过学生与中国的精英和民众接触,使他们能在课上形成理性认识的基础上,再对中国外交形成感性认识。

为来华留学生开设的人文社会科学类全英文课程可以考虑增加课外实践教学的环节,以便更好地完成教学任务,实践预定的教学目标。同济大学"中国外交与国际关系"全英文课程可以采取以下三种方式设计课外实践教学的环节:第一,授课教师组织学生去外交部与中国外交政策的决策者和执行者交流;第二,授课教师组织学生去其他国家驻上海领事馆参观并跟其他国家的外交人员交流;第三,授课教师组织学生前去一些群众团体比如欧美同学会上海分会等机构参观交流。以上三种方式都可以丰富教师授课的形式,更好地完成教学任务,实践教学目标。

同济大学在来华留学生教育中为选修"中国外交与国际关系"全英文课的学生增加课外实践教学环节,有助于给选修"中国外交与国际关系"课程的来华留学生带来关于中国外交的更加生动、形象的认知,有助于加深他们对中国外交立场的理解,可以有效减少来华留学生中的"疑华派",培养更多的"知华派""友华派"和"亲华派"。

论参与式学习在课程作业中的运用
——以"环境社会学"课程为例

章 超

【摘要】 本文以笔者任教的"环境社会学"课程为例,讨论了参与式学习在课程作业中的运用。这些课程作业主要指学生开展的田野调查以及其他结合自身情况的实践。文中着重分析了两种可能的参与式学习的类型——浸入式和反身式,并且进一步指出了参与式学习对于提升学生研究能力的作用。

【关键词】 参与式学习　环境社会学　浸入式　反身式　研究方法

【作者简介】 章超,同济大学政治与国际关系学院社会学系,博士,讲师。

在社会学的学习中,社会调查是重要的一部分。社会学是对社会现象的研究,社会调查是接近社会现象、获得有关社会现象的基础性数据、资料的基本方式。社会调查由于其获得的资料往往为第一手资料,相较于其他借助二手资料的研究方法,在理解社会现象、探索社会事实背后的动因、机制、关系、影响等方面具有独特的优势。社会学的学习,不仅是理论的学习,也包括了社会调查的学习和训练。在结合社会现实议题的分支社会学的教学中,将社会调查引入教学,引导学生在课余时间进行以"调查"为基本方式的课程作业,不仅有助于学生理解理论知识,同时增进了学生的参与式学习、运用研究方法和系统完成某项社会学研究的能力。本文以笔者主持的"环境社会学"这一本科生课程为例,结合该课程的课堂教学和实践作业,探讨参与式和反身式两种实践作业的介入类型,并在此基础上进一步分析课堂教学和实践作业之间的关系,以及如何尽可能地发挥实践作业的价值。

一、参与式教学方法的界定和发展

20 世纪 50 年代,英国社会学家在第三世界国家进行有关国际援助的研究过程中，提出只有让当地人最大程度地参与到援助和培训项目中，才能使项目获得更大成功。将参与式方法应用于教学中，强调学生的自主性、教与学的灵活性、学习过程的活动性、学生个体的差异性，有助于达到多要素互动、学以致用的效果。"参与式教学模式指一种集教师、学生、教材、课件、讨论和实践于一体，多要素协作互动的新型教育理念和方法体系的总和"（孟和乌力吉，2015）。参与式学习强调学生已有的经验，与同伴交流合作；在与调查对象的互动中，探求现象本质，梳理问题思路，探求解决问题的方法。对于教师来说，参与式学习在效果上具有层次性的差异，因此能够较为及时和准确地评估学习效果。在具体的教学实践中，参与式方法的使用是灵活的。依据学生的参与程度、参与观察或实践的对象与自身生活的关系，本文在普遍意义的参与式方法的基础上又提出了浸入式和反身式两种特定的参与方式。

二、"环境社会学"与实践教学对该课程的价值

环境社会学诞生于20世纪70年代的美国。随着卡森的《寂静的春天》一书于1962年出版，美国和欧洲国家兴起了关于杀虫剂的讨论，也孕育了环境运动。来自华盛顿大学的卡顿和邓拉普提出了新生态范式，力图在社会学研究中加入"环境"这一变量。他们所期待的、成规模的学科转向并未实现。但是随着环境问题日益突出，人们越来越意识到环境问题不仅仅是环境科学意义的，也是社会的问题、人类自身的问题。环境社会学的专业化随着不同国家社会学学会中环境社会学分委员会以及有关环境的跨学科研究所的成立逐渐实现。在笔者执教的同济大学社会学系，环境社会学是一门三学分的专业必修课，在大二第一学期开设。

环境社会学具有跨学科、实践性较强、专题性强的特点。笔者以美国社会学家迈克尔·贝尔所写的《环境社会学的邀请》为参考教材。该书从物质、观念和现实三个层面来探讨环境，逻辑性和体系性较强，同时强调三者之间的对话关系。笔者增加了"公有和私有""现实主义和建构主义"等内容作为理解环境问题的起点。在章节内容的具体安排上，兼顾了中国的案例和国外的案例。该课程的主要教学目标包括：① 使学生了解环境社会学的基本理论架构和议题，建立对环境社会学的学科认知；② 将社会学的视角引入对日常生活和环境的思考，

重新认识消费、健康以及环境在观念、组织和政策方面的表达;③ 通过课堂讨论和学生课外作业,引导、培养学生以公平、正义和人文的视角,来反思环境危机并且投入到保护环境和可持续发展的努力中。

社会学学科具有理论性强的特点。这些理论基于对社会事实的判断、总结,虽然探讨的是距离日常生活并不遥远的社会现象,但是其提炼、升华的判断经历了抽象化和逻辑思辨的过程,包含了作为"概念"的学术话语。与生活语言的平实、通俗不同,学术话语和日常话语是有距离的。因此理解社会学理论,往往需要回归到社会事实,或者参照社会经验、经历和过程等。环境社会学基于环境问题,以及与环境相关的实践、组织和行为,兼有理论性和实践性的特点。在本课程的教学中,课外调查作为课程作业的重要组成部分,同时也成为与课堂内容互动、教学相长、教学与实践相补充的重要内容。另外,课外调查起到加深课程内容理解、与课程内容互补以及拓展课程内容的作用,因而成为课程的一部分。课外调查主要以小组的单位进行,即由三至四名学生,组成一个调查小组,就与课程相关的某一题目进行调查,搜集第一手资料,并在为期一个学期的时间内完成开题、调查、分析和调查报告的撰写。由于该课程为三学分,因此有较为充裕的课程时间。在常规的教学外,笔者在课堂中设置了开题、中期和最终成果汇报三个环节,从题目选择、项目设计、项目进展等方面跟进学生的调查情况和分析情况,使得最终的调研和报告成果有一个较高的质量。

三、浸入式参与

浸入式参与相较于一般意义上的观察者和行者动,其参与程度较深。若以上海市的农夫市集为研究对象,那么一般意义上的参与可以是成为这个农夫市集的购买者,在观察各个店铺的同时,顺带或者有意识地买一些东西,从而拉近与卖主或者与买家之间的沟通距离,增加交流机会。浸入式参与有所不同,浸入则是将自己更深地"沉浸"到场景和所研究的对象——组织、活动当中,通过拥有一种与研究对象相似的身份和体验,从而获得更深的理解和认知。在分别以"农夫市集"和"创智农园"为主题的两个小组项目中,学生从一般的观察者、参与者,较快地调整为以志愿者的身份参与到两者之中。以农夫市集为例,学生可能帮助摊主卖东西、搬东西。在一个做有机豆腐的店主的爱人生病不能前来市集的情况下,陈同学帮助该店主称豆腐,照看摊位。在这个过程中,她观察到店主对于老年顾客和中青年顾客的价格是不一样的,还观察到他和顾客之间一种相互信任的方式。比如,很多顾客通过支付宝或微信平台来进行支付,但是他不会去一一核查每个顾客的付款情况,而是认为只有他信任了顾客,顾客也才会相信他做的豆腐的好品质。这种对于有机食品生产者—消费者网络的信任机制的观察非常关键。双方互动中的细节揭示了基于小农生产的食品网络中的信任机制,并非建立在行业认证、绿色标签的基础上,而是建立在个体、人品信任的基础上。若没有承担"临时卖主"和"店铺照看员"的角色,这种观察和理解是很难有机会获得的。

在"创智农园"的项目中,学生选择了以志愿者的身份参与到活动的组织、签到和现场的协调、摄影记录等工作中。与上一组不同,这一项目中的参与表现为一种更为正式、程序化的参与,即按照每一周末的活动流程,几名组员分工合作,共同协助组织方。通过定期参与,学生不仅关注到参加创智农园相关活动的人员的流动性,家长们的参与态度和参与热情,也使得他们渐渐熟悉了"创智农园"背后的组织的运行情况。对于田野调查来说,最大的挑战往往是如何进入田野——不要过于生硬、过于功利,但是又获得与研究问题相关的资料。大二的本科学生由于田野调查经历有限,社会经验也十分有限,在介入社会性强、自身社会网络并不能到达的领域时,往往找不到入口,心生怯意,或者在提问时停留在表面,点到为止。通过志愿者参与的方式,他们进入田野的方式十分自然。在提供帮助的过程中,由于和工作人员建立了友好和睦的关系,使得他们的访谈也进行得较为顺利、深入,而不至于显得突兀。

值得特别强调的是,在以志愿者身份浸入式参与的过程中,两个小组的学生都逐步调整了原先的研究设想。这种情况对于大二年级的学生来说,原先并不常见。以"农夫市集"为研究对象的小组在项目初始期的几次调研后,将研究问题聚焦到"新农人",即原先从事白领工作后来转行做农业的社会群体,并将"新农人的身份建构和认同"作为核心的研究问题。以"创智农园"为研究对象的小组通过几次田野调查发现,原先以活动参与者(居民)和他们的参与体验为研究问题的计划并不可行,转而关注为什么创智农园在当地社区的关注度仍然很局限并且缺乏和当地社区的黏合力的问题。这一课题方向的调整,成为学生研究史上一个有意义的事件。他们进而明白到一个严谨的社会学研究的过程以及遇到的不确定性、困难以及适应性调整。这样的调整也是在教师的指导下进行的,学生在课堂上和课后及时反馈他们的进展情况,师生之前共同讨论,拟定更精确的研究议题,同时也共同讨论研究的理论框架。

四、反身式参与

反身式参与针对的是学生自身拥有的经历,即将自己作为思考和对照的对象,并力图在反思的基础上做出行动的调整。在"物质层面的环境社会学"这一大的教学模块中,设置了"可持续性消费"这一内容。在探讨消费、浪费和可持续性这一话题时,笔者设置了一个反身式参与的环节。具体如下:① 请学生们回到宿舍后,对自己的橱柜、书架进行整理,找出自己放置很久又不太用或者不知道怎么用的物品;② 请学生们将这些物品带到课堂来,大件的物品,则请他们用手机拍照;③ 在课堂上,请学生们展示他们带来的物品以及其他无法带到课堂的闲置物品的照片(或者以语言来描述);④ 归纳闲置物主要有哪些类型,并请学生们说明闲置的原因;⑤ 讨论如何处理这些物品。非常有趣的是,学生闲置的物品有一些共性,比如女生们闲置的不少物品是各种化妆品,还有一些饰品和零食;男女生中都有的闲置物品包括耳塞和各种数据线。没有带到课堂的闲置物品则普遍是一些"不看了"的书和"不穿了"的衣服。意想不到的是,仅仅在课堂上,在学生们向大家介绍他们的闲置物品时,学生之间就开始交换起来。整个课堂分享和讨论非常活跃而愉快。这一结合学生自身生活、消费习惯的实践教学指向的是丰裕的消费时代和个体的选择、过度消费和资源浪费、"为什么人们会买比实际需要更多的东西"等问题。回到近年来社会上有关"极简生活""断舍离""可持续性消费"等议题,该实践力图使学生们对自己的物品状态进行梳理并寻求解决之道,从而能够在消费和实践逻辑的层面理解支配现代经济的发展主义以及环境风险。

五、对于提升社会学研究方法的意义和进一步讨论

上述讨论的浸入式参与和反身式参与不仅加深、拓展了学生对课程内容的理解,同时亦具有提升社会学研究方法的价值。社会学分支课程常常要求学生

完成课外作业,但是从学生的实际完成情况来看,由于一个学期要完成好几个调查,或者由于缺乏规范的指导和调查过程,很多学生课外调查最后仅呈现为一个宽泛的调查报告,而非有清晰集中的研究问题、明确严谨的研究方法以及科学的分析和结论的论文。因此,一些学生到了大学四年级写作毕业论文时,仍然未能明确完整而严谨的社会学研究是什么样子。通过在课堂中跟进学生的课程作业情况并且提供指导和反馈,每一次的课程作业成为导向规范的社会研究的练习和预备,从而为毕业论文的系统性训练打下前期基础。一个学期的课程作业结束,学生的收获是显然的。王同学在田野日记中反思了她有时不能把握住访谈重点和访谈节奏以及没有很好地避免一些引导式的提问。

在转录访谈稿的过程中,我才发现自己做深入访谈时其实有好多地方都脱离了重点,访谈对象是一个健谈的人,但每当我试图扭转回话题时,他或许正讲到了兴头上,又或许觉得他所讲的才是重点所在,所以最终我没能很好地把控访谈的节奏。得承认的是,访谈稿里有很多内容都是和我们的研究课题无关的。

在访谈中,我很难避免一些引导式的提问。提问应该要保持客观中立,不能带有明显的倾向性,更不能对被访者的答案进行诱导。但我发现在真正地进行访谈时很难做到这一点。

同时,这名学生通过这一课程作业获得了学习的乐趣和信心。

大二的第一个学期就快要结束了,回首过往,从当初懵懵懂懂地撞开社会学专业的大门至今,时间过得很快。大一太多的公选课导致我对社会学的理解一直不深,但到了现在,特别是通过这一门课的学习,我不断地获得学习与研究的乐趣——社会学独特的研究视角与想象力更是深深地吸引着我,让我更加坚定了走在这条路上的决心。

另外一名张同学在有关她参与的"创智农园"项目的田野日记中这样写道:

在创智农园的田野生活,给予我的绝不仅仅是都市朴门的思考,或是关于农园生存发展的反思,更不仅仅是关于种植、关于植物香草的小知识,更多的是一种对社会、对公众的认知,和在这样一群人中内心获得的温暖与热情。见到很多不一样的人,看到很多不一样的事,看见很多不一样的天气和植物,我想应该是有些东西不寓于言语中而是直接进入你内心的。很感谢这样的一次课题研究和老师,也很感谢创智农园的所有人,也很感谢自己坚持参与的每一次活动和在探索中的眼睛和心。总觉得社会学的魅力在于此,总会在过程中有意想不到却又让人惊奇的收获,感觉自己在不断丰富和充实,社会的形象也在不断地生动立体起来,自己越来越成为一个社会学人和社会人。今后也希望能以志愿者或是实习生的身份一直参与农园建设当中去,能一直为这样充满激情与温暖的地方付出下去。

综上,对参与式学习在"环境社会学"中的运用进行了讨论。由于参与式学习存在着个体之间的差异性,因此及时地评估学习效果非常重要。笔者希望能拓展更多的让学生参与式学习的途径,并能就这门课程的主要议题,发展出较具代表性的参与式学习的案例。

参考文献

［1］ 孟和乌力吉.本科生参与式教学模式的应用及其效果分析[J].民族高等教育研究,2015(3).
［2］ 汤夺先,李静.高校社会学专业实践教学的开展[J].当代教育与文化,2013(5).
［3］ 武正营,汪霞.大学生参与式学习质量的评价理念[J].现代教育管理,2015(2).
［4］ 朱拥军,查永军.论参与式学习的层次性及启示[J].课程与教学,2009(5).

论政治学本科教育的"本研一体化"
——以同济大学"社区公共事务管理"课程教学创新为例

葛天任

【摘要】 网络智能时代的各种技术创新正在改变着政治学这个古老学科的学科体系、研究方法和教学方式。在教学过程中应尽最大可能强化社会复杂劳动的成分，降低简单重复劳动的成分，将重点放在知识的探索、分析和生产方面。为此，本文运用笔者的教学实践案例，在综合学生反馈的基础上，提出了以本科教育的"本研一体化"为理念的教改方案：把研究生培养方式和理念融入本科教学之中。其具体要点包涵：增加讨论课、穿插文献阅读、定期安排案例教学和小论文教学。经过一段时间的观察，"本研一体化"教学改革成效明显。"本研一体化"教学的引入，不仅是教学方法论意义上的，更是教学理念意义上的。

【关键词】 教学改革　本科教育　政治学教学

【作者简介】 葛天任，同济大学政治与国际关系学院政治学系，博士，助理教授。

一、网络智能时代政治学教学所面临的挑战

回顾人类历史，重大技术创新给社会制度带来的挑战往往是根本性的、颠覆性的。无论是蒸汽机之于工业革命，还是电气化之于产业创新，抑或是人工智能之于社会重构，技术创新都以一种历史逻辑、以一种人们难以抗拒的形式，改变社会的运行方式，对既有的规则、秩序和利益带来挑战、涤荡。面对重大技术创新，人类所能够做的就是调整制度和体制，适应历史潮流，而人类社会也以这种熊彼特所说的"创造性毁灭"的方式来实现自我更新、新陈代谢。

进入21世纪，在普及了10多年之后，以深度学习为基础的互联网大数据和

人工智能等一系列技术创新突然发力，以一种人们所未曾料及的方式集体涌现，改变着这个社会的点点滴滴、方方面面。根据以往的历史经验，这一次技术创新终将百川归流、聚沙成海，以一种巨大的、难以抗拒的力量改变着人们的行为方式和社会的运行方式。借助互联网和大数据，人们可以更加精准地预测个体行为，可以更加优化地分析人类复杂政治活动的走向与变迁。同样，随着互联网、移动通信设备的普及以及平板智能手机的大众化，整个社会开始迅速电子化、网络化、数据化，并走向一种更加透明、更加开放的全球网络社会新形态。

在这种透明、开放、扁平的社会形态之下，知识所建立起来的权威正以某种方式被解构和替代，信息的获得更加便捷，交流的成本大幅度降低，知识社群也开始变得更加扁平化、更加分散化。如果说古腾堡印刷机的出现最终打破了天主教会对知识的垄断，催生了现代大学的建立，那么无纸化的网络智能技术则很有可能改变现代大学所建构的知识体制，最终改变教师这一古老而神圣的职业，至少目前简单的知识传授和重复性的"照本宣科"已无可能。在这个意义上，不仅政治学的教学研究受到了前所未有的挑战，整个大学体制和知识生产体制都受到了前所未有的挑战。这些挑战归纳起来，至少有以下两个方面。

首先，基于大数据分析的政治科学对传统政治学理论的挑战。现代政治学的经典理论大多数源于工业革命时代，除了哲学、规范和批判意义上的学术研究之外，政治学为分析现代政治运作所提供的知识和理论大多数产生于19世纪下半叶和20世纪上半叶，我们所积累的知识多为宏观历史的抽象演绎或者现实经验的系统归纳，这些理论能否被实证科学所证实或者证伪，成为当代政治科学的努力方向。当代政治科学正试图总结政治运行的规律，并将这些规律应用于现实的分析之中。当人类社会进入网络智能时代之后，随着数据量积累的爆发式增长，政治科学所需要的行为分析和系统分析的数据基础就有更大的实现可能。亦因此，大数据政治学的发展作为一种学科趋势总体上很有可能改写现代政治学理论。

其次，交互式的人工智能技术对于传统大学教学方式的挑战。这方面的挑战已经开始改变课堂。一方面是时空条件不再是限制知识获得的因素，政治学基础知识、基本信息乃至最为优秀的讲解资料的获取变得越来越方便，交互式的教学体验越来越生动、越来越快速，大学课堂正变得更加分散化和普及化。从麻省理工学院推出网络视频公开课，到虚拟学习社区的诞生，再到更加便宜和普及的电子教育设施和商业化的教育网络平台，乃至知识付费产业的崛起等，这些都对传统大学的教学提出了巨大挑战。另一方面,基于网络化社会的基本原理,知识传播和生产的频度、广度、深度都在大幅度提升,目前单一静态教学方式必然难以适应这样快速频繁的知识迭代。例如,维基百科取代大英百科全书的例子就证明,不断更新和补充的维基百科汇聚了以往难以想象的知识社区的巨大力量,新的网络知识生产方式战胜了旧有知识的编纂方式。最后,虚拟现实技术的发展将彻底改变学生的学习方式,最终也将改变教师在课堂中的定位。在目前的教学软件的研发趋势下,相信很快学生们将获得动态的、精美的、交互的网络智能化学习体验。至少在可以期待的将来,大学教师在讲解亚里士多德的学说之时,将可以不必费力地去制作静态单向的多媒体讲义,而可以动态地引入古典时代现实场景并轻松通过问答方式调用各种所需资料,这时,简单重复的助教工作就显得不再重要。

可以说,对于政治学教学而言,网络智能时代的各种技术创新正在改变着这个古老学科的学科体系、研究方法和教学方式。这种挑战目前来看,最为主要的影响将是极大地改变以往注重专业知识传授的本科教学模式,对教师的教学技巧、个人魅力、研究能力等都提出了新的要求。政治学是一门理论体系完整深厚、实践性很强的基础性学科。政治学的本科教学创新,既需要运用新的技术手段增强教学的趣味性、知识性、互动性,又需要整个学科体系设置增加数据化和技术化的实证研究能力,还需要大学教师增强情感教育、启发教育的能力,进而培养学生自主学习、相互讨论、研究探索、选择利用信息的能力。简而言之,在政治学教学过程中应尽最大可能强化社会复杂劳动成分,尽量降低简单重复劳动的成分,将重点放在知识的探索、分析和生产方面,把研究生的教学方式融入本科教学。

二、"本研一体化":在本科教育中引入研究生培养方式

将研究生的培养方式以某种形式引入到本科生教学之中,这一想法可以概括为"本研一体化"。"本研一体化"培养,主要是在凝练和完成本科基础教学任务的基础上,增加文献阅读和批评,在课堂上鼓励学生提出自己的看法,展开充分的讨论,教师要对课程进度和议题分析进行引导,最终培养的是学生的分析能力、辨析能力和表达能力、写作能力,进而促进政治学本科培养目标的达成。在

"本研一体化"培养中,教师不再是灌输式地教学,而是引导式地教学,学生不再是被动接受,而是主动辨析,教师需要不断地根据学生的课业情况进行课程设计方面的调整,需要给学生提供海量知识信息中的导航而不是帮助学生"划桨"。提出"本研一体化"概念,主要目的就是针对当前政治学本科生教学过程中学生们反映的问题而设计的。尽管相关尝试仍然缺乏更为系统的实验和比较,但是由于学生们对于简单的、枯燥的政治学基础知识的掌握已经不能够满足他们的学习需求,因此"本研一体化"教学和培养已经是一种教学实践上的迫切要求。

"本研一体化"需要注意如下几个要点:① 围绕课程主线设计适量的牵涉基础知识运用的讨论议题。讨论议题的设置,要切合时代性和时效性,要让学生有话可讲,但同时又必须是经过一番学习和研究之后能够有提高和收获的议题。议题的选择是开放的,但是要围绕课程主线,这样将讨论与本科课程教学联系起来,达到既能够传授基础知识,又能够启发学生讨论和思考的双重目的。② 围绕课程主线安排难度和数量适宜的文献阅读。对于本科生教学采取研究培养方式,最为核心和关键的一步就是推荐相关领域的经典文献,尤其是经典著作、原著、原文的魅力是持久的,也是最不易被时间所改变的,这些经典文献应该尽早让学生们接触,以掌握学科发展脉络,了解清楚问题的来龙去脉,并为下一步的课程作业撰写提供写作和分析基础,同时这一工作也能够培养学生的兴趣。③ 在课程讲解过程中融入与理论相关的实践案例并引导学生进行有效分析。案例教学的引入,能够增强本科教学的实践性和趣味性。在这方面,案例教学仍然没有实践教学更为直接和具体。恰当地引入实践案例教学,与理论教学相呼应,能够更好地锻炼学生应用所学知识分析问题的能力。但切忌避免过多引入案例教学,冲淡了基础知识的传授。④ 要根据课程主线内容设计安排有教学互动的小型多频次课程作业。在教学过程中,一定要有教师和学生之间的互动过程,哪怕是一点点互动都有助于学生的提高,这种基于作业的互动不能仅仅是每学期期末的一次作业论文,那是难以产生互动效果的。课程作业设计需要难度适当,需要发挥学生的主观能动性,需要具有研究性质,但又要注意适量、小型化,这样可以鼓励学生、减轻教师工作量、提高教研效率。整个教学的效果体现在小作业,在政治学方面主要是小论文的撰写。这种论文是高度凝练化的研究思维的结晶,是一种综合分析和写作能力的表达,更是一种综合的、思辨的、知识的、互动的教学成果体现。

上述教学思考更多的是一种增量创新。它也有相应的问题需要解决:① 如

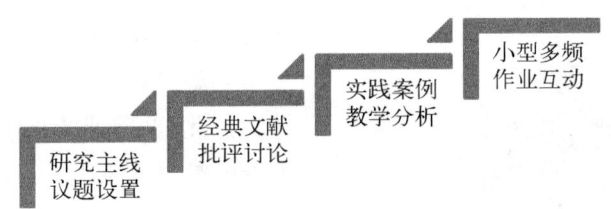

图 1 "本研一体化"创新的三阶段教学课程要点关系设计

何协调教师的主动性和教学的一致性之间的关系,这需要教学主管部门的标准性建议。② 对大学教师的能力有更高要求,因此也增加了大学教师的工作量,也就是学时未增加的条件下增加课程教学的准备用时,但如何计算这种工作量,如何促进教师的创新积极性是一个十分关键的问题。③ 增加了学生的课业量,这就导致学生很难兼顾更多的课程学习,而我们的本科课程设计重量而轻质,与上述"本研一体化"创新在本质上是有矛盾的,因此如何提质,需要整个教学体系的调整。这些方面的问题需要更多的研究、试验,才能够做到真正良好的"本研一体化"教学创新工作。下面,将通过笔者所讲授的一门课的具体案例分析来阐明笔者的做法和取得的成效与仍需改进的地方。

三、实践观察:同济大学"社区公共事务管理"课程教学创新

(一)根据课程特点设计教学方案

2017年下半年的课程上,笔者尝试将"本研一体化"的教学创新方案融入本科生的教学当中,主要是通过同济大学政治与国际关系学院的本科专业课程"社区公共事务管理"这门课来进行的。

这门课程采取的教材是汪大海先生主编的、由中国人民大学出版社出版的教材《社区管理》,这门课的主要教学目标是给学生们讲授社区公共事务管理的基础知识、基本概念和实践案例。这门课有着非常鲜明的特点,就是其理论性和实践性都非常强,如果没有一定的政府实际管理经验是很难上好这门课的。中国的基层社区管理,无论是体制还是具体运作,都是在一定的历史文化、国情的基础上形成的,其具体的实务操作和管理实践与教材理论之间具有明显的差距,同时由于中国处于转型变革之中,基层社区管理的变革更是处于一种动态变革之中,因此,很难用一本教材、在一门课上讲清楚当前实际问题的处理方式。这

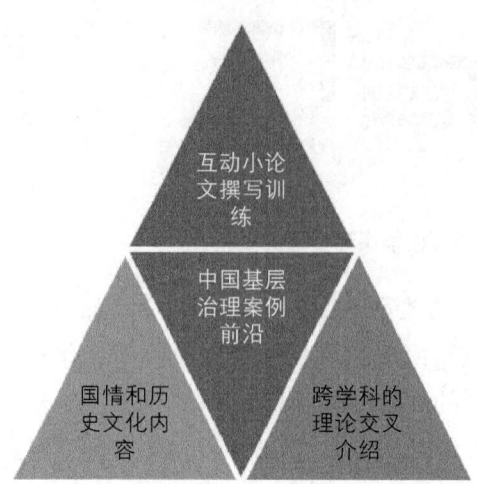

图 2 基于"本研一体化"的课程结构创新

些特点就决定了笔者在这门课所做的教学创新设计。

因此,这门课的总体设计思想是在原有的教材体系上,根据中国地方实践的创新,增加相关文献和理论知识介绍:① 增加中国国情和历史上的基层社会背景介绍。这一部分主要是中国历史上的基层社会治理内容,从秦汉一直到晚清、民国和中华人民共和国的基层治理结构的演变。② 增加不同学科的理论背景介绍。社区课程最为重要的特征是多学科融合,政治学、城市规划、社会学、城市研究、公共政策等领域的进展都会影响到对这门课的理解和学习。③ 增加大量实践案例介绍,穿插引入相关的讨论议题介绍。这门课的教学,需引导学生进入社区生活,进入社区管理角色,因此笔者在讲课过程中设置了对一些管理事务和管理案例的评析和辨析讨论,这些讨论涉及政治学、公共政策领域的大量基础知识的运用。比如,社区市场的秩序维护问题、社区资本和社区信任的构建问题、社区治理和组织体系的创新差异问题等,这些议题的设置分散于整个课程的前中后期,与本科生的基础教学内容和基本任务相互呼应,促进了学生们对各种基础知识的理解与运用。④ 增加教学互动,通过小论文形式促进教学相长。笔者设计了 3 篇小论文作为学生的课程作业,需要学生根据所学知识、围绕社区课程主要议题,发挥想象力,自发根据兴趣提出小论文的题目和内容,然后经过和老师讨论,确定小论文选题,之后用 3 周左右时间撰写一篇 1 000 字左右的带有研究和评论性质的文章,作业要求非常具体,就是观点鲜明、逻辑清晰。而后,老师要通过作业批改,在课堂上与所有学生共同讨论和批评,进而促进和提高学生的综合分析能力和理解运用能力。进而,通过小论文撰写促进教学互动,解决本科教学作业有成绩无互动的问题。

(二)"本研一体化"教学创新的成效及其改进

在整个教学过程中,总体上,"本研一体化"的培养方案及其课程设计,取得了较好的成效和学生的积极反馈。笔者在教学过程中,十分注意和学生交流教学创新给学生带来的影响,以及学生有什么感受,如何看待这样的创新,还有什么问题,如何改进这些问题。这些感受包括有效的一面,也包括有问题的一面。为此,我与每一个学生交流,他们给出了真实的看法。学生们肯定了这一创新做法的意义,他们认为,这有助于帮助他们提高对实际问题的分析能力,有助于开拓同学们的视野,有助于提高他们的批判性思维和表达能力。

综合起来,最具有代表性的观点,是肯定了"本研一体化"教学有利于本科生与研究生教学的接轨,对于越来越多要深造的同学而言,"本研一体化"无疑给这些同学以帮助。钟睿瑶同学的观点又进一步深入讨论了课程讨论、文献阅读、小论文写作等课程创新问题,她认为教学互动增加了课程趣味、文献阅读扩展了学习视野、小论文撰写增加了研究方法的训练。

我认为,由于本科毕业生选择读研人数不断增加,在本科教学中与研究生教学接轨是顺应潮流的做法。(林书斌)

教学不只停留在传授概念性的基础知识的阶段,老师上课不再只是单纯地照着PPT念,注重和学生的交互、沟通,容易集中注意力,不会感觉无聊而打瞌睡和玩手机。老师和同学的互动,能让老师了解到学生所接收到的知识的程度,从而及时采用或转变传授知识的方式,增强知识传递的效果。平时的课前准备以及课堂上老师的推荐能开拓学生的学科视野,从而改变原来一本教科书就搞定一门课程的浅显方式,也能让学生真正去深入了解这门课程的学科背景、学科上比较权威的人物。课程小论文能够培养大家的论文写作意识,而且小论文完成后老师给予的反馈也对学生尤其重要。注重案例的研究,能够帮助很多书本上的原理、原则的理解,并且案例教学能体现学以致用的特点,不然,学生对政治学的研究一直停留在书本之上,不能很好地联系实际,思考问题,运用学到的东西来分析问题。(钟睿瑶)

学生的感受,是教师最应该注重的第一创新动力。汪承敏同学十分强调文献阅读的重要性,她希望从大一就增加本科教学的文献导读课程,进而促进经典理解。还有赵阳同学认为,大量实践案例的介绍和引入帮助她更好地认识了政府管理社区的框架,以及让她学到了专业的分析方法。万子健同学则强调,课堂讨论有助于帮助同学提高表达能力、文献搜集能力,尤其是他认为增强软件学习、学习工具的熟练运用非常重要。

我最大的建议就是,在大一的时候就开始抓同学们的阅读能力,而且最好一开始是强制性阅读,帮助养成习惯,因为大学不再像高中,是飞出笼子的小鸟,不会再像以前那么乖。所以一开始的强制,可以更好地为他们的毕业做铺垫。压力才是最大也最快的动力。(汪承敏)

随着课程的不断深入和两个月的学习,现在的自己已经有了更为清晰的对社区以及地方政府的框架的认识,也初步了解了一些大家的观点,这无疑对自己的专业学习大有裨益。通过老师所布置的小论文以及地区经济发展案例研究,我也学习到了专业分析方法和在未来学习中应该如何写文章和分析问题。虽然现在自己在这方面还有欠缺,但是通过不断的修改和思考,自己已经慢慢开始注意对问题的逻辑分析、全面视角解读。老师上课所讲的实例也使自己了解到了许多从未接触的领域和现象,收获不少,引起思考。(赵阳)

在课堂上的思维和讨论是发散的独立的见解,不拘泥于课本与权威,学生可以提出自己的思考、独立的见解和论证。除此之外,本科生也应当掌握对于学习工具的熟练运用,如搜集整理文献、制作PPT、绘图PS技术等。(万子健)

当然,"本研一体化"的教学创新其意义还不仅仅在于课堂教学本身,它还帮助同学们提前了解今后深造的方向和内容,有利于他们提前思考自身的专业和职业选择。很多同学都表达了这个观点,夏怡弯同学的观点是非常有代表性的,她还强调这种专业课程的讨论、研究方法讲解、思考方法的教学,能够帮助同学们迅速了解自己的不足。

带本科生进一步了解本课程领域的研究历史和现状,利于本科生更好地了解课程,也利于本科生提前思考自身的专业和职业选择。其实对本科生采用一定的研究生教学方法,利于本科生更深入地了解本专业,特别是对于人文社科专业的本科学生而言,对本专业的认知都太过浅层,致使大家在继续深造和就业等问题上十分迷茫。(夏怡弯)

当然,必须要指出,"本研一体化"教学也存在着一些亟待解决的问题,如果应用不好,也会带来学生们压力过大、课业量过重的问题。比如,有的同学对于课程量的问题以及具有较好表达能力的同学可能更具有表达优势的问题提出了自己的看法,这个问题非常重要,尤其是后一个问题,就是如何对内向同学因材施教、增加其课程参与的问题,这关系到教学的可接受度和教学公平的讨论。

要考虑到学生课程量的多少和学习压力,当然适量的压力有助于提高学习效果。如果自身没有对基础知识点进行基本的学习,则讨论和研究的意义和效果不大,容易误入为了讨论而敷衍。另外,课上进行更多的讨论要求学生有较好的表达能力和较高的表达欲,对外向的学生来说是一个很好的发挥平台,对于内向的学生则很不利。(叶丰源)

于是,有同学提出,应该调整整个本科生教学体系的设想,作为一种思路,这种考虑主要是单个课程内容的增加,意味着整个课程教学体系的调整。换句话,这位同学认为,应该减少专业课设置的量,增加课程选择的自由度。

"本研一体化"也意味着课程任务将远远超过普通本科课堂,因此,若要真正实现该教学方式在各科推广,必须裁剪课程数量,仿效外国大学体制,每年3~4门专业课,并为同一课程多开设研讨课和实践课。在目前中国高校教育的普遍现状下,由于后者难以实现,因此前者的推广有一定难度,只能在个别课程进行试点。(范金瑞)

初接触有一定的挑战性,但是在适应一段时间后对课前阅读文献和课上内容的理解能力都能有所提升,对整门课的内容也都可以更深入地掌握。缺点是建立一个知识框架是一个漫长的过程,这个若不能全面推广而只能在一门课上实现,则在本门课结课后,就失去后续效应或者难以维持效果,那么就会很快被学生遗忘,导致这种方式收效甚微。(吴嘉雯)

针对课业量和学习讨论的适应性问题,还有同学表示(如上文材料),尽管一些学生在一开始接触有难度,但是经过一段时间的适应,阅读和课堂理解能力就会有所提升,对整门课程,都可以更为深入地掌握。

四、结论与讨论:理念、方法与改进

技术的发展给大学教育提出了新的改革要求,也给政治学的本科教学带来了越来越大的挑战。这种挑战主要有两个方面：一个是基于大数据分析的政治科学给政治学理论带来的挑战，另一个是交互式的网络智能技术给传统教学方式带来的挑战。这两种挑战，需要我们不断地调整我们的教学体系和教学方法以适应不断变化的社会条件。

越来越多的学生已经感觉到传统的政治学本科课程教育严重脱离了社会实践，甚至已经很难给学生们带来新知，更难以满足学生们不断增加的求知欲。很多时候，学生们完全可以通过非课堂的学习路径、教育平台获得更加丰富、更为生动、更加有效的知识系统。因为整个社会的知识生产已经提供了比行政化大学教育更为丰富和多元的路径。如果不考虑学生的社会化因素，大学所能够提供给这些早已熟练掌握互联网和远程学习技术的年轻学生的，应该比枯燥的基础知识更多而不是更少。学生们需要的是互动、讨论、辨析、情感的教育，需要的是能够提供引导、评论、旁征博引的教师或者本科导师。在这个意义上，"本研一体化"的课堂教学方式正是应对上述挑战的可行方案之一。

笔者所提倡的"本研一体化"教学，主要是针对政治学等文科大学本科教育创新而设置，也就是把研究生培养方式和理念融入本科教学之中。这一教学创新有四个最为基本的要点或者内涵：讨论课、文献阅读、案例教学、小论文撰写。这就需要注意讨论课的设置要适量适当，也需要注重经典文献的选择和批评要符合本科学生的特点，案例教学要融入本科基础知识的运用，小论文撰写要突出老师和学生之间的互动，注重研究方法和批判性思维、质疑精神、创新意识的培养。这无疑将带来课程本身的内容、课时、工作量的增加，同时也将带来整个本科课程体系的调整。这是因为课程教学量的提高和方式方法的调整，将在一定程度上带来学生课业量的增加。因此，"本研一体化"教学需要整个课程设置的通识化、自主化。

经过一段时间的实践观察，"本研一体化"教学的成效是明显的。一些学生认为，通过这一教学创新，教师与学生之间的互动增加了，学习的热情增加了，课堂学习不再枯燥无味了。通过有计划地围绕课程主线设置讨论课，学生们的思考方法、思辨能力、批判和分析问题的能力提高了。通过文献阅读和批评，同学们开拓了视野，熟悉了专业知识体系，更为清楚地了解了研究前沿的理论脉络和基础。通过小型案例教学的巧妙引入，学生们了解到理论与知识之间的互动关系，了解到政治学与行政学理论的实践魅力，从实践来理解理论给学生们带来的不仅是知识的深刻理解，还有处理实际事务的务实理念。通过小论文的撰写和批评互动,学生们不仅学习了如何写一篇具有研究性质论文的过程,而且锻炼了自己的分析能力、逻辑思考能力、综合表达能力以及概括和总结问题的反应能力。

当然,需要注意的是,"本研一体化"教学的运用还需要考虑到学生的接受能力,需要考虑适度、适量的问题,需要给学生一个适应的过程。尤其是,这一教学创新需要整个教学体系的调整乃至改变,不是一朝一夕就可以完成实现的。最后,"本研一体化"教学的引入,不仅仅是方法论意义上的,更是整个教学理念意义上的,其背后的思考正是网络智能时代给我们带来的挑战。应该意识到,当代中国大学教育体系及其政治学教学体制,正处在一个大变革的前夜。挑战,应该带给我们的,不只有压力,还应该有更为强大的动力。

研究生综合能力培养的"导学"机制创新探索
——从专业导师和研究生之间建立定期研讨班制度的角度分析*

钟振明

【摘要】 本文从当前研究生培养中存在的主要问题出发,结合国际关系专业研究生培养实践中遇到的一些具体问题,提出建立专业导师和研究生之间定期研讨班的制度的必要性和可行性,在此基础上探讨研究生综合能力培养的"导学"机制创新问题。

【关键词】 国际关系　研究生　导学机制

【作者简介】 钟振明,同济大学政治与国际关系学院国际关系系,博士,副教授,系主任。

本文基于国际关系专业研究生综合能力培养的目标要求,倡导建立专业导师和研究生之间定期研讨班的机制性平台。本文探讨了如何通过这样的重要制度平台,来培养国际关系专业研究生的综合能力,包括研究生的问题意识、论文撰写规范、方法论运用、科研团队合作意识和能力、广泛而深入的阅读能力、对外交流与合作能力、良好人格的培养等。从实践角度看,建立专业导师和研究生之间定期研讨班制度,可以针对研究生培养各个环节中出现的问题,及时有效地予以纠正,进而实现提升研究生综合能力的目标。

一、当前研究生培养中存在的主要问题

国际关系专业研究生培养是一项综合工程,其中涉及课程选择、专业授课、

---

* 本文系同济大学研究生教育改革与研究项目"政治与国际关系学院研究生培养国际化建设制度创新研究"的阶段性成果。

研究方法训练、论文选题和开题、中期考核、毕业论文撰写和论文答辩等多个环节。从多年的研究生培养实践看，笔者发现许多环节中出现的问题都在不同届别的研究生身上一再地出现，如何及时有效地解决这些问题，是许多硕士生导师面临的共同挑战。

首先是研究生对相关专业著作阅读不够。在研究生培养过程中，笔者发现不少国际关系专业硕士研究生在入学前和入学后对专业经典著作的阅读十分不够，由此形成对专业基础知识和理论的把握不够，专业研究能力十分欠缺，难以完成高质量的专业研究任务。从研究生入学面试和入学后的阅读调查看，许多国际关系专业研究生在本科阶段尚未大量地阅读经典专业著作。部分通过免试推荐或参加入学考试而攻读硕士学位的研究生，可能因为跨专业背景而缺乏对本专业经典著作的阅读，有的学生甚至没有认真阅读过任何专业经典著作。即便有的研究生在本科阶段所学专业同其硕士阶段专业相同，也未必进行了大量的专业著作阅读，因而根本没有建立起完整的专业知识和理论框架，对一些基本的专业问题缺乏专业认识，对问题的探讨缺乏专业深度，写作课程论文或毕业论文时表现为明显缺乏相应的专业理论素养。

其次，不少国际关系专业研究生的毕业论文选题缺乏专业问题意识。目前，研究生在毕业时能否提交一篇优秀的毕业论文是对其能力最直观的检验方法。但是，笔者发现大部分研究生毕业论文从开题环节就存在一个严重缺陷，即没有找到一个具有学术价值的国际关系问题并对其展开专业研究。究其原因，主要是因为学生缺乏专业问题意识。所谓专业问题意识，它本身就是针对一些专业问题进行思考，进而产生怀疑、困惑、焦虑、探究的一种心理状态，而这正是目前许多国际关系专业研究生所缺乏的。对一个问题不能层层深入地探索原因，而仅仅停留在比较肤浅的分析，是无法创作出一篇具有学术价值的专业论文的，由此导致论文创新研究的不足和质量的下降。

第三，不少国际关系专业研究生对专业研究的方法论问题掌握不够。方法论是我们观察和处理问题的基本方式和方法。方法论在研究生所从事的科学研究中起到非常关键的作用。对于国际关系专业研究生来说，在确定研究问题之后，我们需要寻找最优的方案来解决问题，这就涉及国际关系研究方法论的指导。虽然社会科学领域有许多通用的研究方法，但国际关系研究的问题有其独特的研究对象和研究目标，因而也需更多地掌握该专业本身的科学研究方法。对于当前许多国际关系专业研究生而言，把本专业的研究方法简单地等同并适用社会科学研究的一般方法是不够的,而在许多研究生毕业论文中笼统地提及适用历史分析、文献阅读或定量分析等方法,也是缺乏严格的国际关系研究方法论训练的一个表现。

第四是许多国际关系专业课程的教学方法仍然缺乏创新,导致国际关系专业学生对专业理论和知识的运用能力仍然不高。按常理说,全球化时代的国际关系专业理论和知识更新的速度是很快的,然而,当前国际关系专业的教学方法仍然存在诸多不足,如忽视实践能力的培养,按照教学计划和教科书一章一节地向学生讲授,学生熟背理论而与实践脱节;忽视自主能力的培养,限定领域不考虑学生的兴趣和爱好;忽视学生探索能力的培养,只学习已有结论和经验,忽视未知领域的大胆探索。不少国际关系专业研究生认为,由于国际关系学科的新知识和新理论更新很快,传统的课堂教学已经很难学到具有前瞻性的内容。创新学习和研究要求我们将学科研究的新进展及时地通过新的途径在学生之间展开讨论。

第五是专业导师和研究生之间缺乏有效的沟通机制。目前,在研究生的培养中,导师的作用在慢慢被弱化,导师和学生之间最为传统的"导学"关系也难有效发挥其作用。一方面,在研究生的学习过程中,由于过分强调"自主性",部分学生会因此而忽视与老师的沟通交流;另一方面,导师对研究生的个人品德、专业道德、日常学习和科研活动等存在着指导不足的普遍现象。笔者在培养研究生的过程中发现,许多硕士生导师因自身私务较多而不愿将更多精力放在学生指导上。一旦导师放弃了在研究生培养过程中的主导作用,研究生在各个培养环节就容易出现问题,最终影响研究生教育质量。

二、建立定期研讨班制度的设想与目标

传统研究生教育的师生关系,最重要的就是"导学关系",它作为师生关系的核心,一直贯穿于研究生教育的始终。何谓导学关系?导学关系即研究生在导师指导下完成课程学习、参与课题研究、提出研究问题、撰写学位论文,并在此过程中学会做学问、学会做人所形成的一种教学关系。导学关系不仅包括"释疑解惑、传道授业"的"教书"层面,也包括"学高为师、身正为范"的"育人"层面。然而,近年来随着经济发展和社会价值观念的不断演化,加之研究生数量的不断增

加,这种以"导学关系"为核心的师生关系已经受到冲击。目前的师生沟通机制,存在师生之间沟通时间、地点、方式以及内容的不确定性。师生之间缺乏定期沟通,导致研究生的学术研究、论文撰写以及思辨能力均受到限制。因此,创新专业导师和研究生之间的"导学"关系,就显得至关重要。笔者认为,通过建立师生之间的定期研讨班制度,让老师和学生之间、学生和学生之间就学术问题、思想问题以及个人品格培养等问题进行密切的联系沟通和反馈,将有效地发挥导师的导学作用,最终提升研究生的综合能力培养。

专业导师和研究生之间建立定期研讨班制度的基本假设是,一位专业导师通常指导若干名硕士研究生的毕业论文撰写等工作,因而可以将具有大致相同培养目标的学生组织成一个研讨班。专业导师每周定期同该研讨班成员见面,并就研究生培养各个环节所涉及的问题予以研讨和解决,在定期研讨班中采取多种途径提升研究生的综合能力培养。在实践层面,研讨班由专业导师和其指导的硕士研究生组成。在定期研讨班的讨论过程中,研究生可以主动向导师报告近期的学习活动、学术研究及存在的各种问题,加深师生之间和研究生彼此之间的思想沟通。导师可以制订研讨班学习的内容和方案,以每周研讨的形式定期展开研讨活动,每次研讨活动确定一个固定主题。研讨的形式可以多种多样,如就经典文献阅读展开读后感研讨,就某个热点问题进行资料收集及研讨,就具有争论价值的国际关系理论和政策问题举行辩论,就毕业论文的选题和开题展开集体讨论并"诊断"其中问题,就学术论文规范问题进行讲解,就前沿学术问题邀请其他专家参与讨论等。

定期研讨班制度建成后,可以通过对定期研讨班的内容以及形式进行更为具体的规划和设计,从而达到研究生综合能力培养的一系列重要目标。首先,定期研讨班制度可加强学生对专业书籍的阅读和理解。在定期研讨班中,专业导师可以向研究生推荐专业书籍,组织大家阅读和讨论。为了更好地反馈阅读的效果,可以定期安排阅读任务,组织学生在定期研讨班中交流彼此的读书心得和体会,以此强化研究生对专业经典著作的了解和理解,健全学生知识体系和专业素养。其次,定期研讨班制度可强化学生的问题意识。在定期研讨班的机制中,专业导师和研究生可以针对国际关系中的重大理论和政策问题展开讨论,通过查阅资料和调研,在专业导师的帮助下,在定期研讨班的讨论分析中深挖所讨论的专业问题,培养学生发现和思考专业问题的意识,并在问题意识的指引下进行相关的课题和论文设计。第三,通过让研究生新生参与高年级研究生论文开题和写作的讨论,可有效地让研究生新生迅速了解自身在未来各个培养环节将会遇到的许多问题,并预先做好准备。第四,通过专业导师坚持不懈地讲授关于国际关系研究方法论的知识,定期研讨班制度可强化研究生对本专业的研究方法训练。第五,定期研讨班制度可帮助学生密切关注学科前沿问题。在定期研讨班中设置前沿研究专题,引导学生对专业研究各类前沿问题的了解。

从实践经验看,定期研讨班制度可拓宽教学活动的形式。定期研讨班制度可以衍生多种多样的研讨活动。在研讨过程中,可以将学生进行分组,设置小专题,让组内成员分工协作,查阅资料,开展讨论,以 PPT 形式进行汇报讲解等。学生可以自由提问,教师做针对性的点评和引导,这样可以保障学生自主学习的效率,增加学生参与讨论的积极性,拓宽学生的学术视野,有利于在实践中培养学生解决问题的能力。

三、建立定期研讨班制度的预期效果

实践证明,通过在专业导师和研究生之间建立定期研讨班制度,可以有效应对前文提到的研究生培养过程存在的普遍问题。

自 2016 年春季开始,笔者与自己所指导的三个年级的硕士研究生组成了一个定期研讨班的制度平台。该研讨班的规模大致为 4~6 人,研讨班确定了每周举办定期研讨的制度,研讨议题涵盖硕士研究生培养各个环节涉及的主要问题,如制订培养计划、阅读讨论经典著作、毕业论文选题、准备开题报告、探讨研究方法论问题、集体讨论毕业论文撰写、邀请专家做专题介绍等。从过去几年的实践看,专业导师和研究生之间建立定期研讨班制度,可以解决研究生培养环节中存在的许多问题。

研究生开题报告可谓研究生培养中的一个核心环节。我们以开题报告环节的定期研讨班实践结果为例,发现此制度能够在开题报告阶段帮助学生解决许多问题,因而产生了良好的效果。笔者所指导的两名二年级研究生,在 2017 年 11 月需按照培养计划要求完成毕业论文选题和开题。为了更好地帮助他们顺利开题,笔者通过定期研讨班的平台,自 2017 年秋季学期开学后每周定期召集研讨班六位成员(不含专业导师),集中讨论其中两名学生的毕业论文选题和开题。首先,围绕毕业论文题目的确定,进行了三次研讨,主要是激发同学的问题意识,使其能够对"真"问题有更为清晰的认识,同时也是逐渐培养新生问题意识的一个过程。在这样的定期研讨班上,两人需要完成选题和开题的研究生就自己所阅读的文献及发现的问题进行了阐述,通过逐层分析,对选题的价值和开题的可行性进行了热烈的讨论,最终才确定选题方向和具体题目。在此过程中,两名学生对撰写论文所需解决的学术问题有了深入的理解,并且就所选方向涉及的文献资料进行了收集和阅读,从而为顺利完成论文开题奠定了良好基础。

其次,通过定期研讨班的平台,大家围绕开题报告的初稿内容又进行了三次集中研讨。主要围绕两位学生的论文开题所需解决的学术问题、前人相关研究成果、解决问题的方法、论文创新观点、论文撰写的可行性、研究的理论意义和政策价值、论文所涉及的案例等问题逐一展开讨论。这些研讨活动加深了学生对撰写毕业论文所应注意的关键问题的理解,使学生对其所选题目及今后的写作方向有了更为清晰的认识。

经过反复研讨,大家对所选题目是否具有研究价值以及接下来进行研究撰写的可行性问题有了更加深入的了解。通过开展这样的小型定期研讨活动,所有学生都切实理解到论文开题环节需要注意的重要问题,如论文选题要适中,所提出的问题要具有学术价值,对前人的研究成果要有充分的了解,要弄清楚之前研究所存在的不足,要找到合适的方法和分析框架,论文各部分的写作要具有可行性,作者的创新观点要经得起检验,论文主体部分内容要丰富,所研究的问题要具有一定的理论意义和政策价值等。最终,在毕业论文开题报告的答辩环节,两位学生的开题都顺利通过,并取得了较好的开题成绩。论文选题和开题的成功,可谓研究生毕业论文取得最终成功的关键一步。笔者相信,定期研讨班制度的运行不仅能及时有效地帮助学生顺利完成选题和开题,也可以在此后的论文撰写环节继续帮助学生发现和解决问题,最终帮助学生顺利通过毕业论文答辩。

基于上述分析,笔者认为,在专业导师和研究生之间建立定期研讨班制度是必要且可行的。从笔者所经历的实践看,这一"导学"关系领域创建的定期研讨班制度可以及时有效地解决研究生培养各环节中普遍出现的问题。通过在定期研讨班平台中针对专业著作阅读、论文选题和开题、毕业论文撰写等环节引入定期研讨的制度,我们可以有效提升研究生的学习能力和研究能力,丰富专业导师和研究生之间的沟通渠道和教育内容,促进导师与学生之间和学生与学生之间的相互学习和提高,推进专业科研团队的建设,最终实现研究生综合能力培养的目标。

他山之石

约翰·霍普金斯大学尼采高级国际研究院对我院外交学学科建设的启示

苏 平 吕 蕊 张 淏

【摘要】 外交学在我国还是一门处于发展阶段的学科，学科建设需要向世界顶级院校借鉴经验。本文从约翰·霍普金斯大学尼采高级国际研究院的学院概况、学科设置和师资队伍等多个方面具体分析该学院学科建设情况，并适时与其他国际知名院校进行比较，探讨其对促进我院外交学学科建设的启示。

【关键词】 外交学　学科建设　SAIS　国外经验

【作者简介】 苏平，同济大学政治与国际关系学院外交学系，博士，讲师；吕蕊，同济大学政治与国际关系学院外交学系，博士，副教授；张淏，新加坡国立大学李光耀公共政策学院，硕士研究生。

一、研究背景与意义

外交学专业旨在培养学生们对国际事务的专业性理解，并能运用所学从事国际问题研究或其他外事部门的实际工作。尽管随着我国在国际上参与的事务愈来愈广、愈来愈深，亟须外交学背景的毕业生，但外交学在我国仍是一门处于进步阶段的学科。发展外交学专业有利于培养在政治、法律、语言等方面具有综合素质的高端人才，满足我国国际地位发展、经济文化发展的需要，同时亦有利于国际学术交流与外事往来。

针对国际上这一领域的排名（QS2016 政治学与国际关系领域），哈佛大学、牛津大学、伦敦政治经济学院、巴黎政治学院、剑桥大学分别位列前五。在北美地区，除哈佛大学外，耶鲁大学、斯坦福大学、乔治城大学、约翰·霍普金斯大学、普林斯顿大学、哥伦比亚大学等也位列前茅。

威廉与玛丽学院的国际关系理论与实践机构曾做过一份调查全美所有国际关系研究生项目的研究，采访了该领域超过1 000名专业人士，并随后在《外交政策》杂志2005年11/12月刊上发表了结果。调查中的一个问题是："列出五个你认为针对学生追求政策研究相关职业的最好的国际关系硕士项目。"根据研究，65%的被问者将SAIS列为最顶级的项目之一。SAIS收到了最多的赞成票，紧接着是乔治城大学（WALSH学院）、哈佛大学肯尼迪学院、塔夫茨大学（FLETCHER学院）以及哥伦比亚大学国际与公共事务学院。在2007年《外交政策》杂志刊登了又一次调查的结果，SAIS依然是最顶级的项目之一，即便位列第二（乔治城大学收获了最多的票数）。

哈佛大学、塔夫茨大学、哥伦比亚大学、乔治城大学以及约翰·霍普金斯大学的国际关系研究学院都是美国最为顶尖的研究机构，为美国及世界其他国家和地区培养了一批杰出的外交官、政治家、学者、经济学家等。在本文中，笔者将选取SAIS作为重点分析的对象，主要是基于其顶尖的学术水平与一流的国际声望，加之其学科建设的系统性与灵活性、学生就业率持续走高的现实意义等。

其中值得一提的是约翰·霍普金斯大学尼采高级国际研究学院的跨学科培养方式，具体表现在一些实例上：自1990年开始，SAIS和Fletcher学院一直是美国仅有的能参与具有相当声望的Philip C. Jessup国际法模拟法庭比赛的非法学学院。与全日制法学学生竞争，SAIS的表现也一直很优异。SAIS曾两次以位列第二的成绩超过其他12所学院进入最终轮，并在势均力敌的竞争中战胜过乔治城大学、弗吉尼亚大学、马里兰大学等的精英法学院。SAIS的学生在由雷鸟商学院主办的可持续创新峰会挑战中也曾获胜。两支不同的队伍在2007年及2008年都曾取得第一名，打败了由来自世界顶级商学院MBA学生们组成的队伍。在2010年由马里兰大学史密斯商学院和国际发展署美国办事处共同举办的第一届全球挑战比赛中，SAIS及沃顿商学院学生共同组成的队伍夺得了第二名。

在本文中，笔者将从SAIS学院概况、学科设置、师资队伍等多个方面具体分析该学院学科建设情况，并适时与其他国际知名院校进行比较，以获得一个较为全面的观点。

二、学科建设情况简介

（一）学院简介

约翰·霍普金斯大学尼采高级国际研究学院（SAIS）是美国顶尖的国际关系研究学府，被誉为美国外交官三大摇篮之一（另两所为塔夫茨大学以及乔治城大学），其所拥有的覆盖国际热点问题和地区的多个智库持续对美国的外交政策与战略产生着不可忽视的影响。本文选择 SAIS 作为重点分析对象不仅是基于上述事实，也由于本课题研究人员在 SAIS 的学习经历，可以通过访谈、观察记录等多种方式深入了解该学院的学科建设，并基于自身学术经历更加系统地分析其通过何种模式培养专业优势、产出顶尖人才。

SAIS 致力于为学生及教员的职业发展需要提供高质量、客户导向型的帮助。其旨在为学生及教员提供领导力来源，创造高质量、高水平的国际雇员，维持覆盖面广、通用性高的全球关系网。

SAIS 在华盛顿（1943）、意大利博洛尼亚（1955）、中国南京（1986）三地设有校区。SAIS 欧洲中心即是博洛尼亚研究中心，是欧洲唯一一所美国高等教育系统下的拥有全日制国际关系硕士项目的研究中心。同时，霍普金斯南京中心由 SAIS 以及南京大学共同管理，并使用中英双语教学。SAIS 有接近 700 位全日制学生在华盛顿，190 位全日制学生在博洛尼亚，以及 160 位全日制学生在南京。其中，60% 的学生来自美国，37% 的学生来自其余 70 多个国家。有 50% 的女性学生，其中 22% 来自美国少数族裔。

该学院致力于研究国际事务、经济、外交、政策和教育等领域。曾在这里就任的政治学家和经济学家包括法兰西斯·福山、前国家顾问布热津斯基、前世界银行首席经济学家安妮·克鲁格，以及军事历史学家及前国务院参事埃略特·科恩等。

SAIS 华盛顿校区坐落在马萨诸塞大道的使馆区，临近杜邦广场，正对布鲁金斯学会和卡内基国际和平基金会，周围坐落着各种大大小小的国际事务研究中心和机构。因此在定期举办有世界领袖参与的学术讨论时具有极佳的地理位置，对其在国际事务研究方面的卓越成就具有极大贡献。

1. 专业概况

SAIS 提供多种学科的教学，包括文学硕士学位以及哲学博士学位，总共有

20多个项目,包括国际经济学,国际关系(冲突管理,能源、资源与环境),国际关系理论与全球历史,国际法与国际组织,国际关系战略研究,国际发展,非洲研究,美国外交,亚洲研究(中国研究,日本研究,韩国研究,东南亚研究,南亚研究),欧洲研究,中东研究,俄国及欧亚研究,西半球研究(加拿大研究,拉丁美洲研究),以及15种外语。每年大致有300位毕业生来自两年制的文学硕士项目(国际关系,国际经济学)。

SAIS同时也提供共同授予学位项目,合作方包括宾夕法尼亚大学沃顿商学院,达特茅斯大学塔克商学院,英士国际商学院,约翰·霍普金斯大学布隆博格公共卫生学院,哥伦比亚大学法学院,斯坦福大学法学院,弗吉尼亚大学法学院,南京大学,雪城大学麦斯威尔公民与公共事务学院。

华盛顿校区所设专业如下:

(1) 文学硕士(MA):大多数在SAIS的学生都就读于这一两年全日制的文学硕士学位项目。该项目的跨学科教学注重国际经济学、政治学以及区域研究、国际关系和语言。学生们可以选择其中一年在欧洲校区度过。

(2) 全球政策硕士(GPP):为期16个月的硕士项目是为了帮助有经验的专业人士在保持全职工作的同时进一步成长为全球性的领袖。课程设置反映了学校的优势,以及国际政治、经济、战略和法律相关政策研究方面的专家级经验。学生将在周五和周六一起上课并参与三段为期多日的海外学习体验。

(3) 国际经济和金融硕士(MIEF):为期11个月的硕士项目在于帮助处于职业早期阶段的专业人士在经济和金融分析上取得更加优异的成绩。课程旨在使学生们理解高等经济学理论,掌握专业的定量分析和计量经济学的技能,并能评估大量国际经济和金融方案。

(4) 国际公共政策硕士(MIPP):一年制硕士项目是为有经验并希望获得高级分析和领导能力的专业人士而设置。学生们专注于对自己职业生涯有重要作用的领域,并为课堂讨论带来各领域和地区的经验。

博洛尼亚校区所设专业如下:

(1) 文学硕士:同上述。

(2) 全球风险硕士:为期13个月的项目建立在学校社科领域(尤其是政治学和经济风险分析学)的优势上。学生们会完成以客户为导向的专业实习或论文。

(3) 国际事务硕士:两年制硕士项目是研究导向型,学生需写出一篇纯原创的2万字论文。学生可以选择两年都在博洛尼亚或者一年在欧洲的其他学校（合作学位）。

（4）国际公共政策硕士：同上述。

（5）国际研究文凭：这个文凭需要在SAIS欧洲中心进行两个学期的全日制学习（8个月非语言课程加上语言要求）。这个毕业证主要针对已经持有或正在学习硕士学位的人士。

霍普金斯南京中心所设专业如下：

（1）国际研究硕士：两年制硕士项目是唯一一个中国和美国都完全认可授权的硕士，地点在霍普金斯南京中心。非中国学生需要完成普通话教学的课程和论文，并取得约翰·霍普金斯SAIS及南京大学共同授予的联合学位。

（2）中国和美国研究证书：这个一年制霍普金斯南京中心的证书在加强学生理解中国与全球关系的同时给予学生课程选择的足够自由。硕士等级的课程包括经济、能源和法律各方面（中文授课），旨在增强学生语言能力和文化意识。中级到高级普通话的熟练掌握是学习开始的要求。

2. 学院发起的特别活动

（1）年度话题：从2005—2012年，约翰·霍普金斯大学SAIS学院会在每学年致力于一个独立的主题，旨在鼓励学生、职工、学术项目、政策中心及校友积极参与、研究这一国际事务领域的主题。这些特定的话题为学校提供发放奖学金的机会，也通过讲座、会议等方式交换大家的观点。学院曾主办的公共主题如能源、中国、选举与外交政策、水、宗教、人口学等。

（2）儿童保护项目：在2009年6月，SAIS与国际儿童与家庭研究所共同成立了儿童保护项目，起草了一部关注儿童保护问题的模拟法，针对"无视，虐待，剥削"等儿童问题。主要目的是对193个联合国成员国现存的儿童保护法进行研究，并与地区专家共同对"儿童保护"一词进行常规定义，建立一个国家立法和案例的数据库，并起草、出版以及全球性地发行模拟儿童保护法。

这个草拟过程包括在新加坡、埃及、哥斯达黎加、西班牙、土耳其和美国举行的六次专家会谈。最终版本的模拟儿童保护法在2013年1月出版，并于2013年日内瓦联合国儿童权利委员会被报告。

3. SAIS现有研究中心、机构及项目

SAIS现有研究中心、机构及项目主要包括：约翰·霍普金斯大学外交政策研究所、国际研究所（中国）、博洛尼亚政策研究所（意大利）、中亚及高加索研究所、菲利普梅瑞尔战略研究中心、宪法及民主发展研究中心（意大利）、位移研究中心、跨大西洋关系研究中心、赖肖尔东亚研究中心、国际贸易和公共政策中心、战略教育中心、加拿大研究中心、霍普金斯南京研究中心、世界事务瑞士基金会、SAIS美韩研究所、国际报告项目、国际能源、资源与环境项目、中小型企业研究所、伯纳德施瓦茨建构性资本主义论坛、丝路研究项目、公共及私人合作关系计划、政治与对外关系中心、文化交流项目、中国乡村草根计划、全球能源与环境计划、全球健康与外交计划等。

（1）民主发展及宪政研究中心：民主发展及宪政研究中心（CCSDD）位于博洛尼亚，与意大利博洛尼亚大学的法学院建立了伙伴关系。CCSDD的研究领域包括比较宪法等，关注国家进行民主转型的过程。该中心通过会议、研讨会、出版物、对外交流和系列讲座等方式促进关注公民社会发展和法律改革的问题。

（2）国际商务及公共政策中心：国际商务和公共政策研究作为学校教学中的一个焦点性的应用研究，密切关注在国际业务中利益和责任的关系、金融和公共政策的关系。该中心成立是为了应对深刻的全球变化，使来自公共和私营部门的实践者加深他们对公私划分领域问题的理解。

（3）中国非洲调查研究计划：SAIS中国非洲研究倡议始于2014年，侧重实证分析，旨在促进合作、培养未来的领导者更好地从政治、经济维度了解中非关系及其对人类安全和全球发展的影响。合作伙伴来自中国、非洲和其他地方，他们赞助在该领域的研究，并对数据收集和学术交流传播提供支持。

（4）埃德温东亚研究中心：在Reischauer家族的支持下成立于1984年，埃德温东亚研究中心积极支持在太平洋和亚洲的关系方面的研究和学习，旨在推进东北亚和美国之间的相互了解。

（5）亨利·基辛格全球事务中心：亨利·基辛格全球事务中心旨在帮助未来的决策者进行长期战略分析，并运用历史和模式解决当代国际问题。该中心为在国际事务和政策方面的公开辩论提供奖学金，参与者有居民、访问学者、知识分子和政策实践者。

（6）发展领导力学会：发展领导力学会训练来自发展中国家的政府官员和商界领袖，帮助他们及私营部门成为具有建设性的经济增长和发展的力量。该学会研究领导人如何进行有效改革以促进良好的公共政策在复杂环境中的执行。成功的改革者必须灵活地考察范围广泛的影响政策结果的因素，他们必须对特定国家的经济、金融、政治和文化现实有一个良好的把握。最重要的是，领导者们必须了解如何设置优先顺序、建立有逻辑的行为和建立联盟。该学会为参与者提供了一个分析框架来构建这些能力以及指导他们如何在不利条件下有效地运作。

（7）公共-私人合作关系计划：公私合作伙伴关系（PPP）成立于2014年，旨在主动寻求解决发达国家和新兴经济体中如何资助公共服务的问题。公私合作伙伴关系是一种合作的组织结构，其得到公众的支持，私人或非营利合作伙伴同意分担风险、资源和决策，制定和实施某些项目。面临有限的政府资源和日益增长的挑战，在某些领域可以实行公私合营的方案。PPP项目包括教学（研究生和高管教育）、研究和一些咨询项目。

（8）博洛尼亚政策研究所：博洛尼亚政策研究所（BIPR）是SAIS欧洲研究部门。它的使命是借助约翰·霍普金斯的全球网络及SAIS学者的教学经验，促进在国际政策方面的跨学科研究。学院作为传播学者和从业者的大型社区，为更广泛的政策和思想传播提供了一个在国际公共政策领域辩论的论坛。

（9）加拿大研究中心：加拿大研究中心的研究机构是加拿大约翰·霍普金斯SAIS研究项目。来访学生、学者和政策制定者会参与加拿大及美加关系相关的话题，包括多边安全问题、两国边境关系、贸易、能源问题、北极、环境问题等。该中心不定期举办特别讲座和讨论会。同时，它也鼓励合作项目和实习，并与其他大学和研究机构合作，包括伍德罗·威尔逊中心、布鲁金斯学会和哈德逊研究所。

（10）跨大西洋关系研究中心：跨大西洋关系研究中心是一个卓越的大学智库，涉及跨大西洋经济、国防和安全、能源、人权、自由和法治以及社会的适应力问题。

（11）中亚高加索研究所：中亚高加索研究所通过出版物和论坛会议等方式，作为知识和信息的"交换机"，努力促进高加索地区的技术研究（包括阿富汗）。它是一个私人资助的地区研究中心，两周一次召开CACI论坛，并出版书籍、报纸、合办期刊等。

（12）外交政策研究所：外交政策研究所（FPI）成立于1980年，旨在寻找回答美国和世界面临的国际问题的相关政策。针对这一使命，FPI关注政策性研究计划、研究团体和来自世界各地的领导人，涉及领域包括国际政策、商业、新闻、和学术界等。

（13）中国乡村草根计划：成立于2007年、位于中国的研究项目。其使命为在中国基层提供当代生活的教学和实习，在中国与基层组织和当地官员合作，为美国公众和政策制定者对中国基层的发展提供认识。该计划在中国使用创新技术与基层非政府组织合作,提供管理技能的培训。值得注意的是,该计划既有利于了解和解决中国基层在发展过程中面临的问题,也有利于参与者在过程中建立良好的关系网络。

(14) 菲利普梅瑞尔战略研究中心:菲利普梅瑞尔战略研究中心探讨了政治和军事权力的多种关系,关注涉及核武器和非政府组织带来的威胁国家安全的紧迫问题。自 2004 年 7 月成立以来,梅瑞尔家庭基金会一直是主要的资金来源,它研究国家安全的问题,促进多边对话议程。

(15) 美韩关系研究所:美韩研究所(USKI)是一个始于 2006 年的大型项目的一部分,位于华盛顿特区。USKI 的使命是提高美国对韩国和朝鲜事务的认识。在韩国国际经济政策研究所的支持下,韩国基金会和美国私人捐助者都对 SAIS 的研究和推广有所赞助。USKI 旨在鼓励尽可能广泛的对话,提高美国人对韩国的兴趣。

(16) 伯纳德施瓦茨全球化计划:2012 年 7 月以来,伯纳德施瓦茨全球化倡议由普拉文·克里希纳(经济学家)和马提亚(政治学家)共同主持。该倡议的目的是作为一个高级学术研究和政策讨论的平台,参与当前的全球性重大问题,通过其学术活动促进国际政治经济讨论,以及改善在当前相互依赖的国际环境中决策者所面临的关键挑战。

(17) 文化对话:文化对话,一个由阿扎尔创办于 2009 年的创新项目,促进美国学者与国际学者交流的论坛。它提供了独立于特定的政治议程的另一种自主空间,举行系列讲座、教育研讨会、设置研究生课程等。

(18) 国际报告项目:国际报告项目(IRP)为报告重要国际问题的记者们提供赠款,并尤其关注新的创新性媒体。这个项目成立于 1998 年,是"非营利性新闻"运动的先驱,旨在填补主流媒体国际新闻的减少所留下的空白区域。IRP 为来自超过 100 个国家的 400 多名记者提供了报告和获奖的机会。

(19) 全球政治与宗教计划:全球政治和宗教行动(GPRI)旨在促进宗教与国际事务的研究,受到亨利·卢斯基金会的慷慨资助。它是主动将宗教和政治之间的相互作用纳入学术项目的研究,促进学生、学者和实践者深入了解宗教与国际事务及其对未来政策的影响。

4. 出版物

除了 SAIS 各类项目或研究中心编辑出版的各类图书和期刊外,也有不少学校范围的出版物。

（1）《北纬38度》：一个由美韩研究所维护的关于朝鲜事务的博客。

（2）《SAIS回顾》：一个建立于1956年的期刊，主要关注当今世界事务的主要问题。

（3）《SAIS观察者》：一个建立于2002年由学生负责编写及运营的报纸，是SAIS全球成员的官方学生报纸。

（4）《SAIS报告》：一个从当年9月到次年5月发行的双月刊时事通讯，关注学校的各种新成员、研究机构、学术项目、学生及教师成就、活动等。

（5）《SAIS全球事务欧洲杂志》：一个学生运营的杂志，关注国际关系领域的学术贡献，网络出版，每年进行印刷。

（6）《中心简报》：南京中心的教员时事通讯。

（7）《论文汇编》：汇编博士学位学生的各种论文。

5．就业去向

SAIS的毕业生们几乎都能够找到令人满意的工作，大都集中于政府部门、国际机构、私人集团等，无论是在海内或是海外，雇主的满意程度都非常高(4.6/5)。

以2015级毕业生的雇用结果为例：2015级文学硕士中有95%的学生在毕业6个月以内受雇于176个雇用单位、取得了实习生资格、或进行更高阶段的学习；2015级MIEF班级中有98%的学生在毕业6个月以内受雇于26个雇佣单位、取得了实习生资格、或进行更高阶段的学习；2015级MIPP班级中有93%的学生在毕业6个月以内受雇于26个雇佣单位、取得了实习生资格、或进行更高阶段的学习。

（二）学位设置情况

SAIS独特的跨学科教育在今天的全球环境中为学生们的理论和实践提供了支撑，以帮助他们获得成功的职业生涯。SAIS与众不同之处在于，其位于三个大洲的全球领先的教育学区相互合作，让学生们重点关注国际经济与全球政策领域，涉及世界上的关键地区，并兼有语言能力的课程。这样的设置旨在帮助学生解决问题、勇于创新和思考，从而积极应对全球挑战。

同时，SAIS基于约翰·霍普金斯大学的优势学科经济学，强调大多数学位的课程设置中的经济学课程及定量分析方法。这一点尤其值得关注和借鉴。定量研究是国际关系行为主义流派的科学方式，也是国际关系学发展趋势所逐渐倾向的研究方法。因此,课程设置部分值得重点分析。

另外,SAIS 提供的学位及非学位项目中,将面向应届生的项目与面向职场人士的项目做了明确的区分,有利于学生对自身学习目标的定位,也有利于学校更好地提供教育结构。

1. 文学硕士(MA)

(1) 概要

这个为期两年的全日制项目为约翰·霍普金斯大学的学生提供扎实的基础,这一硕士学位项目在华盛顿、欧洲及南京三地提供研究机会,允许双学位以及交换学期。课程注重跨学科教育,尤其是国际经济、国际关系、政策和区域研究、定量推理和语言。大约一半的学生会选择一年在 SAIS 欧洲中心,另一年在华盛顿;而另一半则在华盛顿进行为期两年的学期。同时,精通普通话的学生也可能选择另外的两个学期在南京学习。

学生们来自约 75 个国家,具有极大的民族多样性,有利于培养学生的文化创新及学术交流。同时,该课程的教师们都有着强大的专业背景,在教学方面独树一帜,他们来自政府部门、学术界、主流媒体及精英杂志。

(2) 就业

该 MA 为学生们提供职业服务,帮助他们探索事业、设定目标,通过实习获得经验和关系网络。就业服务工作人员们提供组织和个人的评估和咨询,帮助学生培养职业目标;关注求职车间、就业博览会和职业旅行;提供专业技能课程,增强学术课程,帮助学生开发特定的专业技能,如演讲技巧、咨询和金融建模技能等;连接全世界范围内一个有影响力的校友网络。比如,作为一个研究生,他将加入一个由 16 000 人组成的分布于世界各地的校友社区,涉及政府、商业、新闻、NGO、国际组织等多个领域及 140 多个国家。

SAIS 毕业生的需求量很大,雇主包括公共、私人及非营利部门。学生们的经济学知识、分析能力、区域专业知识、外交技能、语言能力和理论应用能力为他们提供了独特的专业优势。

常见的就业方向包括美国国务院、联合国、世界银行、博思艾伦、美国国际开发署、摩根大通、欧盟委员会、布鲁金斯学会等。

(3) 课程设置

该硕士学位的核心课程包括国际关系领域的理论认识和实践工具。学生们有两个重要的侧重点,即为国际经济学和国际政策领域。此外,学生需要满足定量分析课程的要求，达到毕业所要求的外语语言水平。课程为期两年，总共 64 个学分，涉及大约 16 门必修课。学生通常参加四门（16 学分），加上每学期的一门语言课程。国际经济学的课程约占 16 个学分（约四个课程），国际政策或区域研究占 20～24 学分（约 5～6 门课程），以及定量推理占 4 学分。同时，大约有 20～24 学分的选修课，学生们可以选择一门核心课程作为选修，也可在选修课程中选择。

学生们可以辅修国际政策领域或地区研究。该类有 12 个学分，大约三个方向，会根据学生们的研究方向有所调整。另外，学生们也可以选择专供领域，比如国际经济学和微观经济学，包括发展、经济政策、基础设施财政与政策、国际金融和定量方法、经济理论等。

该硕士学位也提供双学位或合作办学项目。学生们可能追求的领域涉及商业、法律、公共管理、公共卫生、公共政策以及外交等。学生也可以申请特别双学位研究项目或合作项目。就读双学位的学生将会得到一个学期课程学分的免修。

（4）实习机会

实习在整个学习过程中也扮演着不可或缺的角色，它为学生提供机会获得第一手的知识。过去的实习常在以下机构：美国国务院、战略与国际研究中心、联合国妇女署、亚洲开发银行研究所、全球商业政策委员会等。

（5）学生组织

SAIS 也在华盛顿、博洛尼亚和南京为学生们提供多种学生组织，包括金融俱乐部、中国俱乐部、国际法社团、SAIS 志愿者俱乐部、《国际事务》杂志社等。

（6）研讨会

在每一个学年，学校的各种学术项目和研究中心都会定期举行各类研讨会，也兼有讲座和演讲，包括来自广泛领域的专家、学者和决策者。最近曾为学生们发表演讲的人包括希拉里·克林顿、托马斯·弗里德曼、德拉吉等。

2. 国际事务硕士（MAIA）

（1）概要

该项目位于博洛尼亚，是一个为期两年的研究型学位项目。它允许学生提交论文来代替两门 16 学分的非语言课程。硕士学生可选择在欧洲的各个友好大学学习一年，另一年在 SAIS 欧洲中心，获得两个学校的硕士学位。该学位的亮点在于将课程和论文研究相结合，学生们必须掌握微观经济学、宏观经济学、国际贸易和货币理论等知识。

　　合作学校包括意大利的博洛尼亚大学、奥地利维也纳的外交学院、法国里尔的巴黎政治学院及荷兰的莱顿大学。学生们将体验到不同的学术环境,访问整个欧洲的图书馆和档案馆,受益于丰富的国际资源。

　　SAIS欧洲课程强调经济学、政治科学、历史和外语水平。来自欧洲主要大学和机构的教师和兼职教授们将给予学生们选课建议,并根据他们的研究帮助其选择方向。同时,SAIS欧洲中心拥有与众不同的教员-学生关系,通过激烈的辩论形成一个有凝聚力的知识社区,它亦为从欧洲与美国对比角度显露出的全球性问题提供了独特的学术经验。

　　(2) 就业

　　就业服务办公室负责帮助学生探索事业和设定目标、获取工作经验和人脉、加强他们的领导能力。

　　该学位的毕业生受到来自国际关系领域雇主的高度重视和大量需求。学生们的经济学知识、分析能力、区域专业知识、外交技能、语言能力和理论应用能力为他们提供了职业生涯的有力支持。

　　常见的雇主包括美国国务院、联合国、世界银行、博思艾伦、美国国际开发署、摩根大通、欧盟委员会、布鲁金斯学会等。

　　(3) 学术活动

　　近期在SAIS欧洲中心发表演讲的人包括德拉吉、罗马诺·普罗迪、肯尼斯·华尔兹等。

　　3. 国际研究硕士(MAIS)

　　这一为期两年的硕士项目在中国和美国都被完全认可。学生们在中国学习课程并完成论文,提高语言水平、培养成熟的文化交流能力。有国际政治、国际经济、国际法、能源资源与环境、中国研究五个主要方向。

　　国际政治研究的课程旨在帮助学生深刻理解民族国家之间的相互作用以及国际舞台上的其他行为体,强调历史和文化因素影响国家行为。学生们学习基本理论,掌握研究方法,并培养政策实践中的制定和分析能力。最近的毕业论文主题如下:海上民兵的角色——海上人民战争(2014);孔子学院和希望工程在非洲产生的软实力影响(2012);跨海峡合作网络技术标准——中国移动的一个案例研究(2014)等。

　　国际经济研究的课程则是为了满足学生们职业所需的经济技能和知识。学生们学习国际经济发展基础理论、应用程序、系统和政策等,为经济学的进一步研究做准备。近期国际经济学方向的论文主题如下:农村土地资本化的银行和中国农村(2011);外国投资在中国国内零售企业的技术效率(2011);WTO影响中国汽车产业的效率(2011)等。

比较法和国际法方向则在课程中呈现中国和美国两个不同的法律体系,研究跨国领域的法律结构和行为。旨在培养学生理解国际关系的法律基础、了解中国和美国的法律传统如何塑造两国的行为。最近的论文主题包括:"爱德华·斯诺登事件"反映出的国际法律机制的功能——保护告密者(2014);从比较法的角度看中国司法系统中原则的应用(2012)等。

2014年之前,南京中心还有一个在能源、资源和环境方向的专业。基于在能源和环境问题上中美合作的重要性,学生通过课程学习认识中国的发展和环境问题,以及涉及环境经济学、水资源、空气污染及其控制、环境风险评估和管理等的全球问题。论文主题包括:中国是非洲国家的污染源?(2014);中国的地缘政治影响天然气进口(2014)等。

中国研究方向则旨在提供中国历史、文化和社会方面的高级研究课程,为学生们的进一步学习和职业所需做准备,其课程涉及其他四个方向。最近的研究主题包括:分析中国农民工非政府组织的社会资本——农民工非政府组织在北京(2012);中国家庭教会——一个案例研究(2012);中国家庭暴力中的妇女权利(2011)等。

对于这些方向而言,许多课程之间产生交叉,学生们会有多种需求。学生们要求参与13门课程(包括论文)。一般来说,学生们必须针对自己的方向选修6门课程,国际学生必须有9门课在中国进行。

在一年级的课程中,该学位旨在帮助学生们广泛和深入地思考区域主题,理解中国的国际关系,指导学生自行规划为期两年的课程学习。第二年主要为论文准备,课程也将提供一个论坛,学生将相互讨论并向教授汇报进展,与当前访问学者和老师讨论自己的项目,满足要求的将继续进行论文写作。

4. 全球风险硕士(MAGR)

(1) 简介

过去十年世界的不稳定性增加,合格的专业人士必须能够理解和分析全球风险的多种形式。今天的风险专家不再局限于保险、精算表或金融衍生品领域,科技、政治、环境、监管、移民、流行病和宗教极端主义都是风险和不确定性的领域,公共和私营部门如何提供关键的决策十分重要。为了满足全球风险的认识和管理的不确定性所造成的需求,SAIS启动了这一在欧洲独一无二的硕士学位项目。位于意大利的博洛尼亚SAIS欧洲中心提供这一为期13个月的学位课程,旨在通过交叉学科知识培养学生在社会科学领域运用概念和工具进行复杂的政治和经济风险分析。毕业生将了解风险分析的细节,拥有专业的定量技能,并能够应用这些工具分析政策问题或投资决策受到政治事件的影响程度。

该授课型硕士以跨学科的方法来研究经济学、政治和历史,以及创新工作领域的风险和不确定性。MAGR学生受益于SAIS欧洲的国际社区,有来自40多个国家的同学,他们还将参与教师研究研讨会,参与在非正式场合的学者、外交官、央行行长、商界领袖等提供的讲座。

SAIS欧洲中心的风险分析教师们拥有丰富的经验。除了创作前沿出版物,他们与政府机构、国际组织和私营部门合作,形成学术严谨和实践取向的课堂氛围。教师包括:

① 拉斐拉·萨托。中东国际关系研究学者,SAIS欧洲中心中东研究的副教授和系主任,有一个五年的欧洲研究委员会资助的研究项目。她的主要方向是中东与欧盟的边界和相互依赖问题、巴以冲突等。她曾是牛津大学圣安东尼学院中东中心的研究员。她在该课程中教授巴以冲突相关的一门课以及北非和中东地区的研讨会。

② 贾斯汀·芙洛西尼。宪政研究中心的主任,SAIS欧洲中心副教授。研究方向集中在比较宪法及民主发展,特别是联邦制、地方权力、宪法司法等。

③ 马克·吉尔伯特。政治历史学家,强调研究历史本身及其工具。他已出版了数本学术书籍,在许多期刊上发表过历史和时事研究文章,他关注当代西方民主国家的历史和欧洲一体化进程,尤其是意大利和英国。

④ 埃里克·琼斯。一个对欧洲金融机构和当代欧洲政策极具影响力的学者,为政府、中央银行、咨询公司等提供风险分析和实践分析,出版过四本书。他是SAIS欧洲中心欧亚研究项目的主任,也是牛津大学纳菲尔德学院的高级研究员。

⑤ 艾丽卡·梅西。SAIS欧洲中心的数学讲师,也在博洛尼亚大学和犹他州的大学讲学,主要研究量子物理学。她教授风险评估所需的数学课程及一些定量课程,旨在让学生熟悉概率和统计方法,让他们分析数据,推断和理解可能

的变量之间的相关性的本质。

⑥ 迈克尔·普卢默。SAIS 欧洲中心主任。是一个在跨太平洋经济关系和亚洲经济体领域的领先专家,对国际经济学有广泛而深入的了解。他也是美国亚洲经济研究委员会主席、东盟的经济顾问。他的有关 TPP、亚洲经济合作及一体化等的研究常被引用。他教授的课程主要在国际经济风险领域,为国际资本流动的方向和强度做出分析。

⑦ 菲利普·塔代伊。SAIS 研究员,博洛尼亚政策研究所的主任,全球风险学位的学术主管。自 2013 年以来,他一直担任意大利总理的经济顾问。塔代伊的研究涉及金融领域和实体经济之间的联系,并关注如何使用政策防止宏观经济波动和金融危机。

(2) 课程

MAGR 项目旨在帮助学生利用方法论理解风险并分析其不确定性,研究风险的主要来源并追踪其对全球、国际和国内事务的影响,同时,课程设置包括不同的理论方法,以期分析经济决策和管理的风险。

该学位课程会为学生进行基础性的政治和经济风险分析的知识及定量分析方法的培训。学生们会回顾在暑期班所学到的风险相关经济概念,在第一学期学习企业融资原理和统计技术,第二学期学习具体的定量风险评估方法。夏季学期中,将会迎来密集的经济概念和数理技巧。秋季学期中,学生们探究与分析方法论问题,及国际政治和经济中存在的不确定性和风险管理理论,并应用定量风险评估方法。春季学期也提供许多选修课,学生们也可以开始专业实习和论文写作。

(3) 就业方向

MAGR 学位为学生们提供理解和管理全球公共政策风险因素和私营部门的决策所需要的技能、概念和分析手段。主要的雇主包括:咨询公司(政治风险、环境、公共卫生、城市规划、公共事务);能源部门(行政、勘探、管理);国际组织(欧洲委员会、联合国、世界银行、欧安组织、北约);政府外交、军事和情报、应急管理;金融行业(金融服务、资产管理、评级机构、银行和保险)等。

SAIS 欧洲就业服务办公室给予 MAGR 的学生们密切关注,引导他们进行工作探索和职业发展规划。鉴于博洛尼亚处于欧洲的心脏,为学生们在整个欧洲大陆的主要国家就业都提供了便利。尤其是给予 SAIS 校友网络在商业、政府、NGO 等领域的巨大声望,学生们在欧洲政策研究、公共事务、咨询、国际业务、中央银行等的实习相对比较容易。

5. 国际经济与金融硕士(MIEF)

(1) 简介

这一为期 11 个月的全日制项目旨在培养学生理解先进的经济理论、掌握定量技能以及分析当前国际经济问题。学生们将关注国际贸易和金融如何影响经济效益,并通过自己的观点与从事宏观经济学或国际贸易领域的世界著名学者们进行一对一互动。该项目的亮点在于其不仅关注宏观经济学和国际金融,学生们也可以自行选修国际事务相关的课程。这一具有挑战的学位项目在华盛顿校区进行。

学生们来自约 75 个不同的国家,有利于丰富学术和观点的多样性。教师则是在专业知识和为人上广受好评的人士,尤其是 MIEF 项目的学生将有机会与世界著名专家进行一对一互动、参与国际经济计划。

(2) 职业发展

经济学知识、分析能力和应用经济分析现实问题的能力给该项目的学生们创造了独特的专业优势。无论是在国际金融、公共政策、经济发展或学术研究领域,学生们都将掌握牢固的国际经济和金融理论基础及分析工具。

该项目职业发展服务部门的专业人士将帮助学生们探索事业目标和发展关系网络,主要通过组织和个人的评估和咨询,帮助学生培养专注的职业目标,举办求职讲习班和就业博览会,开展专业技能课程,旨在加强特定的专业技能,如演讲技巧和咨询技巧。此外,一个全球性的校友社区亦提供了强大的支撑。

常见的就业方向包括:私人部门;公共政策部门;银行;中央银行;商业投资或财政部门;咨询公司;跨国金融机构;开发银行;贸易部门;或继续深入学习。

(3) 课程设置

MIEF 为满足学生的个人目标和职业需求提供了一个严格的课程,总计 14 门课,54 学时。学生们需要完整地修习核心课程,也可选修国际经济类的课程。该项目的 14 门必修课包括三种定量方法课程、三门经济学选修课、技巧工作坊和总结性课程。通常夏季学期于七月中旬开始。

6. 全球政策硕士(GPP)

(1) 简介

这一为期 16 个月的全球政策硕士项目,是专为寻求深层次理解社会、经济和政治决策的经济丰富的专业人士提供的,让他们在上进学习的同时继续全职工作。通过与世界级的学者、实践者们交流,学生们将获得在这个迅速改变的世界中成功所需的技能和知识。

学生们在周五和周六上课,课程包括四个模块,模拟真实世界的经验,旨在让学生们最大限度地适应一个快节奏和竞争性强的学习环境,并让课堂上获得的知识应用到学生们的职业生涯中去。该项目还安排有国际实习。

GPP 在华盛顿校区进行,学生们还拥有研讨会、与知名学者和决策者交流的机会。同时,GPP 项目旨在为学生们在全球政策中的领导地位做充分准备,让他们向知名教授和专家学习,通过与来自不同背景的同学交流增强专业关系网络,并参与学校举行的政策模拟、职业生涯战略研讨会等。

(2) 课程设置

在 16 个月中,学生们将完成十个核心课程及三门选修课。这样的设置是为了对全球问题进行一个广泛的概述,并同时适合学生的学术兴趣。一共分为五个模块,通常在每隔一周的周五和周六上课。此外,全球应用研讨会为学生们提供了一个额外和专家教授、行业内顶端人员交流的机会。

课程一共为四个阶段,准备阶段(两门课及一个校园实习)、核心课程(基础理论和概念)、高级主题课程(理解性课程)及全球应用项目。旨在培养学生们的决策、谈判和领导能力。学生们也需在线完成经济和政治课程,并在最后一个阶段时组成团队,为实际的海外客户提供咨询项目帮助。

7. 国际公共政策硕士(MIPP)

(1) 简介

该全日制学位是为希望培养分析和领导能力的有经验的专业人士提供的。教员包括世界级的学者和实践者,学生们通过向他们学习获得专业知识。

该项目要求参与者至少有七年的相关工作经验,在华盛顿校区和欧洲校区移动进行。

学生们需要参与一共 32 个学分的非语言课程,也可根据学术项目深入探索一个特定的研究领域,主要集中在全球政治及国际关系领域。

最近的演讲者包括美国前财政部长蒂莫西·盖特纳,前阿富汗驻美国大使艾哈迈德·哈基米,科索沃前总统派特,美国前参议员约翰·麦凯恩等。

(2) 职业方向

该项目的毕业生在公共、私人或非营利部门的需求量都很大,尤其是基于他们的经济学知识、分析能力、区域专业知识、外交技能、语言能力和理论应用能力。

常见的就业方向包括公司执行委员会、道琼斯公司、泛美开发银行、泛美卫生组织、美国空军、美国国际开发署、美国之音、世界银行等。

该项目也设有职业服务,为了帮助学生们探索事业目标、通过实习获得经验。该服务提供组织和个人的评估和咨询、帮助学生培养专注的职业目标,举办就业博览会,提供专业技能课程,帮助学生开发特定的专业技能,如演讲技巧、咨询和金融建模技能。

(3) 课程设置

MIPP 的课程由为期一年的八个非语言课程组成,学生们通过咨询学术顾问,自行设计自己的学习计划。学生们可以选择增加专业性更强的地区研究性课程。此外,非英语母语人士的英语必须通过英语等级考试,参加外语课程的学生将不用支付额外的费用。

8. 哲学博士

(1) 简介

该项目是为了追求学术生涯的学生所开设的。每个博士生将在一位指导教师的帮助下设计一份独特的研究计划、准备论文。旨在培养学生们全面了解国际关系、经济和区域研究领域的知识,并训练其定性和定量的分析技能。该项目的入学需要通过三门综合考试。

博士学位在华盛顿校区进行。华盛顿作为美国的政治和经济中心,为来自世界各地的学生提供参与嘉宾演讲、外交实习等的机会。博士生门也有机会在博洛尼亚进行论文研究。博洛尼亚大学作为欧洲最古老的大学,其悠久的教育传统、文化遗产和政治活力将为学生提供一个独特的学术分析角度。

该项目毕业生的主要方向包括学术界(教学或研究)、政府部门(美国或其他国家)、多边组织(如 IMF,WB 等)、各种智库及私人部门等。

(2) 课程设置

博士学习分为两个阶段。第一个是论文准备阶段,该阶段持续两年到三年,学生将完成课程、综合考试和论文开题。学生们必须参与全日制的课程和研讨会,参与社区活动,或担任研究顾问。要求的课程包括研究方法、国际经济学、统计和计量经济学。

第二阶段为论文阶段。学生们应提前开题,并参与定性政治研究理论和方法、政治研究的应用方法两门课程。在参与第二门课程之前，所有学生需要通过统计方法和计量经济学的两门测试。

课程候选人需要满足国际经济学的能力要求，非经济学硕士学位的学生需要通过一个小时的口语考试。

所有学生需要从以下领域中选择三门进行综合考试：美国外交政策；比较政治学；国际发展；国际经济学；国际政治经济学；国际关系；区域研究。

博士学生也需证明自己在定量分析方面的外语能力。通过主要外语测试（包括阅读、写作、听力和口语）和第二外语测试（阅读），以及定量分析方法测试（计量经济学、应用计量等）。

9. HNC 证书

约翰·霍普金斯南京中心提供为期一年的学习证书，主要针对中国与全球关系领域。该课程涉及主题如经济学、能源和法律，强调国际经济、全球化与语言，要求普通话流利。

该项目的学生可继续申请研究生学习以获得硕士学位。该程序中学生们需额外两到三个学期在华盛顿或博洛尼亚校区学习。

学生们在学习过程中需要从下列方面选择至少六个学术课程：国际经济；国际政治；比较和国际法；能源、资源和环境；中国研究；美国研究（英语授课）等。

10. 双学位和合作项目

为了提高研究生教育水平和就业机会，一些学生也有可能参与法律、公共管理、公共卫生、公共政策和国际外交领域的双学位或联合办学项目。对于双学位项目的学生，学校会减免一些必修课程的数量。

双学位包括：与宾夕法尼亚大学沃顿商学院的 MBA 硕士项目；与达特茅斯学院塔克商学院的 MBA 硕士项目；与新加坡大学或 INSEAD 的 MBA 硕士项目；与约翰·霍普金斯大学彭博公共卫生学院的公共健康硕士项目；与斯坦福法学院的 JD 项目；与弗吉尼亚大学法学院的法学博士项目；与清华大学国际关系学院的硕士项目；与锡拉丘兹大学麦克斯韦尔公民与公共事务学院的公共政策项目。

同时，SAIS 欧洲中心也在为期两年的学位课程中提供与欧洲领先大学的合作学位。学生们需要满足 SAIS 欧洲中心录取的条件，并完成一篇 2 万字的论文。

合作学位的机构包括：巴黎政治学院德里尔政策研究中心，维也纳外交学院,莱顿大学,博洛尼亚大学,里米尼资源经济学和可持续发展经济学院,博洛尼亚经济学院。

11. 与清华大学合作的文学硕士与法学硕士双学位项目

此项目是中美高校在全球政治与经济研究领域联合开设的首个双硕士学位项目,旨在培养能积极参与全球治理的跨国、跨学科、全方面的综合型高端人才,以适应和满足未来国家和国际社会对人才的新需求。

该项目每年将招收40名学生,中美各20名。学生将在清华学习第一个学年,综合学习政治学、经济学、社会学等学科内容;然后在SAIS华盛顿校区进行三个学期的包括国际经济学、语言学习、地区研究和专题性研究四方面的课程学习。学生们需要完成两个学位授予的各项要求,完成后将获得约翰·普金斯高级国际关系学院的文学硕士学位及清华大学法学硕士学位。

该双学位项目结合了两个世界级学术机构的丰富经验和不同视角,为国际关系和全球事务领域的学生建立过硬的经济学知识、良好的分析技能以及跨学科的研究能力打下基础。它将帮助学生们在全球治理中扮演积极的角色,从事于政府部门、外交事务、国际组织、金融机构等。

在SAIS的学习中,学生们必须完成在国际经济学、定量推理、专业学习、核心课程和语言课程方面所有规定的要求。而在清华大学的学习中,实习考察和政策实习都是必要的,此外将有一个学期的课程是关于中国语言和文化的。

此外,NexGen全球论坛是一个总部位于北京的研究机构,服务于SAIS与清华大学的双学位硕士项目。它提供了一个进入专业研究的窗口,旨在促进学生们交换文化观念、理解外交政策,重新审视传统的时事讨论框架,并通过传统和创新结合的方式建立一个具有包容性和平衡性的对话平台,展示来自学术界、政府、商业界和当地社区的不同观点。

12. 交流项目

SAIS拥有为学生提供独特机会的交流计划,通常学生们可在第三学期进入到下列伙伴学校学习。

(1)清华大学国际关系学院。学生们可选择公共外交和安全研究中的英语课程,在北京与来自世界各地的学者进行交流。

(2)新加坡国立大学李光耀公共政策学院。在亚洲排名第一的新加坡国立大学所拥有的顶尖教员将给课堂带来真实的政策经验,学生们会参与英语授课的话题,如城市发展、全球化与经济发展等。

(3) 法国巴黎政治学院。学生们可以选择巴黎政治学院国际事务学院的英语课程,包括城市管理、欧洲事务、经济学等。学生们在巴黎可以参与到国际化的社区,与世界各地的领军人物对话。

13. 其他项目

SAIS 也为寻求了解国际关系知识而非追求学位的人士提供大量的证书和学习项目。

同时,除了核心学术学位,学校也为研究生和其他专业人士提供他们感兴趣的新领域项目,包括证书、文凭、兼职、暑期课程和培训,参与者们有机会补充自己独特的专业优势。

(三) 师资队伍

SAIS 的教师大都有着世界级的声誉和过硬的专业背景,他们既工作于学术界,也为政府部门提供服务,从田野调查到课堂、从主流媒体到精英杂志都能看到他们的身影。有不少教师曾或正就职于世界银行、联合国、美国国务院、美国外交部等机构,他们为在校学生提供了更加广阔的视野和具有非凡参考意义的经验。

教职人员主要分为三类:正常全职教师(包括常规和非常规教师),兼职教师以及访问学者。

在博洛尼亚校区的常规全职教师有 7 人,其中 3 位教授,1 位副教授,1 位讲师,以及 2 位研究中心主任。另有德语教授 1 位。同时,有兼职教员 39 人,访问学者 2 人。南京校区有常规全职教授 7 人,兼职教授为 4 位中国教师。华盛顿校区有常规全职教师 33 人,其中有 4 位中国籍教师。同时,非常规的全职教员有 32 位。兼职教员 56 人,访问学者 7 人。

在三个校区的全职教员中,主攻非洲研究项目的 4 人,美国外交方向 4 人,加拿大研究 4 人,中国研究 5 人,冲突管理 5 人,能源、资源与环境 10 人,欧洲及欧亚研究 7 人,全球理论及历史研究 4 人,国际发展 11 人,国际经济学 21 人,国际法及国际组织 2 人,国际政治经济学 9 人,国际关系学 4 人,日韩研究 1 人,拉美研究 2 人,南亚研究 3 人,中东研究 2 人,东南亚研究 2 人,战略研究 6 人。

在三个校区的兼职教员中,非洲研究 6 人,美国外交政策 7 人,中国研究 5

人,冲突管理 5 人,能源、资源与环境 15 人,欧洲及欧亚研究 16 人,全球理论及历史 4 人,国际发展 34 人,国际经济学 26 人,国际法及国际组织 10 人,国际政治经济学 2 人,国际关系学 26 人,日本研究 3 人,拉美研究 6 人,中东研究 3 人,南亚研究 2 人,东南亚研究 4 人,战略研究 6 人。

总的来看,SAIS 的师资队伍中,拥有博士学位的占大多数,同时,研究方向与学校的优势学科(如经济学、国际发展学等)直接相关。此外,区域研究的教师人数分布比较均匀,基本涵盖主要地区。

三、学科建设的主要特征

综上所述,能够看到以约翰·霍普斯金大学尼采高级国际关系学院为代表的一些国际知名院校在国际关系和外交学领域的学科建设特征。

(1) 重视量化研究方法。SAIS 在课程设置中强调经济学领域的研究方法,尤其是量化分析类的课程几乎对任何一个学位而言都是必修课。与此类似的是,牛津大学政治与国际关系学院、日内瓦高级国际关系学院等的学科设置同样强调量化分析的研究方法,这也是国家关系作为一门越来越"科学化"的学科所展现的趋势。

(2) 注重结合学校的学科优势。SAIS 凭借约翰·霍普斯金大学在经济学领域的优势,在多个学位的培养中增加了经济学、国际经济学、国际政治经济学等不同领域的课程,注重发展学生跨学科的知识面、综合的思维方式。除 SAIS 以外,日内瓦高级国际关系学院和巴黎政治学院都凭借多语种优势要求研究生必须选择除母语、英语和当地语种(法语为例)之外的另一门语言进行一到两年的修习。

(3) 多校区办学,发展区域优势学科。SAIS 在华盛顿、博洛尼亚和南京的三个校区分别在区域研究和区域问题上有所侧重,华盛顿校区作为主校区较为全面,南京校区在中国问题研究上有倾斜关注,而博洛尼亚校区则侧重欧洲事务研究。巴黎政治学院虽然没有多校区办学,但其数目众多的国际双学位项目也同样为学生提供了国际化学习和研究的选择。

(4) 多元化的教师来源。SAIS 的教师来自学术界、政治领域和经济领域等,既有全职教师,也有兼职教师和讲座学者,几乎涉及了所有毕业生未来将可能涉足的领域。这样的来源有利于学生们在课堂上开阔视野、并将受益于老师们的优异学术成绩和实际工作经验。学生们既上经济学家的课,又能聆听外交官的教诲,观点的多元化和冲撞程度将始终维持课堂的新鲜度、激发学生们的热情,并给予他们多层次的思维方式。这一点在国际化的办学中是非常常见的,如伦敦政治经济学院国际关系学院的教师团队也来自学术界和实际事务行业。

(5)面向实际化的需求,注重培养学生的应用能力。SAIS通过向语言学习的侧重、专业人士的讲座以及临近众多国内国际机构而获得的优质实习机会为还未就业的学生们提供将理论应用到实际的机会,这不仅将加深他们对国际事务和外交事务的实际工作的理解,也有利于他们进一步分析理论的可行性和未来发展的可能性。也正是由此,SAIS才能成为美国外交官的摇篮,巴黎政治学院才能为欧陆提供杰出的政治家和经济学家,日内瓦高级国际关系学院才能为联合国和世界银行等国际机构培养一批又一批拥有理想和能力的领袖。

(6)与智库紧密联系,增强学术能力。SAIS基于临近的布鲁金斯学会、校内的20余个研究机构等,长期邀请智库研究人员在校内做讲座或授课、与学生们深度互动,并为学生们提供参与智库研究课题或实习等宝贵的机会,使学生们有可能向顶尖的研究人员们学习。

(7)拥有强大的校友网络,提供丰富的就业和学习机会。作为一个研究生,他将加入一个由16 000人组成的分布于世界各地的校友社区,涉及政府、商业、新闻、NGO、国际组织等多个领域及140多个国家和地区。强大且有效的校友网络将为学生们的学习和职业生涯都提供有力的支持。

(8)学生来源多元化,且有多种自主方式参与到学术研究中。SAIS的学生群体来自世界多个国家和地区,巴黎政治学院、哈佛大学肯尼迪学院、日内瓦高级国际关系学院、新加坡国立大学李光耀政策学院等都同样拥有数目可观的国际学生——他们使得学生群体更加多元化和多样化。同时,在这些学校,学生们参与课题研究都受到热烈的欢迎。此外,在SAIS,学生们有多种自己的外交学领域的报刊和电子杂志,完全由学生们进行报道、翻译和排版编辑,有利于观点交流,亦可展示出学生思想的趋势,对校方和教师都有参考价值。在中国人民大学,国际关系专业的学生们也同样拥有一个名为"国际电讯"的微信公众号进行每日焦点推送,既有热点概览,又有深度分析。

四、对国内外外交学建设的启示

以 SAIS 为例的深入探索对国际上其他院校和国内院校的外交学建设都具有重要的意义,如何培养高质量的学生并使其更好地服务于社会不仅仅停留于一个问题,而是需要通过多方面的进步和改变所能达成的目标。

综合前文信息,在课程设置上学校可以"因地制宜"地与优势学科相结合,引入其他社会科学学科或理工学科的研究方法,对传统的理论教学进行创新。不仅仅是经济学的研究方法值得探索,法律领域(国际法、商法等)、逻辑学、环境保护、武器研究等领域同样也可参考一些基本课程,通过交叉学科或者选择特定研究方向等方式培养学生多方面的知识储备。

注重教师团队和学生群体的多元化,引入国际教师、招收国际学生,并通过共同课题研究等方式加深师生间的互动。

重视面向实际的能力培养,努力为学生创造更加优质的实习机会、搭建更好的应用平台。

注重学生活力的培养,通过比如模拟联合国、学生电子刊物、辩论赛、模拟国际法庭等方式,进行校内、多校联合或全国性的高校比赛及活动,有利于激发学生们的学习热情和积极性、培养深度理解。

加强国际交流与合作。在国际事务领域,国际上现有的学术交流框架正在被大力发展,包括哥伦比亚大学国际事务学院、北京大学国际关系学院、复旦大学国际关系学院、巴黎政治学院、伦敦政治与经济学院、伦敦大学国王学院、新加坡国立大学李光耀公共政策学院、日内瓦高级国际关系学院、圣加伦大学国际关系学院、博洛尼亚大学国际关系学院等在内的顶尖院校构成了现有的框架,他们之间既有着大量的国际双学位项目、跨学科双学位项目,也有着几乎不设限制的交流项目。在这些院校就读的学生几乎都有机会去往另一所顶尖的院校丰富自己的视野。其他学校也应该加强国际交流与合作,为学生们提供多元化的机会,或加入现有框架、分享资源。

通过研究机构获得政府赞助作为资金来源。如 SAIS 的美韩研究所,对朝鲜半岛问题有巨大助益,从而在韩国国际经济政策研究所的支持下,韩国基金会和美国私人捐助者都对 SAIS 的研究和推广有所赞助。如果国内高校能够借鉴这种模式,将在某种程度上缓解由于资金限制而带来的诸多问题。

五、结语

综上所述,我国外交学学科的建设任重而道远,而国际一流院校的发展路径和实践经验十分值得我们学习和借鉴。我院外交学学科建设一方面需要加强与一流国际院校的交流,汲取其发展模式的精髓;另一方面应将之与我院自身发展情况相结合,建设出有利于学生发展、面向社会需要、具有国际声誉的学科。

金陵大学、金陵女子大学社会工作教学及其启示

王世军

【摘要】 中国社会工作自恢复重建以来,在规范性的课程设置、教材开发、教师培训与教学研究方面取得很大进步。但社会工作课程中实务部分不足,搬用海外经验特征明显,学生就业率差等问题比较突出。金陵大学、金陵女子大学社会工作教学中强调社工专业价值观念的培养,努力回应中国社会需要,教学上理论与实习并重,重视开展社会服务和社会调查的经验,值得当代中国社会工作研究和借鉴。

【关键词】 教会大学 社会工作 启示

【作者简介】 王世军,同济大学政治与国际关系学院社会学系,博士,副教授。

金陵大学(下称金大)和金陵女子大学(下称金女大)是旧中国较早设置社会学系及开设社会工作课程、成立社会工作专业的高校。其教学实践在今天看来仍富有启迪意义。

一

金大初建,仅设文科,文科设本科、预科两部。本科科目分选修与必修两种。无论选修与必修课,都没有"社会学门"。1930年春文科改为文学院。1931年,金陵大学创建社会学系。西迁之后,金大在教学方面共分5组,即普通社会学组、都市社会学组、乡村社会学组、边疆社会学组和社会福利行政组。社会福利行政组开始独立招收学生,由从美国留学回来的陈文仙女士负责,并聘请社会上在相关领域有成者为学生授课。

1942年,鉴于抗战时期社会工作人才缺乏,为加强金大学生对社会福利事

业之认识及贡献,金大增设社会福利行政特别研究部。招收大学毕业生予以一年至二年之训练,以应需要。该部除与社会学系取得联结、供学生于学理上之研究外,还与本校社会服务部合作,以服务部工作范围为学生实习对象,以实地经验教材为研究之章本,以期达到"学以致用"之旨。社会福利特别研究部的工作主要有:① 研究与实习工作。研究部教授除授课外,还指导研究生作个别社会福利事业之实习研究,如集体培育工作、儿童福利事业工作、医药社会个案工作等。研究专题有"中国医药社会工作研究""儿童留养机关之研究""聋哑儿童之职业教育"。② 编译工作。如编译儿童福利事业教材、社会福利行政教材。

当时开展的社会工作有:

(1) 社会服务部:① 工业合作高级人员训练班,两期毕业生共 24 名;② 警察训练班;③ 体育员训练班、毕业生 24 名。

(2) 社会服务处:① 民众阅览室;② 民众代笔处;③ 妇婴保健指导所,兼办民众卫生工作;④ 儿童教育班;⑤ 平民夜校;⑥ 其他,如家庭访问、集体培育工作、个案工作、民众壁报等。

(3) 劳工教育班,共有三班,其一班以蓉新印刷工业合作社之印刷工人为对象。

(4) 补习学校,如成人夜校、暑期补习日夜班等。

(5) 四川彭县社会救济与福利事业。该县为新县制之模范及实验区,本校社会服务部应该县之请,拟定社会福利工作计划,并指导推行。

(6) 工人子弟学校由社会学系与成都社会处合办于皇城坝,除灌输一般知识外,并加以公民训练及生计教育。

1946 年金大迁返南京。由于抗战期间,南京原有的一些社会福利、社会救济设施大都迁移或停办,社会问题比较突出。金陵大学在联合国善后救济总署社会工作组的支援下,培养了 10 余名社会工作专业研究生,又于 1948 年专门设立了社会福利行政系,招收社会工作本科生,成为当时中国唯一的独立社会工作系。还被国际社会工作协会及国际社会福利研究院联合委员会接受为会员。这时期开展的社会工作有:

(1) 开办吉祥庵民众学校。由社会学系与联合国善后救济总署及世界学生服务社合办于迈皋桥附近,计有学生 60 余人。

(2) 创设友邻社。由社会福利行政组创设于下关四所村,旨在提倡社区邻谊,增进彼此了解,共谋社区福利,其工作如下：① 家庭访问,全村 2 256 户,该社分户访问 979 户。② 儿童玩具馆,采用图书馆卡片形式,出借教育玩具,平均每日儿童来借者,经常有 32 人。③ 儿童健康检查,共检查者 611 名,并注意其改善。④ 儿童教育团,计两团,52 名。⑤ 儿童康乐团,计四团,114 名,以集体生活方式,培育儿童身心。⑥ 村民医药卫生,与中国红十字南京分会合办。⑦ 义务教育,设立义民小学、儿童识字班、成人夜校各一所,学生共计儿童 124 名,成人 76 名。⑧ 露天教育电影,与美国新闻处文化部合办,每次观众甚多。⑨ 难民救济福利工作,与行政院善后救济总署合办。

(3) 托儿所。由社会福利行政组筹办,拟收托 2 岁至 5 岁儿童 60 名,承行政院善后救济总署拨款资助。

1949 年后,院系调整,金陵大学社会学系、社会福利行政系被取消。

二

金陵女子大学是较早设立社会学系的大学。社会学系在金女大是个热门的系。金女大毕业生中最多的是社会学系,计 179 人(1927—1949 年),社会学及社会工作计 24 人(1950—1951 年)。西迁之后,金女大将社会学系改为社会学及社会工作系。主要开展农村社会工作和儿童社会工作。

1. 农村社会工作

1939 年春,金女大在四川仁寿县设立乡村服务处。设有下列四组：① 妇婴组。由成都进益产科提供医药器械,借用有经验助产士 1 名,在当地招收初中程度女青年 1 人为助手,每天上午开展门诊,定期检查孕妇的情况,及时治疗婴幼疾病,根据季节给儿童打预防针、种牛痘等。对产妇,只要来请,不论远近,日夜出诊。收费低廉,贫苦农民无钱就免费。接生后还要做家访,直至婴儿脐带脱落。还不时召集母亲会,宣传育儿知识。② 幼儿教育组。在农忙季,组织免费上学的幼儿班,由金女大学生 3 人去农村挨户招生,再按年龄程度分配班次,并请成都迁到仁寿的协和女师生担任教学工作。③ 挑花组。组织当地妇女,挑绣桌布、床单、窗帘、餐巾等,由学校运往国外换取外汇。④ 鸡种改良组。四川省鸡产蛋率低,经常抱窝。来杭鸡年产蛋可达 200 多个,但抗疫力差,于是学校派 1 个生物系毕业生,在仁寿县试验鸡种改良工作。

仁寿县服务处,还是金女大的实习所,每年寒暑假都有同学来实习,进行社会调查。1943年,仁寿乡村服务处由仁寿迁到华阳县中农场,设幼儿园,每期收幼儿60名;设妇女班,教以识字、唱歌、手工、卫生常识、珠算等。

2. 儿童社会工作

战时难童很多,为此,1943年春季金女大开办儿童福利人才培训工作,即在社会学系和家政系分别设儿童福利以培养专业人才。社会学系儿童福利组的工作聘请金陵大学社会福利行政研究部教授汤铭新校友回母校主持。其必修专业课程有:社会工作概论、社会学、社会调查、社会集团工作、社会个案工作、儿童福利、儿童发展、儿童心理、儿童院所教养、儿童行为指导和毕业设计。

社会学系儿童福利组的教学特点是课堂上的理论教学与实习所的工作并重,其目的在于培养精通理论,又掌握专业技能的有用人才。为此特设儿童福利实验所与儿童行为指导所供学生实习。

(1)儿童福利实验所。儿童福利实验所建于1943年,1944建成。招收邻近的学龄失学儿童,半天上语文、数学课,半天参加各种有教育意义的集团活动。除此之外,还开展了儿童及其家庭的个案工作。本所还附设托儿室,招收邻近的贫苦幼儿,免费日托,供家政系儿童福利组学生实习。抗战胜利后,金女大迁回南京,在南京金女院对面的原培幼小学校址,实验所重新开展工作。

(2)儿童行为指导所。抗战胜利后,为适应儿童行为指导课的教学和实验研究的需要,金女大还与华西大学医学院合作,举办了儿童行为指导所,参加工作者除华大医学院外,还有本校社会学系的助教和一些高年级学生。这个指导所专收一些有异常表现的儿童,如孤僻、喜怒无常、拒食、多动、遗尿、痉挛、捣乱、游荡、口吃、迟钝等,为之诊治和矫正。1943年9月到1946年6月间,该所共接收有异常行为的儿童60名,其中问题得到解决和基本解决的有46名,占病儿总数的80%。

抗战胜利后,金女大复员南京,又在江宁县淳化镇成立了乡村服务站,开展妇女儿童工作,社会学系学生在四年级都要去淳化镇进行数周社会实践。这个服务站指导农村妇女从事手工艺品如刺绣、儿童玩具的制作,并代联系出口海外,为改善农村经济收入开辟新的途径。进行妇幼保健知识、技能的传授,创办托儿所、幼儿园,为减轻农村劳动妇女劳动负担,对婴幼儿的优育做出贡献。更可贵的是为社会学系学生提供了一个良好的实验基地,她们在进入社会服务以前能了解农村社会,锻炼社会实践能力,拓宽、深化理论的学习和研究。使这批年轻的社会工作者在厚生精神的指引下,在为农村和农民服务的过程中,潜移默化地培养为祖国和人民无私奉献的品质。

1946年金女大回到南京后,继续设儿童行为指导所,进行以下三个方面的工作。

(1)每周分配一个工作日去华东南京神经病防治院,参加病案讨论会和儿童行为指导门诊工作。在门诊病童中,挑选有典型异常行为的儿童,进行心理的与环境的个案追踪研究与治疗。

(2)每周分配半个工作日去中央医院儿童保健门诊向家长解答有关儿童心理与教育的问题。挑选有异常行为倾向的儿童,进行心理和环境的个案追踪研究。

(3)每周分配半个工作日去中央大学师范学院附属小学,与有关班主任共同研讨该班有异常行为的儿童的问题,并挑选其中问题较大的儿童,进行心理和社会的个案追踪研究和治疗。

1948年,因战事紧张,儿童行为指导所工作暂停,1949年恢复,一直到1951年9月,金女大与金大合并为公立金陵大学,原社会学系的儿童福利组与原家政系儿童福利组合并为儿童福利系,儿童行为指导所的工作从此结束。

三

20世纪二三十年代社会学在中国的兴起,深受美国社会学的影响。当时美国社会学,面对第一次世界大战后美国出现的许多社会问题,正在从先前对社会发展和社会理论的探讨,转向对具体社会现象的调查和分析。重点研究如何处理和解决诸如人口过剩、农村凋零、都市膨胀、犯罪、种族矛盾等具体社会问题的发生和发展。因此,适应社会现实需要,注重社会问题与社会服务,就成为当时中国社会学发展的一个共同趋势。就金大金女大而言,社会学系初建时即注意培训社会工作专业人才,所授课程着重于社会服务、社会工作及社会调查,偏重于实用方面。实习主要在青年会、医院、慈幼院等机构和社会福利单位。在我国缺乏社会工作专业人才的情况下,金大金女大积极协助各机关团体、社会福利事业和社会救济工作,为其培养输送社会工作专业人才,为中国社会工作的发展做出了贡献。它们把西方社会工作的个案、群体、社区工作的方法介绍到中国,在促进中国传统慈善事业向现代社会工作的转变方面发挥了积极作用，推进了中国社会工作专业化的发展。

由于中国社会的特殊性质，金大金女大在引进西方社会工作理念与方法的同时，并没有完全拘泥于其特定内容，而是把重点放在了中国农村。至于抗战期间，为战时后方所开展的社会服务工作，更是超越了20年代和抗战前为教会及其慈善机构服务的狭窄范围，体现了为时代、为中国社会服务的特点。

抗战期间，金大、金女大西迁至成都办学。在抗日民族统一战线的推动下，国民政府实施了一些适应战时需要的社会救济措施，发布了一些新的社会福利救济法令。1937年行政院通过了《非常时期救济难民办法大纲》，成立了"非常时期难民救济委员会"，省及院（行政院）辖市设立分会、县市设立支会、专办难民收容、运送、给养、保护、管理及配置救济事项。1939年10月，发布《抗战建国时期难童救济教养实施方案》，对大量流亡难童这一特殊的弱势群体的救济工作规定了具体实施办法。1940年成立社会部作为最高社会行政主管机关，各省、县也设相应机构，主管社会救济、社会福利、社会组织、社会服务、劳工行政及合作行政，并制定了一系列社会政策和法规，1942年在重庆召开了第一次全国社会行政会议，从而使社会行政成为一种制度。由此对社会学与社会工作人才需求日益增加。于是各大学社会学系纷纷调整、充实课程，特别是增设实用课程以应急需。

1944年秋，国民政府教育部召开大学课程修订会议，于社会学系课程中，增设社会行政组（社会行政专业方向）选修课程，推动了社会工作专业的发展。为适应战时需要，金大金女大在西迁后都采取了新的办学措施。当时成都正处于抗战时期，当地社会福利及救济机关团体有些已迁至郊区，有些已处于停顿状态，根据战时形势，当时社会工作分为边疆社会调查、城市社会工作、农村社会工作及儿童社会工作。

金大金女大为我国各地机关团体培育、输送大量社会工作专业人才，服务范围十分广泛，分布在全国各城市医院社会服务部，基督教男、女青年会以及各地社会救济事业及社会福利、儿童福利机关团体，由于他们经过社会工作专业培训，在校期间，通过参加社会实践，把学习到的理论知识运用到社会实际中去，扩展了视野，充实了知识，得到了锻炼，增强了适应各方面的社会服务能力。因此，在各自的工作岗位，发挥专业才能，为社会做出了贡献。

1987年，中国社会工作进入恢复重建阶段，至今全国已有300多所院校开设了社会工作专业。社会工作教学在规范性的课程设置、教材开发、教师培训、教学研究与交流方面也取得了很大成就。但相当多的社会工作课程中实务部分不足,搬用海外经验特征明显,学生就业率差。金大金女大社会工作教学中强调社工专业价值观念的培养,努力回应中国社会需要,教学上理论与实习并重,重视开展社会服务和社会调查的经验,无疑值得我们去研究和借鉴,从而让社会工作更好地为中国社会主义建设、特别是社会建设做出贡献。

孔子社会实践教育方法对当前我国高等教育改革的启示

杨士忠

【摘要】 孔子是我国古代私学的开创者,他一生从教积极倡导的社会实践教育方法一直为后世所推崇,至今仍闪烁着思想的光芒。今天,我国的高等教育成就巨大,但也存在诸多不足,表现最突出的是理论教育与社会实践严重脱节问题。解决这个问题,孔子的教育理念和教育方法值得我们借鉴。具体来讲,我们应该做好以下几个方面的改革工作:努力调整高等教育的培养目标;积极进行学科和专业结构的调整,优化课程设置,合理分配课程课时;加快培养、建设一支高校"双师型"教师队伍;改革人才质量评价体系,健全和完善各种考核制度;切实重视并且抓好高校社会实践基地建设。如此,通过改革,我国的高等教育一定能迎来一个更加辉煌的发展时代。

【关键词】 孔子 社会实践 高等教育 结构调整 高校社会实践基地

【作者简介】 杨士忠,同济大学政治与国际关系学院国际关系系,讲师。

孔子是中国古代伟大的思想家、教育家,也是中国古代私学的创始人。在长期从事教学、教育实践活动过程中,孔子创造性地提出了"因材施教""有教无类""举一反三"等教学方法和教育理念。千百年来为人们所推崇,被后人尊为"万世师表"。在教学手段和教学方法上,孔子以自己的经验和体会,十分重视理论与实践相结合,强调师者言传身教的重要性。孔子的这种教学理念,虽然已经过去二千五百多年,但至今仍闪烁着思想的光芒,值得当前我国高等教育工作者学习、借鉴。

一、孔子的社会实践教育方法

孔子出身于春秋晚期鲁国一个没落的贵族家庭,他三岁丧父,十七岁丧母,幼年生活贫苦,这迫使他很早就自谋生计,学会多种本领。鲁国是当时中原各国的文化中心,孔子自小就立下坚定不移的学习志向,发奋学习各种文化知识,尤其是周礼。成年后,孔子先在季氏门下做过委吏(管理仓库),后又当过乘田(管理畜牧)。这一人生经历,令孔子在青年时代就成为当时著名学者,也使他有机会广泛接触社会,了解下层民众愿望。孔子最大的抱负是从政,施行仁政,恢复周礼。但由于他生不逢时,许多想法和做法终其一生,未得统治者重用。

从政不成,为扩大政治影响和满足社会民众的教育要求,30岁时,孔子转而自招学生,创办私学,由此开始了锲而不舍、丰富多彩的教育生涯。私学,中国原来是没有的,孔子算是这个领域第一个吃螃蟹的人。其实,孔子精通六艺,学识渊博,如果热爱教育,他完全可以进入官学。但孔子不认为官学能包办一切,也不认同官学的教学方法和教育理念,他更不愿意受官学诸多条条框框的束缚,这大概也是孔子决心从教后,在官学之外,另辟蹊径创建私学的原因,因为只有创立私学,他才能真正按照自己的设想来办学,实现自己的教育理念。

与官学相比,孔子创办私学,他的办学思想有两个鲜明的特点:一是在教育对象上,孔子提倡"有教无类",即他招收弟子不受年龄、贫富、地域限制,人人(不包括女性)都可以向他求学。春秋以前,中国的官学完全被贵族垄断,有资格接受教育的都是王公贵族的胄子,平民是没有资格入学接受教育的,孔子实行"有教无类"的办学方针,赋予平民接受教育的权利,这可以说是中国教育史上一次伟大的革命。同时,因为招生对象的扩大,史称孔子一生有弟子三千,以春秋时期的办学条件,孔子仅凭一己之力,为社会培养了这么多的人才,开创了中国社会大规模办学的先河。从孔子弟子的成分构成来看,他的弟子中既有只比他小4岁的秦商,也有小于他54岁的子期;父子同列其门下的也有好几对,像颜由、颜回父子,曾皙、曾参父子就都曾先后拜他为师。学生的家庭出身和经济状况也各不相同,孟懿子、司马牛出身贵族,弥兰出身军人世家,子贡、公西赤生活富足,原宪、子路等家徒四壁,仲弓则出身"贱人",公冶长更曾身陷囹圄。就地域而言,孔子的弟子广泛分布于齐、鲁、宋、卫、秦、晋、吴、楚、陈、蔡等国,真正意义上可谓来自五湖四海。对待这些学生,孔子授学并不因为他们出身贵贱、年龄大小、地域不同有所藏私,而是一律一视同仁,悉心教导传艺,硕果累累。

二是在教学方法和教育理念上,孔子除了主张"因材施教""举一反三""教学相长"等外,特别注重理论与社会实践的结合,这同孔子对教育目的和作用的认识有关。孔子认为教育的作用,老师教,目的是为了培养人才;学生学,目的是学以致用。既然如此，无论是老师教，还是学生学，都不能仅仅限于书本，也不能仅仅限于课堂，而应该把教育置于社会大环境来做，这样才能真正为国家、为社会培养合格的人才。树立了这种正确的思想，孔子便终身为此努力奋斗。孔子的一生，政治、社会生活安定时少，动荡坎坷时多。生活安定时，他广招弟子，采用课堂教学形式，在讲授六艺的同时，也注意启发弟子们对社会时政的看法，尤其重视培育学生拥有坚韧不拔的意志、高尚的道德品质。因为孔子希望弟子们学业有成后能够入世致仕，为政者没有真才实学、高尚的道德品质怎能安邦定国，造福于民。生活动荡坎坷时，办学条件虽然艰苦，孔子依然坚守教育岗位，耕耘不止。

史书记载，大约51岁时，鲁定公任孔子为中都宰，后又升迁其为司空，再由司空升任为大司寇，并进而行摄相事。这是孔子一生中政治上最风光、也是生活相对安定的几年，为官期间，他理政讲学两不误，除正常给弟子们传授六艺外，还经常采用对话和讨论形式，给弟子们讲解、分析大量生活中发生的事情及有关见闻，深得弟子们喜爱，名声远扬。

公元前596年，因为与鲁国贵族们政见不合，孔子被迫离开鲁国，率领一众弟子周游列国。由于之前孔子教学得到众多弟子肯定，所以这次远行，孔门十哲全部在列，他们先后到达卫、曹、陈、宋、蔡、郑、楚等十几国，一方面广泛向各国君主、民众宣讲自己的政治主张，另一方面坚持流动教学，随时随地传授弟子知识。游历过程中，孔子一行多次遇险，甚至生命受到威胁，但孔子皆处变不惊，言传身教，从容应对，表现了他坚定的人生意志和操守，给弟子们留下极深刻的印象。如游历途中，有一次孔子来到宋国，与弟子们习礼于一棵大树下，宋司马桓魋因孔子先前曾批评过他铺张浪费而怀恨在心，一路追杀而至。面对气势汹汹的杀手，孔门众弟子皆惊慌失措，孔子却毫无畏惧，自信而坦荡地说："天生德于予，桓魋其如予何？"[1]最终平安脱险。

又有一次，孔子一行被困于陈蔡荒野七日，几乎陷于绝境，弟子们个个饥寒交迫，孔子也面呈菜色，但他依然讲学论道，弦歌之音不绝。这时，同行的子路有点看不下去了，问孔子："君子也会发生穷困之事？"孔子说："当然。但君子遭遇困境时会坚守原则不动摇，小人这时则会毫无底线。"接着孔子反问子路："诗曰，不是犀牛，也不是虎豹，可为什么能把我们困于这无边的旷野？难道是我给你们

---

[1] 司马迁：《史记·孔子史家》第6册，北京：中华书局，1982年，第1922页。

的教导不对吗?"子路回答说:"也许是我们的仁德不够,所以遭此大难。可能是我们的智谋不足,所以不能脱困。"孔子说:"仲由,你讲的也许有一定道理。但如果仁者必然得到信任,哪里还会发生伯夷、叔齐饿死首阳山的事?如果智者必定能达到目的,王子比干怎会剖心而死?"孔子知道,面临困境、生死存亡之际,对自己的学问和坚持原则产生怀疑的不止子路一人,于是借此机会,以这个同样的问题挨个问子贡和颜回。子贡回答说:"因为先生的学说博大到极致,所以天下没有哪个国家能够容纳先生,先生何不降低点要求呢?"对此回答,孔子当然不满意,但他没有一味斥责子贡,而是耐心加以启发。他说:"有经验的农民虽然会种庄稼,但不能保证一定有好的收成;好的工匠虽然心灵手巧,但他制作的器具未必一定能让所有顾客都称心如意,君子能维护和保养自己的道,有条有理,这就够了,不应随俗媚世!子贡啊,你现在不努力研修自己的学问,反而想降低标准迎合他人,这表明你的志向还不够远大,你应该继续努力学习。"对于同样的问题,颜回答就要聪明得多,他说:"因为先生的学说博大到极点,所以天下才会没有哪个国家能容纳先生。不被接纳又有什么关系呢?不被接纳仍能坚持才显示出君子本色!一个人不研修提高自己的学说,那才是自己的不是。至于先生大道不被采用,那是当权者的耻辱。"颜回不愧是孔子最得意的学生,他的回答说到孔子心坎里去了,孔子非常高兴,连连称赞:"知我心者,回也。"[1]陈蔡受困事件在儒学形成史上是一个重要的时间节点,因为这一事件的发生,表面看,它几乎危及孔子及其一众弟子的性命,但实际上它使孔子以及跟随的所有弟子的思想和精神境界都得到了一次升华。

由以上几个例子,我们可以看到,孔子教导弟子,素材完全取自现实生活,是孔子及其弟子的亲身经历,这种社会实践教育方法,内容生动,真实可靠,具有极强的针对性,能真正培养弟子们入世致仕后解决实际问题的能力,其效果远比一般的课堂教育要来得好。而更为难能可贵的是,孔子在教育弟子时,善于将至高的做人原则融入一般的学问中,使人不知不觉中被潜移默化,这是孔子最为后人所推崇的地方。

孔子前后从教长达40余年,其间,他百折不挠,不断创新教学方法,探索教学规律,最终形成了一套独特完整的教学理论体系。综观孔子一生的从教活动,他一以贯之的做法就是始终坚持、强调理论与社会实践的高度统一,这是中国古

---

[1] 司马迁:《史记·孔子史家》第6册,第1930—1932页。

代教学方法和教育理念的创新之最,后世尊称孔子为至圣先师绝非夸大之辞。

二、当前我国高等教育理论与社会实践脱节的表现和弊端

我国的高等教育,新中国成立后十七年间,主要是照搬照抄苏联模式,初步建立起自己独立的社会主义教育体系。"文化大革命"十年,这一成果基本被摧毁。"文化大革命"结束后,我国的高等教育在恢复和重建中尝试进行改革。如今40多年过去,无论是重建还是发展,我国的高等教育均取得了巨大成就。改革开放40年,我国从一个落后的农业国一跃而发展成为一个社会主义工业国,高等教育发挥的作用功不可没。然而在看到成绩的同时,我们也要清醒地认识到存在的问题,主要有:教育目标定位不明确,长期争论不休;专业结构和课程设置不当,人才培养效率低下;教育第一线高素质、高水平师资力量缺乏,制约着教育水平的进一步提高;缺乏对大学生综合素质的锻炼和培养,致使当代大学生心理承受能力普遍较差;理论教学内容与社会实际严重脱节,高校至今仍被人们喻为不食人间烟火的"象牙塔",等等。要进一步提升我国的教育质量,使我国的高等教育真正由大变强,这些问题今后通过改革和发展当然必须一一加以克服和解决。但当前这些问题中,最应该引起我们重视并且急需解决的乃是理论教学与社会实践严重脱节的问题,因为这个问题的存在过去一直最为社会各界诟病。

概括地说,我国高等教育理论与社会实践严重脱节,主要表现在以下几个方面:第一,由于对市场和社会发展不了解,许多高校课程设置不合理,不能正确把握市场和社会发展的脉搏。过去十几年,我国经济建设产业结构调整的力度和幅度非常大,社会发展也出现了不少颠覆性变化,这就要求我国的高等教育也必须与时俱进,改变传统的人才培养模式,及时进行学科建设和课程设置的调整。但现实中,我国绝大多数高校的学科建设和课程设置几十年千篇一律,变化不大,由此导致的严重后果是:大学生的知识结构和解决实际问题的能力与市场需求完全脱节,根本不能适应社会发展的需要,大学生毕业择业时,就业渠道越来越窄,既造成国家有限教育资源的浪费,又严重挫伤了大学生走上社会后的工作积极性和信心。当前,我国经济建设和社会发展对人才需求与高等教育人才培养之间的矛盾是:一方面,全国高校每年向社会输送数以百万计的各科毕

业生，数量不少；另一方面，社会上各类企业每年都抱怨招不到合适、合格人才，被迫削减招工规模，造成大学生就业市场出现供过于求局面，大学生的就业难问题越来越突出，引起社会关注。退一步讲，有的大学生毕业纵然找到了工作，多半也是专业不对口，十分无奈。出现这种情况，毫无疑问不是企业的错，自然也不能把责任都推到大学生身上，实在是我们的高等教育出了问题，跟不上时代发展的步伐。

第二，课程课时分配安排不当，重视理论教育，轻视社会实践的现象比比皆是。具体来说，这个问题又通过下面三种形式表现出来：一是全国几乎所有高校因为过于强调老师理论课讲授知识的系统性和完整性，因而各科理论课教学课时安排相对较多，实验课、社会实践课课时分配明显偏少，有时甚至根本不安排。个别理论课程表面上实验课、社会实践课课时安排看似足够，但得不到落实，等于走形式；二是有的学校有些课程虽然专门安排了社会实践课时，但出于安全和缺少经费考虑，大多被限制在校内进行，很少允许学生走出校门，到广阔的市场和社会大舞台去实习，接受锻炼和考验。另外，目前全国高校普遍将大学生的专业实习和社会实践活动安排在假期进行，且缺乏专职老师带队，实时跟进，监督指导。其效果如何值得令人怀疑；三是今天社会上虽然有部分企业、政府部门和其他法人单位对接收高校大学生前来实习、调研持理解和欢迎态度，愿意提供各种机会和便利条件，但更多的企业、政府部门和法人单位嫌麻烦，对接收高校大学生实习、调研持怀疑和排斥态度，这是极不负责任的。他们指责当今大学生娇、骄习气严重，眼高手低，工作适应能力差，这本身没有错，符合客观事实，但不应该对帮助高校提高大学生的社会实践能力无动于衷。须知，培养和提高大学生的社会实践能力不是教育一个部门的事情，它需要学校、政府、企业、社会和学生家庭一起努力，方有成效。畸形的教育模式下，高校培养出来的大学生社会实践能力和解决实际问题的能力肯定是严重欠缺的，走上工作岗位后短期内必定难于胜任工作。更为糟糕的是，大学生接受高等教育，理论与社会实际脱节，还会严重影响大学生走上工作岗位后的创新能力。当今世界各国的高等教育都在强调培育创新型、实践型人才，我国大学生如果在学校课堂里只被传授理论知识，实践动手能力长期得不到挖掘，得不到锻炼和培养，思维一旦形成定式，创新能力就会被扼杀。一个不习惯、也不善于动手的人，即使偶尔有闪光的创新点子，也不会将其化为自己实际的行动。

第三，专业建设、课程设置不是根据市场和社会发展的需要来安排，而是跟着办学条件走,有多少经费,有什么样的教师就设置什么样的专业,开设什么样的课程。这是一种在指导思想上根本就是错误的做法。受过去几十年传统办学模式的影响,长期以来,我国在高校师资力量的培养上,对教师基础理论的研修和理论水平的提升,工作一直抓得比较紧,而对教师社会实践能力的锻炼和培养始终没有给予足够的重视,以致今天常年奋斗在教学第一线的广大教师普遍长于理论教学,社会实践能力则相对较差。甚至有的老师毕业后留校任教,一辈子都在学校从事理论教学工作,他们中的有些人与社会接触更少,社会实践能力更差。教师是高校培养人才的主体力量,一所大学如果人才的培养者——绝大多数教师只会夸夸其谈,本身社会实践能力较差,做不到将理论知识与社会实际融会贯通,我们怎么指望他们真正能够培养出具有较强社会适应能力,充分满足市场和社会发展需要的合格人才呢?

第四,教育管理制度不完善,考核指标存在较大偏差和漏洞。我国自从高校建设走上正轨后,早在20世纪末,全国各大高校就都建立起了自己的教育管理制度和管理体系。但综观今日我国各高校建立的教育管理制度和管理体系,都有一个共同缺失:各项考核指标和考核内容只涉及对教师教学水平和科研能力的评价,没有对教师社会实践能力方面的要求,教师上课理论联系实际的能力更不在考察之列。对学生的考核同样如此,特别重视他们期末各科的理论考试成绩,忽视对其社会实践能力和解决实际问题能力的测评。考核对搞好高校教育肯定不是万能的,但它显然是促进被考核者提高自身业务水平、做好各项工作的有效手段,它也有利于督促学生刻苦学习、注意综合能力的锻炼和培养。高校的教育管理制度如果不完善,考核指标有偏漏,久而久之,无论是教师还是学生,都会越来越把"理论联系实际"当成一句空话,它还会误导学生把"专业实习""社会实践"等课程当作副科对待,马虎应付,敷衍了事,如此下去,我国的高等教育将永远无法走出"理论与实际"脱节的误区。

三、解决问题的思路和对策

了解问题、分析问题,弄清楚问题产生的原因,目的是为了解决问题。面对我国高等教育中长期存在的"理论与实际严重脱节"问题,确定正确的改革思路,采取正确的改革措施,以改革促发展,不失为解决问题行之有效的办法。

首先,充分了解、熟知社会发展对人才的需求,在此基础上调整高等教育的培养目标,注重对大学生进行综合素质的教育,树立"以人为本,质量第一"的办学思路,改变传统的人才培养模式。育人是高校最本质的属性,世界上任何一所大学要想正常生存和发展,都必须具备人才培养、科学研究和服务社会三大功能。这三大功能相互统一,彼此促进,形成一个有机的整体。那么高校究竟应该培养什么样的人才才能更好地为社会服务。关于这个问题,过去我国各大高校基本上都把培养综合型、研究型人才作为主要目标,但近年来,世界各国著名高校通过探索更看重创新型、实践型、通专结合型人才的培养,因为在残酷激烈的市场竞争环境下,一个国家、一个地区、一个企业,当社会经济发展到一定程度,拥有一定科研人才和科技实力后,创新就是生命,就是在激烈的市场竞争中胜出的关键法宝。有鉴于此,我国高等教育对人才的培养自然也需要转变思路,这是符合教育为国家和社会服务这个总目标的。

其次,积极进行学科和专业结构调整,优化课程设置,合理分配课程课时。受限于一般教育规律,高校学科设置和课程课时安排与分配决定了所培养人才的知识结构。根据教育必须面向社会的要求,高校推进这一项工作一定要以市场为导向,号准社会发展的脉搏,只有这样,专业的调整和新开设的课程才能与市场和社会发展相吻合,培养出来的学生才能较好适应和满足社会发展的需要。而在课程课时的安排上,高校特别要注意打破"课堂理论教学决定一切"的陈旧思维,大胆尝试,大胆改革,改变过去诸多的不合理做法,增加实践教学环节,加强实践教育,将理论教学与实验、实践教学紧密结合起来,融为一体。举例来说,新中国成立后,全国大大小小理、工科院校教学、教室和实验室都不是配置在一起,无一例外都是分开的,也即理论教学与实践教学不能同步进行,要么理论教学在先,实验教学在后,要么情况正好相反,有时两者甚至滞后几天,乃至几个星期,这是违背教育规律的。高等教育,对受教育者来说,对新的知识的学习和掌握,最快最好的方式是理论与实验教学同步进行,缺少其中任何一个环节,或者两者时间有先后,都会事倍功半。在两个教学环节课时安排上,也不必每节课一律以 45 分钟为限,而应该根据实际需要合理分配调节。类似的情况在全国高校文科教学中同样存在。当然,高校文科教育与理、工教育确实也有不同的地方,但就学生对知识的学习规律而言,两者还是有共通性的,亦即都少不了实践教学这个环节,因此,高校文科教育中实践教学环节的安排也不可忽视。具体怎么做?考虑文科教学特点,应该依托社会,以市场和社会为舞台。这一点,孔子当年早已为我们树立了光辉的榜样。

第三，加快培养、努力建设"双师型"教师队伍。一所大学能否培养高素质、高质量的人才，除了必须具备一定的硬件设施和软件环境外，拥有一支"应用型、创新型"的教师队伍必不可少。过去十几年，我国高校由于大规模扩招，大学的师资队伍整体实力一直是不足的，即使对现有教师的使用，各大高校共同的做法都是理论教学与实验教学配备两套人马，上理论课的老师不管实验，上实验课的老师不关心、不干预理论教学，这既由传统教学模式造成，也同高校中绝大多数从事理论课教学的老师知识面狭窄，社会实践经验缺乏，实验动手能力太差有关。要改变这种情况，必须从转变教学思路，培养"创新型、实践应用型"教师队伍入手，下大决心，花大力气，努力建设一支能够符合和满足现代教育需要的"双师型"教师队伍。过去大量的事实证明，凡有较高理论水平、丰富实践经验的老师上课更生动、更受学生欢迎。为使这项工作能够落到实处，争取在一个确定的时间内取得较好效果，全国各高校必须建立和健全相关的教师培养制度和考核制度，提高待遇，积极鼓励和引导教师到校外企业、政府部门挂职锻炼，积极鼓励甚至要求理论课教师进实验室亲自参与实验计划、实验方案的制订，并直接指导学生进行实验操作。对于上实验课的老师，教育管理部门要努力创造条件帮助他们进一步提升理论水平，解决他们关心的学历、职称偏低、待遇不高等实际问题，鼓励他们参与理论课教学，从而将两个教学环节之间的渠道真正打通，两个环节共同发力，推动我国高等教育发展跃上一个新的台阶。

第四，改革人才质量评价体系，健全和完善各种考核制度。这方面根据目前全国高校暴露出来的问题，今后改革和努力的方向应该是：对教师教学水平和教育能力的评价，有关考核在指导思想上必须改变过去"重理论、轻实践"的错误认识，将实践教学与理论教学并重。鉴于过去片面的考核做法影响太过根深蒂固，必要时可以对教师实践教学的考核做出硬性规定，这样做的目的不是为了惩罚、为难教师，而是帮助和督促教师适当将工作重心由原来的理论教学和科研向实践教学倾斜。对学生学业的考核和评价也理应如此，将实验课、专业实习课和社会实践课的考核成绩置于与理论课考试同等重要的地位，以此勉励和督促学生更加自觉地重视、对待实验课和社会实践课，合理分配各类课程的学习时间。这样的改革，只要持之以恒坚持下去，不久的将来，中国的高等教育在人才培养上必定有一个大的改观。

第五，切实抓好高校社会实践基地建设，努力提高管理水平。高校加强对学生实践能力、动手能力的锻炼和培养,除了建设、利用好高校自有的实验室和校办企业外,还应在社会上寻找一批正规、可靠的企业(包括政府部门),以校企合作形式,建立应用性、专业性都比较强的社会实践基地。高校社会实践基地的建设在我国不是新鲜事物,它的存在至少已有几十年的历史,但令人遗憾的是,由于经费不足,重视不够,全国各高校已建成的各种社会实践基地,不是数量太少,不能满足学校需求,就是因管理不善,许多名存实亡,难以发挥应有的作用。吸取这一教训,今后高校进行新的社会实践基地的建设,既要确保数量,使其真正能够满足高校培养学生所用,同时还要确保质量。所谓确保质量,就是基地在使用上,平时应经常有一定规模的学生在轮流使用,避免效率低下;管理上,学校应常年派出专职领导和教师进驻基地与企业指派人员一起组成管理委员会,共同负责;在实习计划和培养方案的制订上,学校不能一手包揽,或不负责任地将其纯粹交给企业负责,而应当由双方共同讨论制订,明确责任;对学生实习成绩的考核,实践基地应由校企双方派驻的负责带队的师傅和老师共同操作、评定,真实反映学生实习表现和能力的锻炼、培养情况。为了鼓励社会上的企业积极支持高校进行校外实践基地的建设,政府对有关企业应在政策、税收和评优等方面给予奖励,高校则应利用自身优势,在科研、人才输出等方面提供帮助。我们有理由相信,只要学校、企业、政府、社会等几个方面相互合作,积极配合,经过一段时间,我国高校的社会实践基地是能够大规模建立起来,并且建设好的。

2 500年前,孔子在颠沛流离、居无定所、异常艰难的环境中,凭借着对教育无限热爱的一颗赤子之心,走教育与社会实践相结合的道路,将教育办得绘声绘色,为社会培养了一大批优秀人才。今天,我们的办学条件,无论是社会经济发展水平,前人积累的丰富教育经验,还是社会对教育的重视程度以及各种高科技的教育辅助手段,都要远胜于孔子当年。只要我们坚定信念,坚持正确的办学方向,密切教育与社会实践的联系,今后,通过改革,我国的高等教育一定能迎来一个更加辉煌的发展时代。

改革展望

危机与变革：互联网时代的"慕课"革命与高校教师的角色转型

孙 明

【摘要】 随着互联网和信息技术的迅猛发展，以"慕课"（MOOC）为代表的教育模式对传统的高等学府、高等教育以及教师角色带来了巨大的冲击。为了应对挑战，必须在人的社会性、社交性当中寻找教师的不可替代性以及角色转型的方向。笔者从符号互动论和三重专注力理论出发，认为互联网时代重在培养学生认识自己、认识他人、认识世界的能力，教师在线上线下混合型的教学模式中只有适时地完成角色转型才能立于不败之地。

【关键词】 "慕课" 高等教育 教学模式 教师转型

【作者简介】 孙明，同济大学政治与国际关系学院社会学系，博士，副教授。

互联网和信息技术的迅猛发展，掀起了一场互联网革命，将世界带入了网络化的时代。人们用"数字化生存""数字一代"来形容互联网对生活、工作、社交全方位的深度影响。云计算、数字课本、移动网络、高质量流式视频、即时信息收集等技术方面的可供性已将大量知识和信息推动到"无固定地点的"网络上。[①] 各行各业在网络时代，都将重新审视自己的角色和功能，做出根本性的变革。

在这场席卷全球的"数字海啸"面前，历史超过千年的高等学府和高等教育，也将经历前所未有的挑战，而变革乃至死亡已然开始。从美国麻省理工学院开启的"开放课件"项目到联合国教科文组织倡导的"开放教育资源"运动，再到新近兴起的"大规模在线开放课程"，互联网与高等教育联姻正在推倒高校"知识的围墙"、颠覆教师的传统角色，这场面向全人类免费开放的知识共享

---

① Anderson, Janna Q., Jan L. Boyles and Lee Rainie：《互联网对高等教育未来的影响》，王景枝、王保华译，《高等工程教育研究》，2013 年第 3 期。

运动借由网络媒介的传播逐成燎原之势。① 传统高校的组织结构、服务方式，传统课程的教学理念、教学内容、教学模式、教学评估与认证、教师角色都将发生巨大的变化。

教师这个职业声望和稳定性都极高的职业面对"慕课"（MOOC）在全世界的广泛流行，将产生怎么样的变化？是少数精英教师垄断教育市场，还是在并不久远的未来被人工智能替代？我们应该如何转变教师的角色，在互联网时代提升职业竞争力？这些都是值得每一位教师深入思考的问题。笔者认为抱残守缺必然淘汰，变革维新方能涅槃。

一、"慕课"革命的挑战

随着互联网技术的迅速发展，营利性大学和"可汗学院"等非营利性学习组织、系列讲座的提供商、iTunesU 等网络课程在线服务机构，还有为特定行业和职业提供指导和认证服务的大批专业培训中心如雨后春笋一般涌现。相比实体教育机构，它们能够提供更便捷、规模化、个性化的网上教学服务。尤其是 2012 年在美国发起的大规模开放在线课程"慕课"（MOOC）动摇了传统高等教育的根基，引发了世界高等教育市场的震动，引起大学教育的重新洗牌，形成全新的高等教育格局，被认为是自产生大学以来最大的一次高等教育革命。②

MOOC 是 Massive（大规模的）、Open（开放的）、Online（在线的）、Course（课程）四个词的缩写。2008 年加拿大教授斯蒂芬道·恩斯（Stephen Downes）和乔治·西门斯（George Simens）首次提出 MOOC 概念，即大规模在线开放课程，并创建了基于联通主义（Connectivism）的 cMOOC 课程——"连接主义和连接知识"。③ 到 2011 年，有来自 190 个国家超过 16 万人选修斯坦福大学索恩和彼得·诺威格开设的人工智能课程，使 MOOC 引起人们的关注。MOOC 因世界顶级高校的参与、风投及基金巨额的财政支持、全球范围内大规模的学生参与

---

① 陈廷柱、齐明明：《开放教育资源运动：高等教育的变革与挑战》，《清华大学教育研究》，2014 年第 5 期。
② 李明华：《MOOCs 革命：独立课程市场形成和高等教育世界市场新格局》，《开放教育研究》，2013 年第 3 期。
③ 曾晓洁：《美国大学 MOOC 的兴起对传统高等教育的挑战》，《比较教育研究》，2014 年第 7 期。

格外受人瞩目,《纽约时报》声称全球公众对 MOOC 的关注及参与,更是呈现了井喷式的发展,堪称"破坏的一年"。①

目前市场上最主要的"慕课"提供者有美国的 edX. org, Coursera. org, Udacity. com。"慕课"的革命性意义不仅是出现了一种新的网上教学模式,而是形成课程市场,将高等教育市场由平行变为纵向,由分散变为集中,由相对本地的变为世界的。例如 Edx 作为一个高端的课程交易平台,它的口号是"任何时候,任何地点,为任何人的未来在线教育",由麻省理工学院和哈佛大学投资 6 千万美元成立。该平台推出的课程是麻省理工学院和哈佛大学教授提供的与本校相同内容和同样标准的课程。加入该平台的学校有加州大学伯克利分校等,提供约 33 门课程。任何人都可以免费修课;完成课程要求的学员,支付一定的费用可以获得完成课程的证书。② Coursera. org 由斯坦福大学的两位计算机科学教授于 2012 年创办,并于同年 4 月获得第一笔 1 600 万美元的风险资本投资,到 7 月共获 2 200 万美元投资。到 2013 年 4 月,已经有 62 所大学参与 Coursera,其中包括普林斯顿、斯坦福等世界知名大学,共计提供 341 门课程,发展极其迅速。③

"慕课"对传统教学模式冲击最大的是一种"网络课程＋本地大学教授面对面深度参与教学模式",该模式使用混合式的教学团队,一部分是在 Coursera 平台授课的团队,另一部分是本地大学的教授,他们是本地大学学生学习"慕课"课程的导师,给予本地支持、组织学生讨论、批阅作业。这一模式最有可能"革"了大量传统大学的"命",对传统大学具有替代作用。④

"慕课"具有传统高等教育无法比拟的优点:开放性,向有网络的、想学习的人提供最优质的教育资源;低成本,"慕课"使用的云计算设施和交互式多媒体网络使得大量的数据能够以低廉的价格保存和传输;个性化的潜能,不仅仅通过新技术提高学习效率,而且可以检测不同个体最有效的学习方式,教学软件自动化程度可以提供更多个性化教学,通过大数据分析处理海量的数据,从而为教育研究提供了重要的工具。结合日渐成熟的人工智能技术,将把高等教育从工业时

---

① 陈廷柱、齐明明:《开放教育资源运动:高等教育的变革与挑战》,《清华大学教育研究》,2014 年第 5 期。
②③④ 李明华:《MOOCs 革命:独立课程市场形成和高等教育世界市场新格局》,《开放教育研究》,2013 年第 3 期。

代带进数字时代。①

"慕课"革命给高等教育带来前所未有的挑战。教育观念、教育体制、教育功能、教学方式、学习方式、教师角色等方面都将发生深刻的变革。当前的教育体系仍然是传统的讲座和知识堆积形式的教学方法,浅度利用网络信息技术和多媒体技术。由于"慕课"的兴起,未来的高等学府和教师都将面临激烈的竞争,"慕课"提供给学生更多的选择、更加优质的教育资源、更低廉的教育成本,实体高校的课程将大幅度压缩,相应地师资队伍可能遭遇大幅度的裁员。大学会向线上线下混合型的教学模式转型,教师不再是独享权威的知识传授者,而变成了线下学习的组织者、辅助者、引导者。

二、"三重专注力"与真实社交的必要性

面对网络信息技术的发展和"慕课"的兴起,要应对挑战必须回归教育的本质,思考教学的目标是什么,我们需要培养怎样的人才,培养学生怎样的能力?在人的社会性、社交性当中,去寻找教师的不可替代性,思考引导教师角色转型的新观念、新方法、新实践。毕竟教育最终指向的是人,对人本身的教育是网络教育和技术所无法替代的。②

党的十八大提出"把立德树人作为教育的根本任务",形成全员全过程全方位协同育人机制,培养德智体美全面发展的社会主义建设者和接班人。同济大学响应党和国家的号召,提出了培养兼具"扎实基础、实践能力、创新思维、国际视野、社会责任"五方面综合特质的"社会栋梁与专业精英"。而成为栋梁、精英的前提是成为合格的"人",具备基础性的能力。

社交与情绪学习运动发起者丹尼尔·戈夫曼(Daniel Goleman)和学习型组织之父彼得·圣吉(Peter Senge)在《三重专注力——如何提升互联网一代最稀缺的能力》一书中提出了三重专注力理论,认为育人的目标是帮助学生专注于内在(inner)、专注于他人(other)、专注于外在系统(outer),即认识自我、同理他人、了解我们身处的更大的系统。用中国传统智慧来表述,是明己、明他、明道,

---

①② 陈廷柱、齐明明:《开放教育资源运动:高等教育的变革与挑战》,《清华大学教育研究》,2014年第5期。

见我、见众生、见天地。这需要社交与情绪的学习能力,首先,理解自己、管理自己。自我觉察(self-awareness),即了解你的感觉、状态以及原因的能力;自我管理(self-management),即处理这些感觉的能力。其次,关怀他人、合作共事。要培养学生的同理心(empathy),培养他们了解并理解他人的想法、感受不同立场的能力;提高社交能力(social skills),建立和谐关系。最后,是理解我们身处的更大系统,对世界存有爱与敬畏。他们认为人的培养不能狭隘地定义为智力的开发,而是培养学生的思考力、感知力、表达力、决策力、社会交往能力,等等。从关注内心到关注所处的世界,有能力管理自己内在世界的人,也更有能力对他人怀有真挚的关心和源自心底的理解,这会让学生保持在最佳的状态。

在互联网时代,无论多么精湛的科技都不能替代这些能力,而是运用智慧驾驭科技去培养能力。而上述能力的培养需要真实的社会环境,需要真切的、面对面的社会互动,需要充满智慧与支持的社群。社会学家米德(George Herbert Mead)认为,心灵、自我和社会是个体通过表意的符号,在主我与客我、自我与他人、有机体与环境的内在与外在等两类符号互动的社会过程中产生的。所谓"符号"即"表意的姿态",这种姿态包括演讲语言、手势语言和面部表情等。"意义"即一个个体的姿态能够引起另一个个体的顺应反应,这种顺应反应就是该姿态的意义。"符号互动"是指人们彼此理解"姿态"的意义,并采取相应的行动。从米德符号互动论的视角看,师生之间的课堂互动即是师生以教学符号为媒介的主体间交往过程。① 在社会互动中,人们形成了"自我",并以他人为镜认识自己。

戈尔曼和圣吉认为,大脑中的社交和情绪回路,在网络环境下运作时会遇到各种问题,因为脑神经是基于面对面的交流而设计的,而不是基于电子交流。当面对面交流时,大脑当中的一部分会自动地即时接受和解读成千上万的信息,它会告诉人下一步怎么做会更好;面对面的时候,"社会脑"会帮助人依据对方的反应来即时调整人的互动,从而让人际互动流畅融洽。但在网络的虚拟世界里,这些反馈一个都得不到。②

社交和情绪学习需要真实的社会环境,面对面社会交往的必要性构成了教

---

① 张俭民、董泽芳:《从冲突到和谐:高校师生课堂互动关系的重构——基于米德符号互动论的视角》,《现代大学教育》,2014年第1期。
② 丹尼尔·戈尔曼、彼得·圣吉:《三重专注力:如何提升互联网一代最稀缺的能力》,北京:机械工业出版社,2017年,第41—42页。

师不可替代性的基础,只是在互联网时代对教师的角色产生了新的要求,教师的角色必须相应地进行转变,提升职业的竞争力,固守传统的教学方式,将面临被淘汰的风险。

三、混合型教学与教师的角色转变

在互联网日渐普及和人工智能飞速发展的时代,我们必须教会学生机器无法完成的事情。高等教育的主要功能已经不再是提供信息和知识,而是借助日新月异的新科技,在真实的人际互动中培养学生认识自己、管理自己、表达自己、同理他人、与世界和谐相处的能力,也就是培养认知力、反思力、表达力、理解力、决策力,高等学府的课堂将成为实现这些目的的学习型社群。

未来的模式应该是线上线下相结合的混合型教学。传统教学模式是单向知识传授为主,它的流程是教师备课、学生听课、课后作业和考试,有限地借助多媒体技术、互联网技术,帮助学生更好地理解讲授的内容,或者完成课后的讨论和作业。借助于互联网上开放的学习资源(如"慕课"),学生对知识的接收可以在课前完成,课堂时间则变成老师组织学生进行深度思考、讨论、发问、答疑的过程。以及教师带领学生进入真实的世界进行社会调查,去了解社会百态、世界的复杂性,指导学生收集资料、分析资料、呈现调查结果。这将极大地丰富实践教学的环节。

课堂不再是老师唱主角的讲堂,而是一个平等、活跃的学习型社群。教师和学生之间的关系更加平等,学生的潜能和自主性将被更加重视。甚至可以说,每个学生都是这个社群中的老师,有极具个性的见解。师生之间、学生之间在开放、活跃、尊重的氛围中互相交流、分享、辩论,求同存异,以提升认识自己、同理他人、与世界和谐相处的能力,达到立德树人的目的。

教师的角色将发生巨大的变化。"师者传道授业解惑也",大部分教师从原来的知识传播者变成了知识的引领者,更确切地说是学习社群的组织者。从"我教你学"到"咱们一起学"转变,变成了导学者、助学者、促学者。[①] 这不仅要求教师在互联网时代不断提高专业能力,紧跟学科发展的前沿,而且要有先进的育人

[①] 孙波:《挑战与变革:"慕课"时代的中国大学教育》,《未来与发展》,2014 年第 9 期。

理念、方法、实践。甚至要根据每个学生的特点和心理,结合学业表现的数据分析,敏锐把握学生的学习状况,有针对性地拿出个性化的辅导方案。

高等学府面对互联网时代"数字海啸"的冲击,日新月异的新技术对传统的高等教育模式提出了革命性的挑战。教育市场日渐残酷的竞争,将使高校教师承受越来越大的职业压力,面对优胜劣汰的危机。"世界大潮浩浩荡荡,顺之则昌,逆之则亡",必须以积极、开放的心态拥抱新技术带来的新变革,适时进行教师的"转型升级",才能立于不败之地。

中国外交的专业研究如何应对全媒体时代的挑战[*]

王存刚

【摘要】 人类已经进入全媒体时代,这对中国外交的专业研究构成如下挑战:专业研究人员对非专业人员的信息优势基本丧失;专业研究人员对非专业人员理论方面的优势也在逐步丧失;外交学理论特别是方法论上的局限性进一步凸显。中国外交的专业研究应当积极应对全媒体时代的挑战,充分利用全媒体所提供的获取和发布信息的便利条件,持续密切地关注中国外交的战略性议题、趋势性议题;有能力提供更为精致的思想产品;大幅提升中国外交理论的研究水平。

【关键词】 中国外交　专业研究　全媒体时代　挑战与应对

【作者简介】 王存刚,同济大学政治与国际关系学院外交学系,博士,教授,副院长兼系主任。

外交学是一门具有较强实践性的学科。它的形成与人类互动发展到特定阶段有关,是人类对用和平方式调整彼此间关系的实践做出的较为系统的总结;它的发展动力,既来自人类丰富的外交实践,也得益于人类观察和理解这种实践的基本工具。因此,只要人类在外交领域的活动方式发生重大变化,观察和理解外交实践的工具发生重大变化,那么外交学研究的方式、方法乃至议题也必然会发生重大变化。

中国外交的专业研究属于外交学的一个分支。它伴随着中国外交实践的发展,以及观察和理解这种实践工具的变化,而在研究议题、研究方法等方面不断变化。

---

[*] 本文系同济大学研究生教育改革与研究项目"全媒体时代外交学专业人才培养体系创新研究"的阶段性成果。

一、人类已经进入全媒体时代

所谓全媒体（omnimedia），是指媒介信息传播采用文字、声音、影像、动画、网页等多种表现手段，利用广播、电视、音像、电影、书籍、报纸、杂志、网站等不同媒介形态，通过融合的广电网络、电信网络以及互联网络进行信息传播，最终实现用户以电视、电脑、手机等多种终端均可完成的信息融合接收，实现任何人在任何时间和任何地点、以任何终端均可以获得任何想要的信息。

全媒体是人类有史以来覆盖面最大、技术手段最多样、媒介载体最全面、受众面最广泛的信息传播形式，它已经对人类生活产生了多方面的深刻影响，它改变了人类的生活习惯、学习习惯，改变了人类知识生产、传播的方式。伴随着技术的进步及广泛应用，全媒体还将有更进一步的发展并将产生更大范围、更为深刻的影响。

二、全媒体时代的到来对中国外交的专业研究构成挑战

第一，中国外交的专业研究人员对非专业人员的信息优势基本丧失。在全媒体时代到来之前，中国外交的专业研究人员在获取相关信息特别是历史知识方面总体上处于优势地位，并且因为这种优势地位而获得独立的社会地位和社会声誉。但在全媒体时代，这种情况已经发生了重大变化。在很多情况下，中国外交的专业研究人员与非专业人员是在同一时间、同一媒介上接触同一种中国外交信息，比如，关于"一带一路"倡议下中国外交的重大进展，中国人民庆祝抗日战争胜利70周年、习近平主席参加在瑞士达沃斯举行的2017年世界经济论坛以及参加在德国汉堡举行的G20峰会等重大外事活动，外交专业研究人员在获取相关信息的渠道、时间、数量、质量等方面已经没有任何优势可言。在某些情况下，中国外交的专业研究人员甚至还可能处于劣势地位，比如，还是"一带一路"倡议、相关实施方案及对中国外交政策的影响，中国外交的专业研究人员在面对国家发改委、外交部、商务部等中央政府机构的官员以及中国银行、中石油、中海油等国有公司的高级管理人员时，肯定不会有多少优势可言。又比如，中国对美国的外交，国内外交专业研究人员获取相关信息的渠道、时间、数量、质量，

相对中国驻美的外交官、新华社和人民日报等国家级媒体的驻美记者,甚至是那些频繁往来于中美两国之间的商人,又能有多少优势可言呢?

第二,中国外交的专业研究人员对非专业人员理论方面的优势也在逐步丧失。学习和运用专业理论,曾是中国外交的专业研究人员的一项重要工作,也是专业研究人员区别于非专业研究人员的一个重要特征。但在社会信息化快速发展特别是全媒体时代到来之后,非专业人员只要是对外交理论感兴趣,并有一定的钻研精神,就可以通过便捷的方式、多样化的手段,获取这方面的丰富知识,并将这些知识运用到中国外交具体事务的分析当中。大家在日常生活中可能都有这样的经验,就是在微信朋友圈里或者在小范围的面对面交流当中,我们的一些热心于中国外交的非专业朋友,常常会运用其所掌握的外交理论分析中国对美俄日等大国的外交、中国对朝核问题的政策主张和具体行为、中国在南海问题的立场与举措等中国外交的重大热点问题,有些分析的水平甚至不低于我们的一些专业研究人员。如果这种现象普遍性、持续性地发生,那么中国外交的专业研究的学术性、独特性就会受到更大质疑。

第三,外交学理论特别是方法论上的局限性进一步凸显。中国外交的专业研究是外交学科的重要组成部分,也是近年来发展较快的部分。作为一门新兴学科,外交学的积累并不丰厚,特别是在理论和方法论方面,即使是在外交学最为发达的欧美国家,情况也是如此;即使是与最为相近的学科即国际关系学科相比,外交学的劣势也是很明显的。有些国际关系学者就曾公开质疑是否可以有独立的外交理论,以对外政策理论建构为主要学术目标的新古典现实主义国际关系理论的产生和发展并没有从根本上改变这种看法。就中国外交的专业研究领域而言,虽然经过近 40 年的发展取得了一定的成绩,但存在的问题是很明显的。① 就研究方法而言,相当一部分中国外交专业研究人员不仅没有很好地掌握和有效地运用那些已经为国际学术界公认的科学研究方法,特别是定量研究方法,即使是那些传统的并为实践证明是行之有效的研究方法,比如经济基础与上层建筑相结合、历史继承性与历史变异性相结合、主要矛盾和次要矛盾相结合、内因与外因相结合、共性与个性相结合等蕴含历史唯物主义基本原则的研究方法,我们也是了解不深,运用不精。比如说,特朗普执政下的美国对华外交、英

---

① 王存刚:《当代中国外交研究:进展与问题》,载张宇燕主编:《当代中国国际政治学研究》,北京:中国社会科学出版社,2016 年。

国脱欧后英国和欧盟其他国家的对华政策、日本安倍晋三政府的对华政策、菲律宾杜特尔特政府在南海问题上的政策调整等，一些中国外交的专业研究人员在报纸、期刊等纸质媒体和电视、网络等电子媒体上发表的评论，有时候会给人以大而化之、似是而非的感觉，也就是说不到点子上去、不解渴、不解惑。实际上，如果运用经典的经济基础与上层建筑相结合、主要矛盾和次要矛盾相结合的研究方法，这些问题是不难做出恰当判断的。

三、中国外交的专业研究应积极应对全媒体时代的挑战

第一，中国外交的专业研究人员应当充分利用全媒体所提供的获取和发布信息的便利条件，持续密切地关注中国外交的战略性议题、趋势性议题。战略性议题、趋势性议题，因其特殊性而对专业研究能力提出了很高的要求，而这些恰是中国外交的专业研究人员可以发挥专长的所在。王毅外长在2016年年底召开的国际形势与中国外交研讨会开幕式上的演讲中，就给中国国际问题研究界出了6道题目，其中一些就是事关中国外交未来发展的战略性议题、趋势性议题。中共十九大报告中关于构建人类命运共同体的倡议，推动建设发展相互尊重、公平正义、合作共赢新型国际关系的主张，更属于最新的战略性、全球性的议题。当然，强调关注和研究上述两类议题，并不是说中国外交的专业研究人员不去关注那些具体的外交事务或者外交技术问题。如果真的那样做了，也是片面的。有研究经验的专业人员都很清楚，没有对有价值的具体问题系统深入的研究，有关重大议题的阐释通常是凌空蹈虚、大而无当的，就像我们今天在有关"一带一路"问题的讨论中经常碰到的那样，长于抽象理念和原则的阐发，拙于客观事实和数据的使用。笔者只是想强调，在全媒体时代，如果中国外交专业研究人员长期纠缠于那些没有多少学理和实践价值的具体而微的问题，试图"螺壳里面做道场"，是难以产出高质量、有持续性影响的学术成果的，因为学术史已经反复证明："思想的内容决定思想的水平"。在全媒体时代，以往那种"一招鲜、吃遍天"的状况，已经一去不复返了；以往那种专靠敲冷门来讨学术生活的做法，已经基本没有空间了。

2000年1月，已故我国"外交战线的杰出领导人"钱其琛副总理在北京大学国际关系学院所做的题为"经济全球化和其他"的演讲中，将中国外交工作划分

为三条线：外交是第一线，研究机构是第二线，学术机构、大学是第三线。他指出，这三方面都很重要，三者各有专长，各司其职，应该相互配合。其中，研究机构要进行一定的中长期战略研究，"而作为大学来讲，就要从历史、全局的角度研究更多的问题，更长远的问题，更学术性的问题"。① 笔者认为，在全媒体时代，在目前国内智库数量和从业人员快速增长的大背景下，作为中国外交专业研究人员，特别是在大学里从事中国外交研究和教学的人员，面对信息与理念、真相与谎言、理性分析与情绪宣泄交织的复杂局面，要真正沉下心来，守住初心，聚焦历史问题、战略问题、全局问题，做真正有学术价值和实践价值的学问，做能够为国家发展、社会繁荣、文化进步、人类和平贡献真知灼见的学问。

第二，中国外交专业研究人员应当有能力提供更为精致的思想产品。在全媒体时代，有关中国外交信息的供应极为丰裕，而公众的注意力稀缺则空前凸显。如果面对同一个中国外交事件、同一项中国外交政策，外交专业研究人员不能够提供高于一般的媒体记者、时事评论员甚至普通公众的高品质的信息、高质量的见解、高水平的分析框架，不能为国家涉外部门提供更为清晰且更具操作性的思路和对策，那不仅会损害外交学科的学术声誉，而且也使自己失去存在的社会价值。而要避免这种现象的发生，中国外交专业研究人员应当不断提升自己的专业能力，能够在纷至沓来、杂乱无章的信息流中精准地捕捉到最为关键、最有价值的信息，提升在相对有限的信息中洞幽烛微的本领，练就"看人人所能看得到的书、说人人所未说过的话"②的本领，而绝不能仅仅停留在用通俗的语言说好外交故事甚至仅仅靠一些外交花絮吸引受众的水平上。

第三，应当大幅提升中国外交理论的研究水平。没有理论支撑的所谓专业研究是低水平的，甚至谈不上是专业研究。2007年，钱其琛副总理在为吴建民大使编写的《外交案例》一书所写的序中有这样一段话："1949年中华人民共和国成立以来，新中国的外交是走了一条新路。特别是改革开放之后，中国外交有了很多的创新。外交实践往前走了，外交理论往往滞后。"③十年过去了，中国外交的创新更多了，外交实践更丰富了，特别是党的十八大以来，在以习近平同志为核心的党中央领导下，"中国外交开拓进取、积极作为，形成了全方位、多层次、

---

① 钱其琛：《外交十记》，北京：世界知识出版社，2003年。
② 严耕望：《治史三书》（增订本），上海：上海人民出版社，2016年。
③ 钱其琛：《序》，载吴建民：《外交案例》，北京：中国人民大学出版社，2010年。

立体化的外交布局，为我国发展营造了良好外部环境"①，但我们的外交理论似乎并没有多少实质性的进展，可以佐证这一判断的事实是：在《世界经济与政治》《外交评论》《国际问题研究》《现代国际关系》等国内权威期刊上发表的中国外交理论文章较为有限。如果说近年来中国外交理论取得一定进展的话，那也应当归功于主要领导人的努力。这是令学者们尴尬的事，也很令人遗憾。未来，随着全媒体技术的进一步发展和更为广泛的运用，中国外交的专业研究人员应该在外交理论研究方面下扎实细密的功夫，特别是要把当代中国外交的种种实践创新理论化，使其具有更为普遍的解释力，并以此进一步提升外交学科的专业地位。

---

① "王毅谈中国特色大国外交本质：推动更多国家理解和认同中国特色社会主义道路"，http://www.fmprc.gov.cn/web/wjbzhd/t1503099.shtml。

国际政治专业教学改革之我见[*]

陆 伟

【摘要】 国际政治专业在全球化相互依存的背景下,对于提升大学国际化办学的水准,培养具有宏大战略视野的精英人才具有重要的意义。然而,现有的专业教学体系和培养方案已跟不上时代变化的步伐,无法满足社会对精英人才的需要,存在着办学目标不清晰、课程设置不合理、内容陈旧、教学手段落后等问题。国内外一流大学国际政治专业办学的共同特点是,强调基础理论各学科之间的交叉和渗透;根据新出现的国际重大问题作适时调整;发挥教师的研究特长,彰显学校特色;注重对学生学术研究能力的培养;增加应用性课程的比重,为学生的未来就业提供必要的知识储备。参照这些成功经验,未来国际政治专业办学改革的主要方面包括,确立清晰的培养目标和方向;优化专业基础课程的设置;增加有特色的选修课程的比重;强化对学生治学方法的传授;注重实践教学;引入技能型的课程等。

【关键词】 国际政治 专业培养 教学改革 课程设置

【作者简介】 陆伟,同济大学政治与国际关系学院国际关系系,博士,副教授。

国际政治专业作为大学较为年轻的专业,在全球化相互依存的背景下,对于提升大学国际化办学的水准,培养具有宏大战略视野的精英人才具有重要的意义。然而,现行的教学体系在定位、内容、手段和合理性等诸方面都存在着不足和缺陷,需要进行大的改革,以更好地适应新时期对相关人才培养的要求。

一、现有教学体系存在的主要问题

国际政治专业设立于 21 世纪初。其间,国内外形势均发生了巨大变化,虽

---

[*] 感谢杨士忠、钟振明、王丽琴等老师对本文写作的贡献。

然也曾进行过一定的调整,但总体上说已经跟不上时代变化的步伐,无法满足对精英人才的需要。存在着办学目标不清晰、课程设置不合理、内容陈旧、教学手段落后等问题。

(一) 办学目标不清晰

确定办学目标和指导方针是办出高质量、有特色的专业的前提和根本。虽然我们的初衷一直想朝既能符合专业培养特点、又能体现同济特色的方向努力,但在现实中始终没有形成具体的、清晰的认识。由此导致了不能很好地平衡通识教学和专业教学、理论型还是应用型、研究人才培养还是学生就业优先这三种关系。以致培养方案缺乏一条明确的主线,课程设置不是按照培养要求而是根据现有教师的能力进行取舍,影响了有完善的知识结构和鲜明特色的人才的培养。

(二) 课程设置不合理

由于办学定位的不清晰和存在着某些"因人设课"的情况,势必导致了课程设置的不合理。主要表现为各课开设顺序的不合理、各课之间存在着内容重复的现象(如国际政治概论和当代国际关系理论)、课程的特性不突出(如当代世界经济与政治和国际关系史)、甚至与其他专业的课程也有雷同的情况(如政治社会学)。

(三) 内容陈旧

主要表现为历史尤其是思想史和无关专业的课程开设过多,而反映当代特点和国际社会发展新趋势的课程没有跟上;有些课程只是徒有其名,内容并不相符;有些课程的教案都是以前的内容,未能及时得到更新;有些承担两门课以上的老师不注意各课的特点和自我知识的更新,所讲授的内容落入老套路。不少老师只满足于对基础概念的讲解,缺乏实际运用和研究方法的传授。

(四) 教学手段落后

由于过度依赖PPT,讲课就出现了净念PPT的情况;由于强调师生互动,结果却变成了学生是讲解的主人、教师沦为听众的"放羊式教学"。有些老师只是照本宣科地读讲稿,根本不顾忌学生的反馈,既不涉及最新的研究成果和经典的文献，也不对晦涩难懂的理论进行讲解。

二、国内外著名大学国际政治专业办学经验之借鉴

"他山之石可以攻玉"，在提出改革方案之前，我们有必要借鉴国内外知名高校的办学经验，以便看到差距，找准前进的方向。为此，我们对美英和国内的顶尖高校进行了调研，它们分别是：美国的普林斯顿大学、麻省理工学院、乔治·华盛顿大学，英国的剑桥大学，中国的北京大学、中国人民大学、复旦大学、外交学院、武汉大学、浙江大学等在各自国内排名靠前的10所大学。这些学校大多设有国际政治（国际关系）或与之相近的外交学和政治学专业，因而成为此次调研的绝佳对象。

从上述高校的培养计划和方案来看，表现出以下几个较明显的特征：① 注重基础理论各学科之间的交叉和渗透。国际法、社会学、政治学、心理学、哲学等学科的相关课程被这些学校一致地列为国际政治专业的基础核心课程。如普林斯顿大学的基础课程就有微观经济学、心理学和伦理学；麻省理工大学则开设了政治哲学和公共政策；华盛顿大学的基础课程也包括了宏观经济学原理和微观经济学原理。② 紧盯影响国际格局变化的重大问题，作与时俱进的增设和调整。例如，非传统安全研究、环境气候与国际关系、国际贸易政治学、军备控制与裁军、人权与国际政治、当代恐怖主义、全球事务与全球治理、信息安全与国际关系、大众传媒与外交、跨国公司与国际关系、金砖国家合作与全球治理、经济外交、能源与国际关系等都是新近开设的课程。其中北京大学具有特色的课程是国际关系心理学、环境气候与国际关系、国际贸易政治学、世界政治中的民族问题等；外交学院是地缘政治学、现代国际组织、国际危机管理、国际人权法、国际裁军与军控、全球化问题研究；复旦大学是比较政党制度、信息安全与国际关系、环境与国际关系、大众传媒与外交、跨国公司与国际关系、外交实务、金砖国家合作与全球治理、经济外交、能源与国际关系。③ 在开设课程时，给教师以发挥自己研究专长的空间，使学生有丰富的选课对象。例如，美英的大学和北京大学、复旦大学、中国人民大学等都为学生开设了丰富多样的课程，供学生们自由选择。其共同点是这些选修课都涉及当今国际热点问题和重大问题，主讲老师一般在该领域有很深厚的学术造诣和成果积累。由此凸显了每个学校的特色和个

性。④注重对学生学术研究能力的培养。例如,麻省理工学院规定3年级时必修两门课程:政治科学范畴与研究方法、政治科学实验室,外交学院的国际问题研究与编写、武汉大学和中国人民大学的专业英语写作也体现了这种理念。而剑桥大学更是规定第一、二学年各模块提交小论文;第三年提交一篇毕业论文加三篇小论文,也可以提交四篇小论文。⑤增加了应用性课程的比重,以便为学生的未来就业提供必要的知识储备。根据国际政治的知识体系,这主要包括两个方面:一是外语的实用能力(有不少国内高校开设了第二外语),如北京大学开设了英文写作;中国人民大学开设了专业英语写作和第二外语;武汉大学也有涉外英语文书写作。二是涉外事务的技能。很多学校都开设了国际谈判、国际礼仪和演讲学等课程。

国内外顶尖学府的专业培养体系,为我们的教学改革提供了有益的启示和借鉴。

三、国际政治专业教学改革之设想

针对办学上存在的现有不足和问题,借鉴国内外顶尖高校的培养体系,依照教育部规定的通用标准,并基于"同济特色"的差异化办学理念,对原有的培养方案初步提出以下几点修改建议。

(一)明确国际政治专业的培养目标和方向

本专业应确定的办学目标是,培养具有扎实的国际政治理论基础、宽广的专业知识、较强的分析解决实际问题能力、较深厚的外语功底,拥有全球视野和战略眼光,能在政府部门、国际组织、商界、传媒、非政府机构以及高校、科研机构、智库等单位从事有关国际和涉外事务的管理、分析、咨询和教学、研究工作的精英人才。这样定位既是国际政治人才培养的应有之义,也适应了在上海等大城市就职的要求。我们在办学时一定要兼顾"理论研究"与"人才培养"的关系,前者是专业立足之基,后者是专业生存之本,两者必须齐头并进,不可厚此薄彼。

(二)优化专业基础课程的设置

根据上述的办学定位和目标,并结合以战略和治理为中心、突出亚太研究和欧洲研究"一体两翼"的"同济特色"的指导原则,基础课程和专业课程都要进行精心的设计。在基础课程上,要注重学科之间的交叉和贯通。根据国外先进国家的经验,建议开设经济学/金融学、公共政策/管理、决策/组织行为学等类的课程。在专业课程上,要以全球性议题和国际热点问题为导向,聚焦具体问题,避免大而空,让学生可以根据兴趣和未来就业方向进行选择。同时降低公开通识课的学分,以便向确定的议题研究方向凝练,并让学生有更多的时间自学、思考。

(三) 增加选修课程的比重

为强化热点导向和回应现实问题,应增加选修课的数量,既要避免"因人设课",又要发挥教师的专长。其衡量的标准是现实的重大问题和教师研究成果的有机结合。选修课既弥补了因基础课的学分限制造成的知识结构的缺陷,又能使学生能够根据自己的兴趣爱好和今后的人生规划,充分享受获取知识的机会。

(四) 强化对学生治学方法的传授

对学生传授研究方法,既是理论联系实际、提升解决问题能力的有效途径,又是让学生走出专业研究之路的第一步。在现实中学生还面临着如何给予专业论文正确的评价和如何撰写读书报告和毕业论文的困境。对此,要注意以下几个方面的问题:首先,要区分学术研究和现状研究,注意两者之间的共性和特性,平时尤其要注重对学生学术研究能力的培养。其次,要鼓励学生树立问题意识,从横向和纵向的立体思考中寻找事务之间的共性和规律,以找到问题的切入点。再次,引导学生如何提出核心概念,并围绕核心概念构建分析框架。其中尤为关键的是确定因变量、干预变量和自变量。核心是在干预变量上下功夫。要厘清各种干预变量的关系,在此基础上提出理论假设,与因变量之间形成有效的因果链。最后,还要让学生学会如何写文献综述和解读文献资料。

(五) 注重实践教学

所有书本上的知识都必须转化为解决实际问题的能力。这也是人才培养的核心目标。鉴于现有的条件,我们很难为学生创造非常理想的实践环境和实践场所。然而,想方设法、挖掘潜能,我们似乎可以在以下几方面做出努力:一是根据学生的研究志向和研究课题,鼓励他们到目标国进行短期研修,开展实地调查;二是利用教师人脉,尽可能让他们前往智库、研究机构、国际金融机构以及涉外民间团体、联合国在沪联络机构实习,参与咨询服务项目;三是让学生进入教师的工作坊或研究项目,协助调研和开展相关的民意测验,并参与决策咨询报告的撰写;四是邀请国际关系领域的知名学者和在国际组织任职的人士开设短期课程,建立起比较确定的国际人脉;五是创新教学手段,将模拟教学引入课堂,以重要的国际组织和重大的国际热点问题为模拟的对象,设置不同角色,让学生在寓教于乐中领悟所学的专业知识,真正做到理论与实践的有机结合。

(六)引入一些技能型的课程

作为本科专业,就业率是一个无法回避的问题。尽管国际政治专业的基础理论属性,很难与技能型人才挂上钩,但全然不顾及就业市场也是值得商榷的。因为,毕竟大部分学生未来不一定从事这方面的专业研究,更何况学生的就业率与专业未来的命运息息相关。故建议在专业课程之外,还要为学生提供与本专业相关的技能型课程。一是切实提高外语的实际运用能力,开设外语翻译和作文等课程,并考虑增加多语种语言课程;二是培养涉外事务处理能力,考虑增加涉外礼仪和涉外谈判等方面的课程;三是开设公共演讲技巧、公文写作技巧等提升表达能力的课程。

以上几点设想,需要在教学和人才培养中不断调整、充实和完善。不求一蹴而就,但求逐步推进,以实现创立"一流学科",培养具有鲜明专业特点、同济特色的精英人才为最终目标。

开展多元化教育
——以 2012—2017 年国政学院课程表为例

丁榕俊

【摘要】 本文参照美国威廉与玛利学院的年度课题"教学、研究与国际政治"(Teaching, Research and International Politics, TRIP)调查样式的分类表,挑选 2012—2017 年为期 5 年总共 10 个学期的政治与国际关系学院的本科课程表,并从中归纳出相关特点。其次,本文参考了哈佛、普林斯顿和乔治城等几所美国大学的国际关系专业本科生课表,并据此为政治与国际关系学院的本科教学课程改革提出几项方案。文章从方法论教学的具体化、国际关系研究议题的多元化、国际关系理论教学的丰富化以及政策研究议题的多样化四个方面指出了本院课程设置中存在的不足及未来发展方向,提出将现有学术型学位项目根据集中的专业方向(concentration)进行层次化(sub-field)的分类,不仅加强课程建设的系统性,同时也能够合理分配教学资源。并有助于学生学习的方向更加明确,接受更加严格的国际关系研究的训练,使其从入学就开始安排学习计划,选择论文的选题方向。

【关键词】 教学改革　多元化教学　专业分支方向

【作者简介】 丁榕俊,同济大学政治与国际关系学院外交系,博士,助理教授。

一、绪论

本文参照美国威廉与玛利学院的年度课题"教学、研究与国际政治"调查样式的分类表,选取 2012—2017 年政治与国际关系学院的本科课程表为分析对象,从中总结出相关特点。

调查结果显示,过去 5 年来政治与国际关系学院大致在国际关系学、外交学和行政学三个方向开设了 191 门课程。国际关系学围绕"国际关系理论""国际关系史""国际组织""国际政治经济学"和方法论等五个核心课程开设了总计 64 门课程。外交学从"比较外交政策""美国外交""中国外交"、中国地区、欧洲地区等几类共开设了 104 门课程。由于文章主要考察国际关系学及其相关专业的课程设置情况，因此与行政学相关的 23 门课程与本文的研究对象非直接相关，不予考察。进而，针对研究对象的属性，本文仅分析了目前所属国际关系学系与外交学系的教师团队的教学课程。

下文将 191 个课程分类为理论/方法论与政策研究两个子领域。本文参考了哈佛、普林斯顿和乔治城等几所美国大学的本科课表，根据对比分析，试图为本院的本科教学课程改革提出几项方案。从学科发展均衡化的视角，考察如何优化本科课程设置。

二、本论

同济大学政治与国际关系学院成立于 2009 年，现有政治学与行政学（含国际政治方向）和社会学两个本科专业，下设政治学系、国际关系系、外交学系和社会学系 4 个系。本文分析的国际关系系与外交学系共有 22 名全职教师。至 2017 年 11 月，本院以战略研究作为本体，以亚洲与欧洲地区研究作为两翼，建立了一体两翼的学科发展方向。本院将进一步进行学科优化，以治理与战略作为大主题，在相关领域展开多层次、多领域的教学安排。在这种背景下，本文围绕方法论教学的具体化、国际关系研究议题的多元化、国际关系理论教学的丰富化和政策研究议题的多元化四个领域为教学改革提供了蓝图。

（一）方法论教学的具体化

从社会科学方法论的教育现状来看，2012 年至 2016 年第一学期，本院没有开设本科生方法论的课程。而是在 2016 年第二学期才开始开设一门"政治学研究方法"，并在 2017 年第一学期开设了一门"国际政治学研究方法"。与本院的社会学系相比，有待开设定性方法和定量方法等具体领域的方法论课程。

以方法论教育较强的普林斯顿大学政治学系的情况来看，一名本科生毕业前可以从"政治数据分析""概率论和统计学"以及"经济统计学"中选择一门课程作为选修课。哥伦比亚大学政治系则在 2017 年一个学期开设了"数学方法论""研究设计方法论""定量政治研究""多变量政治分析"等多门方法论课程,由此吸引学生们对多元和具体的方法论的兴趣。

尤其是,上述的所有课程要求对经济学和统计学等基础学科有一定知识,因此如果想提高学生的系统的分析能力,那么需要与经济管理学院的相关课程打通,把这两个基础课程指定为本科阶段的必修课(或选修课)。本院曾经在 2012—2015 年开设过"西方经济理论""西方经济学原理"以及"政府经济学"等课程,目前这类课程处于中断状态,因此可以考虑重新安排。

方法论教育的具体化必然对学生的研究能力与高质量的学位论文写作起到积极的作用。同时,经济学与定性方法论的学习,不仅能够使学生对贸易与金融、人道主义、援助政策等有关国际经济和国际发展等诸多全球性议题提高兴趣,也能促使毕业论文选题的多样化。尤其是在 21 世纪的复杂环境下,经济和安全的互动、国家战略的多层次、多层面研究的重要性日益增加,经济和统计等基础学问与政治理论的教学课程相联系,是建立综合和成熟的教育体系不可或缺的要素。

(二) 国际关系研究议题的多元化

2012—2017 年的 10 个学期内,本院关于国际关系理论相关课程,每学期开设了平均 1.7 门课。然而,除去"专业英语"课程,则每学期与国际关系理论相关的课程平均降低到 1 门以下。与此不同的是,伯克利州立大学政治系在本科课程设置中,设立"治理理论""宗教与国际政治""内战和国际干预""危机管理""民族主义""20 世纪共产主义"和"媒体研究"等对国家间关系发挥直接、间接影响的议题和分支领域的课程。而乔治城大学政治系开设了"核武器与世界政治""国际关系的道德伦理问题"等与国际关系理论相关的本科课程。康奈尔大学政治系在 2016—2017 年教学课程中,开设了"权力与政治""现代内战""政治与音乐""奥巴马与族群的意义""伊斯兰与政治""政治与文化""意识形态""批判理论""冷战""后殖民主义理论""法西斯与民族主义"等国际关系理论的不同流派和主题的课程,这些课程有助于学生们系统、综合地掌握国际关系理论。

(三) 国际关系理论教学的丰富化

目前,西方国家和中国高校的国际关系理论教学具有较重的倾向性,倾向于关注特定的研究范式。美国 TRIP 报告以美国、英国、加拿大、澳洲、新西兰、法国、丹麦、芬兰、挪威、瑞典等 20 个西方国家的 7 001 名专职教授(其中 3 751 名为美国国籍)为对象进行的调查结果显示,他们在国际关系理论课程中,对三大理论赋予的平均比重为 58%。① 尤其是,美国大学国际关系理论课程的教学中,2004 年为 24%、2006 年为 25%、2008 年为 23% 的课程分配在现实主义范式之中。中国大学的国际关系学院也不例外。韩国学者尹勇水分析了 2013—2014 年,北大、清华、复旦等中国 15 所大学国际关系学院的本科课程表,并发现没有一个大学开设了批判理论或女性主义等后实证主义国际关系理论。②

国际关系理论教学的这种严重不均衡性直接影响到了学术研究。比如,1980—2014 年的 20 年时间里,在中国国际关系学界四大学术期刊《现代国际关系》《世界经济与政治》《国际政治研究》和《外交评论》中发表的 11 607 篇文章中,只有 4.9%(569 篇)采用了或涉及了后实证主义相关的关键词。其中,采用后实证主义的代表理论——批判理论,只有 0.3%。反而,78%(9 053 篇)的文章倾向于新现实主义和新自由主义等理性主义国际关系理论。③

上述现象具有两面性。一方面,它为中国国际关系和中国特色大国外交理论的建立提供了良好的基础。即:深度了解既有西方主流理论体系的长处和坏处,有助于建立更加进步和扎实的国际关系中国学派。另一方面,在本科阶段过于接受西方理论的教育,将受到西方思想体系的深刻影响,从而导致观察国际政治的世界观和本体论、认识论等方法论走向不均衡的固化。尤其是,在今天复杂国际体系的变化伴随着环境、能源、媒体和技术等多样化全球议题与区域、地区和次地区等日益增多的分析层次以及新型国际行为体层出不穷的环境下,过多强调以军事安全和欧洲战争历史为基础的世界政治棱镜,恐怕会限制政策研究的方向性。最堪忧的是,这种现象最终可能使中国的教学与政策研究在美国国际关系理论研究体系已形成的秩序"内部"进行,固化其结构性弊端,导致中国较难脱离现有西方国际关系理论思想体系。

---

① 美国威廉与玛利学院定期进行问卷调查,对不同国家的大学教授的研究偏好、方法论和学科的评价做多方面的统计。参见 http://www.wm.edu/offices/itpir/_documents/trip/trip_around_the_world_2011.pdf.

②③ Yong Soo Eun, "To what extent is post-positivism 'practised' in International Relations? Evidence from China and the USA", *International Political Science Review*, Vol. 38(5), 2017, pp. 4-6.

（四）政策研究议题的多元化

目前，同济大学政治与国际关系学院本科课程的安排涉及面较窄。首先，美国外交与中国外交的领域，过去五年间每学期分别开设了平均 3~4 门课。（例如美国外交——美国外交、美国政治、美国经济与政治以及当代中美关系，中国外交——当代中国外交、中国外交史、当代中国外交理论与实践以及中国外交与国际关系）。问题是，从列举的课程名称看，其授课内容不可避免地存在重复，从而浪费了宝贵的教学资源。其二，过去五年每学期与港澳台相关课程平均有 2~3 门课。虽然，伯克利大学政治系等美国学校也有"加利福尼亚州政治"等次国家行为体层次的课程开设，但最多也是一学期或一年中只有一门。从国际关系学院的特征上来看，港澳台课程被安排在当代中国外交课程内显得更加合理。其三，从地区研究来看，本院每隔一学期开设"欧盟经济与政治"与"苏俄东欧地区政治与经济"。然而，如果要使欧洲研究成为政治与国际关系学院学科发展方向的一翼，那么有关欧洲国际关系的课程需要增加到每学期 2~3 门课。尤其是，相较于苏俄东欧的概况研究，关于欧洲的现代问题例如政经一体化、难民、环境等非传统安全政策领域问题相关课程的开设，能推动欧洲研究的发展趋势。进而，亚洲研究作为第二个"翼"，过去五年中每学期只有一门课程（东亚地区政治与经济、东亚战略关系与区域合作）的开设，因此，有待增加亚洲地区研究的相关课程。最后，除了中美日欧四个大国（或地区）研究领域外，学院有待开设俄罗斯和中等国家等行为体的相关课程，为学生提供更加丰富的国际关系选课单。

三、结论

2016 年，同济大学政治与国际关系学院成立了外交学系，把既有国际关系系一分为二。在美国本科课程中，外交学一般是政治学系内四个小方向中国际关系学方向的一个分支领域。而在研究生阶段，才有几所外交学专业研究生院，但主要倾向政策研究。比如，乔治城大学外事服务硕士学位项目（Master of Science in Foreign Service，MSFS）与塔夫茨大学弗莱彻法律与外交学院（Fletcher School of Law and Diplomacy，MALD）。虽然两所机构政策性研究取向较强，但是它们的课程设置也值得参考。比如 MSFS 规定了第一年必修国际贸易、国际关系理论与实践、全球主义、分析与统计技术、国际金融等五门课。

其后，学生需要从全球政治与安全、国际发展、全球工商、地区与比较研究中，选择一个具体研究领域（关注方向）。第一分支领域"全球政治与安全"又划分为美国与比较外交政策、安全与危机管理、全球制度与跨境挑战。第二分支领域"国际发展"涵盖冲突与人道主义对策、经济与社会发展、治理与政治发展等。学生要在每一个分支领域中选择 5～6 门课程。弗莱彻学院的硕士项目也包括三个大专业领域：① 国际法与国际组织；② 外交学、历史和政治学；③ 经济与国际工商管理。而学生要从另外 24 个不同分支领域（小专业）选择两个领域。24 个分支领域包括人类安全、国际金融理论与政策、国际安全研究、亚太、美国和国际信息等。

　　将学位项目根据专业（或小专业）集中进行层次化的分类，不仅使系统性的课程建设成为可能，同时也能够合理分配教学资源，也有助于学生从入学就开始安排学习计划，选择论文的选题方向等。目前同济大学的本科生在四年级被安排一个论文指导导师。而事实上，对学生来说，在一年内完成文献综述并发现一个研究问题，进行适当的研究程序，时间是有限的。从这方面来说，如果能从入学或从第二年开始，师生之间能够尽早确定学生所感兴趣的研究方向与分支专业领域，这将使学生学习必要的课程，也将在本科阶段培养学生的研究能力并产出较扎实的学术成果。

政治学专业课参与式教学方法的探索与反思

邵春霞

【摘要】 本文在分析主动参与、被动参与和混合型参与这三种课堂参与形式的基础上,结合影响课堂参与的主要因素,对促进学生课堂参与的教学方法进行探索与反思,提出分类设计本科低年级基础性课程和本科高年级的探索性课程,并针对参与式教学实践的根本困境,提出应着力推行"以学生为中心"的新型教学模式。

【关键词】 课堂参与　参与式教学方法　以学生为中心

【作者简介】 邵春霞,同济大学政治与国际关系学院政治学系,博士,教授。

课堂教学在为学生提供科学的知识体系的同时,还应培养学生的专业兴趣,锻炼学生的分析能力。为了实现这种多层次的教学目标,教师在教学过程中鼓励学生参与,促成师生之间的有效互动,是一种非常有价值的教学方法。本文结合相关教学理论,反思本人近十年来课堂教学中的得与失,希望在此基础上探索教学手段的改进和教学能力提升的可能途径。

一、学生课堂参与的重要性及主要形式

美国心理学家费尔德曼研究发现,教师教学过程中讲授清晰、鼓励提问和讨论、帮助学生、明确课程目的和要求、给学生提供反馈等做法有助于带来良好的教学效果。① 其中提到的鼓励提问和讨论就涉及参与式教学方法的重要价值。政治学相关专业课程既要提供完整的专业理论体系,又要培养学生对政治实践

---

① 贺莉、陆根书:《教师教学组织策略及其对教学效果的影响——以高校思想政治理论课为例》,《复旦教育论坛》,2016年第6期。

的认识与分析能力,特别需要强调对学生兴趣的激发和能力的培养。因此,激发学生的课堂参与热情,是专业理论课程教学组织策略的重要构成要素。

  课堂参与形式多种多样,依据参与的发生方式,笔者将其区分为主动参与、被动参与和混合型参与三种类型。主动参与一方面是指学生在教师授课过程中的主动提问,另一方面是指教师向全班同学提问时,一些学生的积极应答。被动参与则主要表现为教师对特定学生提问和进行课堂测验。而课堂讨论作为一种广受关注的参与形式则混合了主动参与和被动参与两个方面的特点。作为一种课堂教学的组织形式,课堂讨论一方面需要教师精心设计并对学生提出具体要求,从而使学生在课前做好准备并在课上进行演讲或介入讨论。

  不管是主动型参与,还是被动型参与,或者是混合型的课堂讨论,对于吸引学生注意力、培养学生兴趣,从而增强课堂教学效果而言,都有其重要价值。而课堂讨论由于更可能促进学生的深度参与而广受教师和研究者关注。钟启泉认为,课堂讨论是师生共同解决型教学方法中的一种基本形态,它借助于师生之间、学生之间的对话,使师生有可能共同思考、共同获得知识。因而它是培养师生情感、培养学生能力的重要途径,它使学生形成对课程知识更具批判性的理解,帮助学生思考多种意见的同时,成为知识的共同创造者。[①]

二、影响课堂参与的主要因素

  前文将课堂参与区分为主动参与、被动参与和具有混合特点的课堂讨论这三种形式,这有助于更清晰地理解影响课堂参与的主要因素,从而为寻求促进参与的解决之道提供必要的基础。

  就主动参与的影响因素而言,大学课堂普遍存在一种"责任增强"现象[②],它指的是在一个课堂中,往往只有少数学生有能力主动回答教师的提问,或对课堂上引起的争论进行评论。责任增强的观念源于拉特恩等在《无反应的旁观者》一书中所提出的"责任分散"概念,它被用以解释为什么差生通常不愿参与帮助别人的活动。责任分散最终让少数责任增强的人成为被依赖者,从而使大多数学

[①] 钟启泉:《学科教学理论》,上海:华东师范大学出版社,2001年,第261页。
[②] [美]D. A. 卡普、W. C. 约尔斯:《学生为何反应冷漠——对大学生课堂参与行为的研究》,韩扬、谭刚强译,《当代青年研究》,1992年第2期。

生在课堂中扮演消极角色。对中国大学生课堂参与状况的观察也验证了这一理论,如郝一双的研究表明,学生意识到在大学课堂中存在着一个特别的"责任固定群体"。一般情况下,少数固定的学生承担着课堂内的主要发言和讨论任务。当教师提出一个问题或开展讨论时,"沉默"的学生开始把目光投向这个"发言者"群体。①

就被动参与的影响因素而言,由于参与活动主要由教师发起并将参与任务落实到特定学生或全体学生,促使学生无可逃遁地介入教学过程,所以其参与效果在很大程度上取决于教师授课的具体安排。如果教师要求学生课后准备并在课上保持提问和测验的安排,那么就可能在很大程度上保障这些参与。但是,如果教师不能常常提出要求,不能有规律地进行常规提问和测验等课堂检查,那么学生就会感到没有特别的责任或需要去预习功课以促进课堂参与。对此,卡尔和约尔斯的研究也表明,由于大学生缺乏经常性的考试,大学课堂里,学生们有一种不预习也不会被提问的安全感。②

具体而言,为什么多数学生倾向于在课堂上保持静默或冷漠?相关探讨主要集中在学生的心理因素和教师的课程因素这两个方面。

就学生方面的心理因素而言,首先是指学生对大学课堂的认知特点。卡尔和约尔斯认为,学生到了大学时期通常与中学时类似,仍然认为自己是知识的求习者,教师作为专家和传播者的身份并未改变。一般来说,学生对教师在课堂讲授的观点是不加评论的。③其次,影响学生参与的心理因素还包括学生的能力感知水平,这一能力感知水平直接影响学生在课堂上进行表达的自信心。正如Liu 和 Little 所观察的那样,学生总是"缺乏对自己能力的感知"④,因为这一原因,他们总是低估自己的能力,在学生的观念中,假如他们的观点不够系统的话,那么就不值得在课堂上发言,而且他们也很难对教师的讲述做出评价。如果教师没有指定学生回答问题,那么即使课堂上要求学生发言,学生也会因为自己的想法没有预先考虑好而羞于发表意见。他们不愿做即席谈话,特别是在大学课堂这样一种对表达能力要求较高的学术环境里。他们害怕自己不能做到老师所要求的水平,甚至担心同学的耻笑,因而不愿参与课堂活动。

---

① 郝一双:《大学生课堂参与行为分析》,《高等工程教育研究》,2007 年第 6 期。
②③ [美] D. A. 卡普、W. C. 约尔斯:《学生为何反应冷漠——对大学生课堂参与行为的研究》,韩扬、谭刚强译,《当代青年研究》,1992 年第 2 期。
④ 郭泉江:《学生课堂参与影响因素及对策研究》,《宁波大学学报》(教育科学版),2006 年第 1 期。

就教师所主导的课堂因素而言,首先是指"单向课堂"模式所固有的排斥参与的倾向。一般而言,教师是课堂的主宰,学生是被动接受者。这种"以教师为中心"的教学模式往往抑制了学生的课堂参与。[①] 这就要求教师改变授课模式,重视学生主体性的发挥,认真思考如何调动学生参与课堂的积极性,努力创造有利于学生参与的课堂互动条件。其次,课程内容本身的吸引力也具有重要影响作用。不仅专业课程设置要规范合理,而且要求教师应及时调整过时和陈旧内容,不断补充前沿学科知识,保持学生对课程内容的好奇心。再次,前文述及大学生感到不完成教师布置的课后任务是安全的,这一因素不仅影响被动参与,也影响主动参与的积极性。很显然,如果学生经常不完成教师布置的任务,那么也就很可能缺乏参与课堂互动的自信心,从而限制课堂参与的程度。因此,教师应有意识地进行指导、设计,通过学生预习、复习和布置有效的课外学习任务将学生的课堂参与扩展到课堂之外,使课前的预习成为学生课堂参与的先行阶段,课后的复习和作业成为学生课堂参与的后续阶段。

三、促进学生课堂参与的实践探索与反思

许多优秀的参与型教学方法可能适用于多种课程,但是笔者认为,不同班级、不同类型的课程在教学方法上应有不同侧重。比如大学一年级的基础性课程和高年级的探索性课程可能需要倚重不同的促进参与的教学手段。

大学一年级本科生的政治学原理这类基础性课程,超过百人的班级规模和系统讲授专业知识的教学任务,难免限制使用大块时间进行课堂讨论,那么教师提问和课堂测验就成为比较有效可行的选择。教师向全班同学进行不点名的提问,是期待学生能够主动参与发言。这种提问可能经常表现为教师的临场发挥,但是课前精心准备一些适于学生回答的启发性问题,无疑会大大增强围绕教学重点进行简短而高效的讨论,从而有助于更好地激发学生兴趣。在这样的课堂上,如果教师能够根据课程知识点的要求,结合政治实践中的重大热点问题,请学生事先查阅资料进行思考或即席发表自己的看法,都有可能形成一种热烈的讨论场景。当然,在这种讨论中,参与发言的往往只能是少数学生。

---

① 郭泉江:《学生课堂参与影响因素及对策研究》,《宁波大学学报》(教育科学版),2006年第1期。

三年级本科生的政治传播学这类学科交叉课程,以及三、四年级的专题研讨类课程和研究生课程,由于班级规模相对较小,学生也已具备一定程度的专业基础,而所授课程的教学任务对于知识体系的完备性要求有所减弱,对于学科知识的探索性要求则相应增强,因而也就对学生在课堂上的主动性和参与能力提出更高的要求。在这类课程中,除了有设计的测验或课堂提问以外,为了减少课堂上的旁观者,可以把班级分成几人组成的学生小组,在小组中的学生更可能被激发参与的勇气与热情。① 此外,对于高年级本科生以及研究生的课程,还有必要组织更加严谨的集中式的课堂讨论。为了达到促进参与和提升能力的教学目标,集中式课堂讨论的精心设计显然至关重要。首先,精心设计讨论题目是讨论取得预期成效的关键因素。教师应努力加强自身学术修养,提炼出有价值的核心议题,拟定明确具体的讨论题目,设计讨论方案,使学生理解所要讨论问题的核心所在。并注意根据学生的能力基础,提示学生在事实描述、理论解释和批判评价等不同维度上展开讨论。其次,教师还应设法保证所有学生事先阅读相关材料,没有充分的课前阅读和准备,就不可能有令人满意的课堂讨论。教师所列参考书和期刊论文应具有很高的质量和很强的针对性,并推荐重点论文和著作中的重点章节,确保学生准备时有的放矢。还应向学生介绍相关领域的最新论文资料,以确保课堂教学保持与学术前沿的密切联系。再次,教师在讨论过程中进行启发式点评以及在讨论结束后进行精当的总结,将有助于学生更清晰地理解所讨论的议题。这就要求教师不仅课前做好充分的准备,而且课上必须密切关注讨论过程,在讨论偏离议题或停滞不前的情况下及时介入和引导。

在探索参与式教学方法的过程中,笔者感到最大的困难主要来自两个方面:一是在教师方面,主要是指教师自身学术水平的提升和对教学方法的钻研程度。没有深厚的学术基础和敏锐的洞察力,将难以把握课程中相关理论和知识的内在精神,难以把最有价值的问题提出来与学生共同探讨和共同进步。再者,要成为一个优秀教师,必须要投入足够的精力进行深入的思考,否则很难设计出适应学生知识水平和理解能力的有价值的问题。二是在激励学生方面,即如何保障学生真正做好课外准备工作的问题。没有充足的课外准备,激发学生兴趣和增强教学效果的努力必定大打折扣。然而我们面临的问题是,信息时代的丰富知识使年轻人的注意力变得稀缺,除了课堂上通过测验和点名提问等监督手段之

---

① 郭泉江:《学生课堂参与影响因素及对策研究》,《宁波大学学报》(教育科学版),2006年第1期。

外,还有什么更有效的方法呢？也许这个问题还是要回到上述第一个方面,也就是说教师必须负起责任,以自己的学识和辛勤付出为学生提供优质的课堂。说到底,最关键的因素就是教师的精力与热情的投入。

联合国教科文组织在1996年就提出:"教师的职责现在已经越来越少地传递知识,而越来越多地激励思考；除了他的正式职能以外,他越来越成为一位顾问,一位交换意见的参加者,一位帮助发现矛盾而不是拿出现成真理的人。他必须集中更多的时间和精力去从事那些有效果的和有创造性的活动：互相影响、讨论、激励、了解、鼓舞。"[1]很显然,大学教育对这一教师角色转换的需求更加强烈,因此,那种侧重"教"而忽视学生主动"学"的以教师为中心的教学模式,不得不向以学生为中心的教学模式进行转换,教师不应该再只是教学控制者,教师角色应调整为引导学生自主学习的"引导者"。只有教师调整其传统的控制者角色,以学生作为课堂的主体,学生课堂参与的数量和质量才可能得到真正的提高。[2]

---

[1] 联合国教科文组织国际教育发展委员会：《学会生存：教育世界的今天和明天》,华东师范大学比较教育研究所译,北京：教育科学出版社,1996年。
[2] 郭泉江：《学生课堂参与影响因素及对策研究》,《宁波大学学报》(教育科学版),2006年第1期。

关于"外交学概论"课程教学改革的思考

武 霞

【摘要】 "外交学概论"作为外交学以及国际政治、国际关系等相关学科最为基础、最为重要的课程之一,在教学过程中存在着教材过于陈旧,逻辑不够清晰;教师缺乏外交实践经验,学生缺少外交实践机会;教学内容不够丰富、深入,教学方法相对单一等问题。要提高该课程的教学质量和教学效果,必须进行教学改革,即:整合新旧教材,不断补充新知识、新材料;提高教师教学能力,增加学生实践机会;丰富教学内容,实现教学方式多样化。

【关键词】 外交学概论 教学改革 教学方法

【作者简介】 武霞,同济大学政治与国际关系学院外交学系,博士,讲师。

当今世界,我们面临着一个错综复杂的世界格局和风云变幻的国际形势,各国之间的外交活动频繁,外交方式多样,如何认识当今世界的外交现象及其规律,如何理解和把握中国的外交政策,如何利用外交学的理论分析与处理外交实践问题,都是"外交学概论"课程教学的重要课题。

一、"外交学概论"课程的性质和教学目标

"外交学概论"是围绕着主权国家或者带有主权性质的国际组织如何通过和平的方式处理国家间关系的外交行为及其一般规律的科学,是一门理论性和应用性都比较强的课程,是一门跨学科、交叉性很强的实践性学科,与此相关的学科包括国际政治学、国际关系学、国际经济学、国际法学、国际贸易学、国际传播学等。

"外交学概论"的教学目标是使学生全面系统地掌握有关外交的基本理论、

基本实务以及与此相关的国际政治、国际关系等学科的知识,使学生在日后的工作中具有一定的调研、分析能力,能熟练而灵活地运用外交学的相关原理和方法,分析与研究外交实践问题。

2001年以来,"外交学概论"一直作为同济大学政治学与行政学专业、国际政治与国际关系专业本科学生的专业必修课,总学时17周,共34学时。

二、"外交学概论"教学中存在的问题

(一) 教材过于陈旧,逻辑不够清晰

关于外交学的专著和教材集中在20世纪90年代以后。比较有影响的有:由黄金祺编写、中国青年出版社出版的《概说外交》(1995年);由鲁毅编写、世界知识出版社出版的《外交学概论》(1997年);由金正昆编写、中国人民大学出版社出版的《现代外交学概论》(1999年);由陈志敏编写、北京大学出版社出版的《当代外交学》(2008年);由杨闯编写、世界知识出版社出版的《外交学》(2010年);由李渤编写、时事出版社出版的《外交学》(2010年);由赵可金编写、上海教育出版社出版的《外交学原理》(2011年)等。

同济大学自2001年国际政治专业开设"外交学概论"课程以来,一直使用较早出版的两本教材作为核心教材。一本是鲁毅的《外交学概论》,这本教材"贯彻理论联系实际、外交学理论与外交实务并重的原则,在探讨外交学的研究对象、学科范围,以及外交学与其他交叉学科关系的基础上,初步建立了'外交学概论'的学科体系和框架"。[①]《外交学概论》共13章,系统地阐述了外交的起源与历史演变,当代外交的基本准则、规则与惯例,外交机构组成与外交代表,使馆和外交人员的特权与豁免,当代外交的方式与类型,外交交涉与谈判,国际组织、国际会议与国际条约,以及现代外交与其他各个领域的关系。同时,论述了中国外交理论与实践、中国的外交风格与特色,结合中国外交实践经验阐述了外交业务与技术,以及中国外交队伍的建设等问题。该书无论在学科体系、内容阐述、文字表达等方面都是一门经典教材,但是,该教材的观点、例证分析过于陈旧,个别章节不能跟上外交实践的发展。如外交方式一章,主要介绍首脑外交、经济外交、

---

① 鲁毅:《外交学概论》,北京:世界知识出版社,1997年,第11页。

多边外交和公众外交,然而随着外交方式多样化的发展,外交方式日益"丰富多彩",如"特使外交"等,特别是周恩来总理在新中国成立初期即提出"我们应当把外交学中国化"①,但诸如"高铁外交""梦想外交""熊猫外交"等这些中国化的新型外交方式即使在其后的多个出版版本中也未涉及。

另一本是金正昆的《现代外交学概论》,该书将外交学作为一门独立的学科进行研究和探索,并注重理论与实践并重。全书主要阐述外交学的研究对象和基本范畴、外交制约因素、外交理论和思想、外交决策、外交战略、外交策略、外交政策、外交制度、外交途径、外交机构、外交人员和外交礼仪等现代外交学的基本理论与实务等。这本教材对外交学的相关知识点的编写条理清晰、层次分明,但内容过于枯燥,缺乏具体例证和分析。

上述两本教材框架体系相对完整、丰富,初步建立了"外交学概论"的学科体系和框架,但是两本教材除了内容陈旧外,编写逻辑并不清晰、一致。而比较新的教材,集中在 2010 年前后,大多涉及外交理论、外交实务和外交实践等层面,逻辑体系相对清晰,但也存在或理论剖析薄弱,或观点与案例跟不上外交实践发展的问题。

(二) 教师缺乏外交实践经验,学生缺少外交实践机会

同济大学承担本门课教学的教师,均缺乏外交实践的经历和经验。"外交学概论"作为外交学及国际政治、国际关系等相关专业的最为基础、最为重要的课程之一,其实践性和应用性都非常强,在教学中既需要基本理论知识的讲授,更需要外交实务技能的训练,但是教师因缺乏对外交实践运作的切身经历,更多只是整合较多资料并加之自己的分析和理解进行课堂教学。以"外交惯例"一节为例,现实的复杂性不是教师搜集几本教材、几个案例就能讲透彻的。

作为学生,和外交学院、北京大学、中国人民大学等高校学生相比,同济大学国际政治与国际关系专业的学生较少有进驻外交机构参与外交实践或实习的机会,容易导致学生所学的理论在实践中脱节,难以做到学以致用。

(三) 教学内容不够丰富、深入,教学方法相对单一

"外交学概论"课程自 2001 年开设,最初几年课时安排 18 周共 54 学时,但

---

① 周恩来:《周恩来外交文选》,北京:中央文献出版社,1990 年,第 1 页。

此后十余年缩短为 17 周 34 学时,如何将庞杂的外交理论与实务系统、深入、丰富地讲解是一个很大的难题。且受到课时的限制,教师讲课容易"虎头蛇尾",或是为了完成教学任务,有的章节只能采取"灌输式"泛泛讲解,比如"外交机构"一章的"外交部"一节,基本流于形式般的介绍,教学效果较差。

三、"外交学概论"教学改革的建议

(一) 整合新旧教材,不断补充新知识、新材料

根据同济大学教材使用的规定,必须选择一本或多本教材作为学生的使用教材。要突出教学素材来源和需求的多样性,教师应该选择多本教材作为参考教材,结合外交理论和实务对教材章节进行重新整合、编排。比如可以从"概念篇""理论篇""制度篇""过程篇""实践篇""未来篇"(或"中国篇")等进行整合。"概念篇"主要从外交与外交学中的基本概念讲起;"理论篇"注重外交的制约因素、外交的起源与发展、外交理论与外交思想;"制度篇"注重外交准则、外交惯例、外交机构;"过程篇"包括外交战略与外交策略、外交决策与外交政策;"实践篇"包括外交交涉与外交谈判、外交礼仪、外交文书、外交调研等;"未来篇"(或"中国篇")则试图为学生提供一个崭新的思维空间,来分析国际形势复杂多变的条件下中国政府的外交选择。这样的分类,有助于学生对"外交学概论"庞杂的知识体系形成一个较为清晰的逻辑框架。

(二) 提高教师教学能力,增加学生实践机会

"外交学概论"是以指导外交实践为目的的典型的应用性学科,其教学过程必须与实践紧密结合,增加实践环节,增强学生的实践能力,实现教学手段的多样化。学生对外交学课程的理论把握,只有进一步和实践相结合,才能提高调研与分析能力,增强外交实务能力,做到学以致用。

除了通过多种渠道的培训、交流、学习以提高该课程教学团队的理论水平外,应该积极鼓励教师和学生到外交部、驻外使领馆、国际组织代表处等参观、考察,加深对这些外交机构运作的感性认识和深入了解;或者邀请外交部或外国驻华使领馆的相关人员为学生举办讲座或面对面交流,并尝试使这种交流机制化;建立较完善的课外实践体系,鼓励学生尽可能地利用课余时间,多多参与外交机

构的实习,将理论与实践灵活地结合起来。

(三) 丰富教学内容,实现教学方式多样化

即使在现有课时不足的条件下,教师也应该尽可能丰富教学内容,采取多样化的教学方式,增强学生的兴趣,改善教学效果。

(1) 情境(景)模拟教学。"情景模拟教学法是教师根据教学内容和教学目标,有针对性地设计情景,并让学生扮演情景角色,模拟情景过程,让学生在高度仿真的情景中获取知识和提高能力的教学方法。"[1]"外交学概论"的情境模拟教学,教师不再是主导,而是以学生为中心,由他们模拟扮演某一角色,把现实中的情境模拟到课堂。如在讲授外交实务相关内容时,可结合具体内容采取灵活多样的方式,让学生模拟外交活动过程。比如模拟南海危机外交谈判、围绕东北亚地区安全问题展开外交辩论、外交访问展示外交礼仪等,这样的教学方式具有生动性、启发性、趣味性、实用性的特点,能够较好地培养学生思考和解决实际问题的能力,使学生把外交理论与实践紧密结合,同时启发学生的学习兴趣,消化枯燥乏味的理论知识。

(2) 多媒体教学。"多媒体教学是指在教学过程中,根据教学目标和教学对象的特点,通过教学设计,合理选择和运用现代教学媒体,并与传统教学手段有机组合,共同参与教学全过程,以多种媒体信息作用于学生,形成合理的教学过程结构,达到最优化的教学效果。"[2]在"外交学概论"的教学过程中,教师可通过电影(或电影片段)、电视、网络视频等新旧媒体交互使用,活跃学生思维,并在学习的快乐中更好地理解并掌握相关的知识和技能,真正实现"外交学概论"的培养目标。比如在讲授外交战略与外交策略相关内容时,请学生观看电影《惊爆十三天》(Thirteen Days),使学生对古巴导弹危机中美苏的外交角逐产生更直观的认知。

(3) 案例教学。"案例教学,是一种开放式、互动式的新型教学方式。通常,案例教学要经过事先周密的策划和准备,要使用特定的案例并指导学生提前阅读,要组织学生开展讨论或争论,形成反复的互动与交流,并且,案例教学一般要

---

[1] 情境模拟教学研究与实践,百度文库,https://baike.baidu.com/item/情景模拟/1948976?fr=aladdin,2018年1月30日。

[2] 多媒体教学的发展历程,360百科,https://baike.baidu.com/item/多媒体教学/8012009?fr=aladdin,2018年1月30日。

结合一定理论,通过各种信息、知识、经验、观点的碰撞来达到启示理论和启迪思维的目的。"[①]在"外交学概论"案例教学中,首先,一定选取具有经典价值的案例。这种案例在用于课堂讨论和分析之后会使学生加深对课堂内容的理解,从而提高学生分析问题和解决问题的能力。如以1999年"中国驻南联盟大使馆被炸"为案例分析当时中国坚决而灵活的外交策略,既捍卫尊严与主权,又不严重损害中美关系。其次,一定选取具有时效性的案例。如讲外交方式,2008年让学生讨论油画《北京,2008》来分析多边外交与双边外交;2017年就会选择"中国共产党与世界各国政党高层对话会"(2017年11月30日—12月3日)的时机来讲政党外交。

总之,"外交学概论"作为外交学学科最为基础与重要的课程之一,在教学中存在着教材过于陈旧,逻辑不够清晰;教师缺乏外交实践经验,学生缺少外交实践机会;教学内容不够丰富、深入,教学方法相对单一等问题,要提高该门课程的教学质量和教学效果,必须进行教学改革,即:整合新旧教材,不断补充新知识、新材料;提高教师教学能力,增加学生实践机会;丰富教学内容,实现教学方式多样化。

---

① 如何进行案例教学,中国公共管理案例中心,https://baike.baidu.com/item/案例教学/2576396,2018年1月30日。

"新兴国家与全球治理"
课程教学改革刍议

蒋一澄

【摘要】 21世纪以来,新兴国家的崛起,全球治理体系的演变,尤其是新兴国家对全球治理的参与为国际社会提供了新合作机制的雏形和多样化的经济发展模式,提升了自身在国际事务中的话语权。因应这一变化趋势,本文着重从"新兴国家与全球治理"课程的教学内容和教学方法两个侧面对进一步提升该课程的教学质量提出一些思考和建议,在教学内容的前沿化更新和教学方式的交互式开放上做出适应时代发展和教育潮流的改变。

【关键词】 新兴国家与全球治理 教学内容 教学方式

【作者简介】 蒋一澄,同济大学政治与国际关系学院外交学系,博士,讲师。

进入21世纪以来,新兴国家的崛起对西方国家主导的全球治理体系产生重要影响。通过对全球治理的积极参与,新兴国家为国际社会提供了新合作机制的雏形和多样化的经济发展模式,提升了自身在国际事务中的话语权。这一趋势更加凸显出外交学专业开设"新兴国家与全球治理"课程的重要性。作为外交学学科重要课程之一,本文将针对该课程教学过程中的一些问题提出自己的思考和建议。

一、教学内容、观念的前沿化更新

经过多次的课程大纲改革,本课程由"国际组织"更名为"新兴国家与全球治理"。这不仅只是课程名称上的简单变更,而是课程内容和结构的全面调整。

21世纪初,特别是席卷全球的金融危机爆发以来,国际局势处于深刻的大变化和大调整之中,其中一个重要表现就是新兴国家的群体性崛起。中国、印度、俄罗斯、巴西、南非等一批新兴市场经济国家相继崛起,成为世界经济增长的重要推动力和影响国际事务的重要力量。同时,新兴国家的经济在世界经济中的比重持续上升,其中尤以金砖国家的表现最为耀眼。新兴国家经济的快速、持续发展,对世界经济做出巨大贡献。新兴国家正逐步成为全球经济的重要支撑力量。世界经济格局的调整,改变着国际体系的权力结构,使得新兴国家日益成为国际事务中举足轻重的力量。新兴国家经济的持续快速发展,不仅带动了世界经济的发展,同时也对全球治理产生了重要的影响。它们为解决全球问题注入新的活力,提供新的发展与合作模式,同时也提升了自身在国际社会中的地位。基于共同利益,崛起中的新兴国家群体内部逐步形成新的合作机制雏形;新兴国家结合各自的国情,创造出适合自身发展的新模式;新兴国家在国际事务中话语权有所提升。这些变化和趋势都应该反映在课程教学过程中。在教学中将原有的"国际组织"课程各自独立的结构整合成具有综合性特征的全球治理体系的有机框架。依据"全球治理委员会"的定义:治理是个人和制度、公共和私营部门管理其共同事务的各种方法的综合。它是一个持续的过程,其中,冲突或多元利益能够相互调适并能采取合作行动,它既包括正式的制度安排也包括非正式的制度安排。由此可见,全球治理的基本特征包括:一是全球治理的实质是以全球治理机制为基础,而不是以正式的政府权威为基础。二是全球治理存在一个由不同层次的行为体和运动构成的复杂结构,强调行为者的多元化和多样性。三是全球治理的方式是参与、谈判和协调,强调程序的基本原则与实质的基本原则同等重要。四是全球治理与全球秩序之间存在着紧密的联系,全球秩序包含那些世界政治不同发展阶段中的常规化安排,其中一些安排是基础性的,而另一些则是程序化的。在各治理主体参与全球治理的过程中,由于其自身特色以及在国际体系中的不同地位,体现出三种不同的治理模式:一是国家中心治理模式。即以主权国家为主要治理主体的治理模式。具体地说,就是主权国家在彼此关注的领域,出于对共同利益的考虑,通过协商、谈判而相互合作,共同处理问题,进而产生一系列国际协议或规制。二是有限领域治理模式。即以国际组织为主要治理主体的治理模式。具体地说,就是国际组织针对特定的领域(如经济、环境等领域)开展活动,使相关成员国之间实现对话与合作,谋求实现共同利益。三是网络治理模式。即以非政府组织为主要治理主体的治理模式。

这一系列内容都应及时地增加到原来的课程基础之上,以因应教学大纲的变更和时代发展的需要。

同时本课程改革尤应关切国家提出的"人类命运共同体"的外交理念。人类命运共同体思想是以习近平同志为核心的党中央对马克思主义和中国外交思想的重大理论创新。在习近平主席出席达沃斯世界经济论坛开幕式发表的主旨演讲中,关于全球治理的新主张引起世界舆论高度关注。习近平主席提出:"我们要坚持创新驱动,打造富有活力的增长模式;要坚持协同联动,打造开放共赢的合作模式;要坚持与时俱进,打造公正合理的治理模式;要坚持公平包容,打造平衡普惠的发展模式。"①这是世界重要经济体的领导人中,由中国领导人首次提出的关于全球治理四大模式的系统理论,这些高屋建瓴的观点应成为指导本课程教学的指南。

二、课堂教学方式的改变

教学模式是建立在一定的教学理念基础上,将教学的诸要素以特定的方式组合而成的教学理论框架,采取何种教学模式直接决定了教学效果的实现和人才培养的类型。笔者近年虽在教学方式上有所尝试,但仍需进一步提升,将讨论式、开放式的教学方式延伸到教学的全过程。

开放式教学模式源于西方的建构主义学习理论,瑞士心理学家皮亚杰(J. Piaget)最早提出这一概念,他认为儿童的认知来源于儿童与周围环境的相互作用,通过这种相互作用儿童逐步建构起关于外部世界的知识,从而使自身认知结构得到发展。这种认知观点强调学习是使客观的知识结构通过个体与之交互作用而内化为认知结构的过程,即学习是建立在个体原有的经验、信仰和心理结构基础上,在一定的情境下通过人际间的协作活动而实现意义的建构过程。②

基于建构主义学习理论,开放式教学模式突出体现了教学过程中自主性、多元化、开放性的特征。在这里"开放"意味着更加注重学生的主体地位,关注学生主动的知识构建,在教学活动中教师和学生之间是平等的主体,他们通过质疑、探讨以及相互交流,最终在平等的基础上完成学生知识的构建。其中"开放"具

---

① 新华网,http://www.xinhuanet.com/2017-01/18/c_1120331545.htm.
② 杨维东:《建构主义学习理论评述》,《理论导刊》,2011年第5期,第77—78页。

有多层次的内涵：① 教材的开放，教材和讲稿不再是教学内容的唯一指针，突出教学素材来源和需求的多样性；② 教学过程的开放，注重师生之间的平等交流、学生之间互助学习的过程，让学生成为学习探究的主体；③ 空间的开放，学习不仅局限于课堂，针对性的课外活动是课堂教学内容的衍生；④ 课题的开放，鼓励学生参与教师的研究性课题或是组成学生科研团队，初步尝试专业科研训练活动。

"新兴国家和全球治理"课程实施开放式教学方式非常有必要。该课程是围绕全球治理展开，其理论本身呈现发展性和开放性的特点。尤其是在一些重大问题上甚至还存在着很大的争议，就实践而言，随着全球化进程的日益深入，各国的国家主权事实上已经受到不同程度的削弱，而人类所面临的经济、政治、生态等问题则越来越具有全球性，开放性教学的理念和课程的这一特点是相互契合的。

它是一门跨学科、交叉性、实践性很强的课程，为此，在教学中就要求教师打破以往"以教师为中心、以教室为环境、以课本为教材"的封闭的、单向传输的课程教学方式，通过多渠道备课，实现跨学科教学资源的整合并增加教学实践性环节，以此来激发学生的学习热情和创造性思维。同时，现有教材虽然在编写体系、逻辑体系上清晰完整，但也存在理论剖析薄弱、观点和案例较陈旧的明显不足。开放性教学方式可以在一定程度上加以弥补。其次，在传统的课堂教学中，教师唱学科理论的"独角戏"、学生则被动做"听众"和"记录员"。为应付期末一张试卷，学生死记硬背笔记和教材内容，虽能轻松过关，但很难全面深刻地理解全球治理理论的内涵，更别提创造性地发展了。传统的教学中又几乎没有实践性教学环节，学生缺乏对理论演绎的深层次思考和实践检验过程。这种重理论、轻实践，重结果、轻过程的封闭式教学模式，严重制约了学生参与的热情和理解运用能力的培养。作为一名专业教师更应创设形式多样的跨学科开放式教学活动，以达成拓宽学生的知识面的最终效果。

开放式教学模式注重学生参与教学过程中的主体性地位，成绩评价也要由过去单一的终结性评价转变为关注学生学习过程发展的形成性评价方式和终结性评价方式相结合的方式。为此教师要设定新的评价机制来驱动学生参与的热情。在教学实践中，可将考查课程、撰写课程小论文、开卷考试等形式相结合，适当增加平时成绩所占比重，使学生的最终成绩不再以期末一张试卷定大局，学习状态也从平时思想意识松懈、学期末采用突击式的死记硬背的机械式学习中解脱出来。在日常教学中，有意识地通过对学生进行课外阅读、专题式研讨、布置作业、学习任务的规范和引导，让学生有计划地通过一次次学习任务的完成来获得最终的成绩。这样，在这种新的评价机制驱动下，学生在平时的读书思考、学业前途规划中比以前目标更明确、更有所作为，并在潜移默化中形成良好的学习和思考习惯。

在开放式的课堂教学中，教师不再是以往垄断式的"一言堂"教学，学生也不是被动的知识接受者。在尊重学生个性化发展的基础上，教师转变为课堂教学的设计者、引导者，并通过师生间民主平等交流、学生间自主学习、合作探究等形式让学生充分参与到教学中，进而使他们实现知识能力的自我构建过程。基于"新兴国家与全球治理"课程兼具学理与实务于一体的学科特征，倡导和鼓励课堂教学方法的创新，以开放的心态、开放的环境，形成课堂教学方法生态的多样性。教学中应广泛采用案例教学法、专题讲座研讨式教学法、学习引导式教学法帮助学生主动探索、获取知识。其中案例教学法是最常用的教学方法，在教学中通常笔者先描述案例，抛砖引玉；然后讲授理论，"少而精"，侧重于讲授理论生成的逻辑演绎路径，为学生自主学习提供一定的知识结构和逻辑引导；在此基础上进一步呈现深度案例，组织学生进行分析、凝练观点、证明或反向质疑；最后教师进行归纳评述。而在导学式教学模式下，笔者在课前给学生开列阅读资料、布置学习内容，以学生自学为主，然后在课堂教学上着重解决"质疑问难"环节，可以个别交流，也可以分小组或全班讨论，教师只要做必要的指导。通过交流、讨论，一般性的疑难多可以解决，对学生无力解决的问题进行精讲，着重讲解解题思路。这样一来在师生间频繁的互动探讨中，学生不仅能够宏观地掌握理论知识体系，突出重点，而且能够灵活运用正确的方法论来理解、论证教学案例所具有的规律性和思想性，较好地做到学以致用。

可考虑增加教学实践性课程。学生对该课程的学习经由感性认识、分析、综合、抽象性的逻辑思维凝练成概括性的知识体系后，还需要进一步在实践性中验证、反思，得到情感体验和价值观的升华。因此，要加大教学实践性课程，可以通过创设问题情境、模拟各个新兴国家以及全球治理的不同情景、组织课外参观考察等方式开展。学校可建立相应的配套硬件设施，如国际组织仿真实验室、校外实践基地等，则更有利于实践活动的开展。在教学中以模拟情景教学为例，精心选择问题情境，或经典或热点，具有一定的理论难度，接下来引导学生进行角色扮演、外交场景布置，最后由学生独立完成模拟情景的过程。在此过程中，教师侧重于前期的问题设计和组织引导,中间环节主要让学生互动交流完成,最后教师对各组点评,进一步揭示知识的规律性和解决问题的途径和方法。实践证明,让学生扮演角色模拟参与外交实录,不仅有利于激发学生的积极性、创造性和合作意识,而且还锻炼了他们掌握运用理论解决实际问题的操作能力。[①]

可在课外开展开放式课题研究训练活动。在课程教学中,教师不仅要从宏观历史的角度对重要知识点的理论生成路径及逻辑演绎过程进行解释论证,还应针对课程重点内容创设研究型课题,引导学生初步尝试科学训练活动。课后学生通过小组互助、自主学习的形式发现问题、查阅资料,进而完成论证解释等环节,对全球治理机制的生成演进有了全面、宏观的认知体系。通过课后开放式课题研究的训练,让学生的学和研有机结合起来,将会为进一步培养学科高层次人才打下坚实的基础,成为开放式教学模式下拓展学生科学研究实训的重要路径。

---

① 雷芳:《"外交学"课程开放式教学模式的构建》,《科教文汇》,2015 年第 28 期,第 66—67 页。

面向知行合一的大学教育改革

范靖宇

【摘要】 针对目前大学生中普遍存在的动手能力差的现状,本文在汲取中国传统知行合一思想的基础上,提出了强化大学生动手能力培养,包括学生文献检索能力和论文写作能力,以及如何将课堂知识与未来职业生涯相结合,提高解决实际问题能力的思路。强调大学与中学教育的根本区别在于一般能力以及专业技能的训练,大学的学习生涯不是为了应付考试、混文凭,也不仅仅是为了谋取一个好的职业,而是人生价值和生命意义的追寻、兴趣的孕育、自我特长的发现,是人生层级提升的关键时期。

【关键词】 知行合一 动手能力 行动主义

【作者简介】 范靖宇,同济大学政治与国际关系学院社会学系,硕士,讲师。

有关研究中国当代教育的文献汗牛充栋,有识之士直陈中国教育弊端的言论,也时常引发社会大讨论,并成为舆论关注的焦点。本文不可能面面俱到地去讨论这些问题,因为中国教育问题的复杂程度也不是笔者在有限文字中所能解决的。笔者只是设想在大学期间,如何纠正现行高等教育体制中存在的某些问题,提出一个切实可行的措施和方案。比方说,大学生动手能力差,是普遍存在的一个问题。动手能力差,包括实验能力、资料检索能力、论文写作能力,以及将知识运用到实际工作中、解决现实问题的能力等。动手能力差,是知与行之间发生了断裂,因此如何将"知与行"结合起来,是我们在培养大学生时需要严阵以待的问题。查资料和论文写作是大学生的核心基本功之一,学术能力培养的匮乏是目前大学生中普遍存在的问题;其次如何将学到的知识运用到实践中去,分析社会中实际存在的具体问题,也是目前大学生普遍存在的短板。

一、大学生涯知行合一能力培育的重要性

　　大学生为什么要写毕业论文，是不是非得写毕业论文，毕业论文对于今后工作有什么意义，此前我也存有困惑，觉得似乎没有这个必要。耗费学生和教师巨大精力，写出来的论文东拼西凑、不伦不类。因为绝大多数大学生毕业后不会去从事学术研究工作，更不会以此作为终生追求的目标。但是我们应该看到，论文写作有助于学生对所学知识的总结，可以培养学生自己的归纳、分析和批判性思维等能力，它需要灵活地、创造性地使用各种知识、方法和技能，是考查学生综合能力的一个极好测量器。论文写作对于未来职场中的报告、文案和项目，都是十分有用的，因为实际工作中有大量的课题、项目，需要灵活地使用各种知识，用于解决各种实际问题。大学生毕业后，无论是去企业、政府机构、事业单位，还是自己创业，都有大量文案要写作，比如各种规章制度的制定、市场营销方案、研究计划、未来企业发展战略制定等，这都与文字工作相关。时下有关创新、创意的话题十分热门，那么如何培养大学生创造力，在我看来，首先要掌握已有的知识，熟悉前人的研究成果，这就需要进行文献资料检索，了解前人已经达到的高度，否则创新就成了无源之水、无本之木。在实际教学过程中，我发现学生对于如何查资料，如何选择这一学科经典文献的能力十分薄弱。经典文献构成了一门学科的路标，决定了一门学科的发展方向。学习大师们是如何提出问题，以及分析疑难并提出解决方案。研读经典文献可以迅速提高学生的学术品位，极大提高思考和解决问题的能力。

　　其次，需要书本知识与解决实际问题的能力。普通高等学校的本科生培养，毕竟不同于高等专科学校和职业技术学院，不是以某种具体技能培养为目标，具体而言不是以培养高级蓝领工人为目标。但是应该看到书本知识与实际的生活世界总归有着不小的距离，大学不是培养四体不勤、五谷不分的书呆子的场所。正如南宋伟大诗人陆游在《冬夜读书示子聿》诗中所言："古人学问无遗力，少壮工夫老始成；书上得来终觉浅，绝知此事要躬行"，绝好地概括了不能局限于书本上的知识，必须身体力行，从青少年时期就应该积极贯彻知行合一的精神，而不能囿于象牙塔之中。知行合一，是中国古代哲人历来反复提倡的主张。试想一个学了一大堆工商管理知识的本科生，从无从商经验，他毕业后就能够去管理好一个企业吗？哪怕他是一个富二代，没有长达 10 年甚至更长时间的历练，他是

管理不好家族企业的。有研究表明,香港那些家族企业的第二代接班后,公司的股票市值大多数走下坡路。那些富二代接受教育水平普遍高于第一代富豪,但是他们实战经验往往不如第一代富豪。第一代富豪创业大多是出于生计所迫,从小出来在社会上打拼,积累了大量丰富的实战经验。所以他们对于商业的领悟能力,往往高于他们的子女。诚如波兰尼(Michael Polanyi)所言,"个人知识"(Personal Knowledge)可意会不可言传,个人知识是一种默会知识(Tacit Knowledge),要通过个人反复学习和实践才能获得。书本知识,尤其是标准权威的教科书,传授的往往是普遍性的确定的得到公认的知识。那么如何消化吸收书本知识,就需要个人的勤学苦练,尤其要与实践相结合,要有丰富的实战经验。

举世公认高等教育最发达的美国,也强调实践能力。美国人素以实用主义著称,实用主义者英文原名是 Pragmatism,源出希腊文 πραυμα,意思即是行为、行动。而实用主义者对行为、行动的解释,关注行动是否能带来某种实际的效果,也就是关注直接的效用、利益,有用即是真理,无用即为谬误。[①] 虽然我对于实用主义思想并不认同,但是也不能排斥里面所包含的合理因素。二战以后,世界学术中心从欧洲向美国转移,美国今天不仅依旧是世界头号经济强国,在科技领域的成就更是举世瞩目:历年诺贝尔奖颁奖名单上,大多数为美国人;在当今信息科技等决定人类未来命运的应用技术领域,也是美国人遥遥领先;硅谷被IT界视为圣地。纵观硅谷的发展,就是一部如何将理论知识与实际运用紧密地结合起来的历史,硅谷周围集中了像斯坦福和加州伯克利分校等一大批世界名校。当初硅谷的创立是斯坦福大学采纳特曼(Frederick Terman)的建议开辟工业园,允许高技术公司租用校区作为办公场地。由此可见,美国大学的特点之一就是如何把理论知识与实际紧密地结合起来,他们既有在纯理论方面做出世界一流原创性贡献的学者,亦有善于把理论知识创造性地运用到实际的商业和生活中去的企业家,这是值得我们学习的地方。

二、大学与中学教育的区别

刚踏入大学校门的大学生,往往不能理解大学教育与中学之间的区别,他们

---

① 引自百度百科"实用主义"条目。

的"应试教育"思维方式还没有根本扭转过来。大学与中学教育最大不同之处在于：大学主要靠自学，虽然考试不可避免，但重点在于能力培养。在长达12年的从小学到高中的学习生涯中，基本上以考试为中心，以成绩好坏作为主要评价标准；无论家长、学校还是社会，评价一所中学的主要标准是升学率；所谓德智体全面发展，除了智力之外，德育和体育被放到边缘地位，更遑论美育、以及与日常生活密切相关的生活和劳动技能的培育。就智力而言，学校关注的重点课程在于语文、数学和外语之类，充其量加上物理、化学和生物课程，这只不过是为了考入大学后分科的需要；文科再加上历史、地理之类的考试科目。所以中学培养出来大多数是考试型人才，与未来的职场要求以及国家民族发展相去甚远。大多数学生上大学考名校，无非是为了将来能谋取一个好职业，很多人谈不上有什么远大理想和志向，出国留学也无非是给自己脸上贴金，父母为此还要支付一大笔费用。而且他们生活自理能力比较差，更不懂得人情世故。究其原因，第一源自竞争的压力，来自未来职场的压力，迫使他们不得不在小学就开始残酷竞争。其次来自量化考核的思维。考试的确相对公平，可以很大程度上避免开后门之类不良风气流行。但是量化考核也容易产生短期行为和片面发展，形成"以分数高低来衡量学生的好坏"，它不能全面评估一个学生的综合素质，更不利于学生身心健康发展。假如只是为了好成绩、好工作而学习，不顾及个人兴趣和特长，比方说现在学生和家长在选择大学志愿时，往往更多地考虑未来出路和收入，一窝蜂地往计算机和金融之类热门专业拥挤。虽说这乃人之常情，情有可原。但是有没有考虑过他即便如愿以偿地考入这个专业，毕业以后是不是真的具有竞争力呢？热门的专业也是人才集中的地方，想要在竞争中胜出十分困难。比如说从事投资银行的工作，不仅需要学习金融知识和高深的数学，还要有很好的体魄，准备每天工作12小时到16小时，而且大多数人在金融领域从事中低端工作，虽然他们的收入在外人看来相对高了一些。在计算机领域竞争同样惨烈。五年前，有一个来选修我"青年心理探索"课程的学生，是计算机专业大四学生，被微软中国研究院录取，初次入行年薪16万元，从收入上看应该属于应届毕业生中佼佼者。但是他对我说，计算机这个行业知识更新换代很快，到了40岁基本上不会在一线从事编程。因为到了这个年龄阶段，身体体力跟不上，知识更新不如年轻的后来者，那么他的未来职业生涯十分不乐观。后来我就这个问题请教过资深的IT从业人士，他说基本情况如此，假如到了40岁这个年龄不能升迁从事管理工作，那么往往面临着被淘汰出局的可能性。

中学考入大学之后，原来那种老师教、学生学的被动式教学模式没有根本扭转过来。认真一点的学生，会在课堂上记笔记、阅读教科书。但是我经常会去翻学生的教科书，发现一学期下来，很多学生的教科书还是崭新的，上面根本没有任何阅读过的痕迹，更遑论阅读课外参考书，除非强迫他们读课外参考书、写读书报告。他们临到考试，希望老师给一个PPT，然后圈定一个范围，回去背诵一下，考试后全部归还给老师。上课期间玩手机极为普遍，当然这个现象就是在美国大学里也十分普遍，这是另外一个问题，这里暂且不讨论。假如是公共选修课的话，那更加离谱：教科书不带，手机必带，上课无非是混一个学分，为了未来四年后能够顺利毕业，因为学校教学课程设置中有这个要求。究其缘由，第一，学生没有转变应试教育思维模式。第二，我们大学淘汰率太低，对于学生过于宽松，基本上都能够毕业。第三，更为重要的是，学习兴趣不浓，严重缺乏追求纯粹知识和真理的精神。在缺乏了考试升学压力的前提下，有不少学生抱着混的想法：从小学到高中苦熬了12年，休息天还要去补课，到了大学终于可以松一口气，可以玩了。上课缺席和迟到现象比较普遍，请假的现象经常发生——我不知道他们怎么那么忙，笔者在读大学的时候，很少请假，同班同学也少有逃课的。

当然就事论事地去指责学生，或者慷慨激昂地指责中国现行的教育体制弊端无济于事。我们不妨运用已有的心理学和教育学成果加以深入剖析，对症下药，提出一些切实可行的方法。按照经典的智力理论，智力可以用智商来测量。智商(IQ)包括数字、空间、逻辑、词汇、记忆等能力。构成智商的五种因素：观察力、注意力、记忆力、思维力和想象力。其中观察力、注意力和想象力是我们的大学生所缺乏的，尤其是出生在信息时代的大学生，注意力普遍缺乏，多动症是常见现象。缺乏注意力，意味着学习和工作效率不高。我们的教育强调的是记忆力和思维能力。比方说，学习汉语和外语，死记硬背再加做题目，尤其是学习外语不是为了使用，而是为了应付考试；学习数学就是大量地做各种题目，很少把数学与实际工作和生活中的事例联系起来。当然死记硬背不是绝对不好，在小学阶段背诵一些经典名篇，对于今后写文章绝对有帮助。古今中外著名的作家，以及文笔优美的学者，无不在孩提时代大量背诵和阅读了古代的经典名篇。问题的关键在于，仅仅死记硬背还不行，还需要有分析、归纳、综合与批判性思维和创造力的培养。其次，虽然我们的教育也强调阅读理解，有所谓的标准答案，但其实语文这种东西，往往没有标准答案；就是数学，同一道题目也可以有不同的解题方法，正所谓条条道路通罗马。第三，我们的学生创造力不够。专业课程中的基本概念、原理和计算方法,虽然要死记硬背和熟练掌握,但这是建立在充分理解的基础之上。更为重要的是,如何灵活地、创造性地运用这些基本概念和原理,分析具体对象,解决现实中遇到的实际问题,这是我们教学中所最为匮乏的。针对这个问题可以有各种解决方法:比如案例教学,通过真实世界的案例,让学生来一起参与讨论;尤其那些疑难问题,可以通过小组讨论、甚至课后查资料等方式加以解决。

究其根源,我们的教育,从小学到高中再到大学,基本上围绕着传统的智力理论来设计,通过量化考核的方法,来评价一个学生的好坏。近几十年来,心理学界和教育界对传统的智力理论多有批评。比较著名的如美国心理学家加德纳(Howard Gardner),他批评了传统智力理论的观念。他认为,智力测验的频繁使用把人进行了分类并贴上了标签,用来判断人的弱项和短处而非长处。智力并不是一个容易"被测量"的东西,目前所能够测量的东西仅仅是语言和数理逻辑,如果一定要去测量智力,那么应当侧重于该智力所要解决的问题或在运用该智力时表现出来的创造性能力。智力总是以组合的方式来呈现的,每个人都是具有多种能力组合的个体,而不是只拥有单一的、用纸笔测验可以测出的解答问题能力的个体。由此加德纳提出了智力多元论的观点。在《重构多元智能》一书中,加德纳把智力定义为:"一种处理信息的生理心理潜能。这种潜能在某种文化背景之下,会被激活以解决问题或是创造该文化所珍视的产品。"[1]加德纳认为,智力是由七种智能构成:语言智能;逻辑—数学智能;音乐智能;空间智能;身体—动觉智能;自我认知智能和人际认知智能。后来他又增加了博物学家智能和存在智能两项。[2] 显然,加德纳的智力多元论,对传统的智力观念提出了挑战。按照他所罗列的七种智能,如果以传统的智力理论观点,只有语言和逻辑—数学两项;其他五种智能,为传统智力理论所忽视。尽管心理学界对于加德纳的理论存有疑问,但是他的思想在教育界还是大受欢迎的。

美国研究认知心理学的权威斯腾伯格(Robert J. Sternberg)提出了智力的三元理论,是当代比较具有代表性的"成功智力理论"。他认为:"智力是个人依据自己的标准,在其生存的社会文化环境里取得成功的能力。"[3]成功智力是分

---

[1] 霍华德·加德纳:《重构多元智能》,沈致隆译,北京:中国人民大学出版社,2008年,第27页。
[2] 霍华德·加德纳:《重构多元智能》,第38页。
[3] 罗伯特·J.斯腾伯格:《智慧 智力 创造力》,王利群译,北京:北京理工大学出版社,2007年,第50页。

析能力、创造能力和实践能力的平衡达到的。但是在现实中学生的能力是不平衡的,有的考试能力强,有的实践能力比较强,也有的创造力强。我们的教育评价体系偏爱考试能力强的学生。其实,毕业以后大多数学生更多的是需要将知识灵活地和有创造性地运用于工作和生活中。加德纳和斯腾伯格这两位心理学家的理论观点虽有差异,但是他们有一点是相同的:就是批判了传统智力理论,强调了对于实际问题的解决能力。

三、改进策略

第一,建议在大学刚入学之初就集中对学生介绍、传授大学教育与中学教育的不同,并贯彻到整个教学过程中去。不仅要介绍本专业的特点,以及未来的职业出路,更要让他们及早地对大学四年的学习生涯进行规划,否则浑浑噩噩,大学四年一晃而过。大学四年期间首先要明确为什么来大学学习,是纯粹为了一份好工作,还是怀抱远大志向,抑或为了混日子、混文凭。无疑,人生价值取向是至关重要的,价值观是统领性的,决定了个人一生的行为和成就。

第二,有必要在大学一年级开设诸如文献检索和论文写作的课程,不是等到大学四年级临近毕业才匆匆忙忙去写毕业论文。在毕业论文指导过程中笔者发现,绝大多数学生连毕业论文基本格式都不清楚,包括如何选题、重要的中外文数据库、资料检索方法、数据收集、文献综述、论文的基本结构、注释等,对于大学生来说是一头雾水。因为在此前的教学过程中没有类似的严格学术训练。

第三,在日常的专业课程教学中,除了继续强化阅读理解和抽象思维能力培养之外,更要注重观察力、注意力、想象力的培育,以及口头表达能力和书面写作能力的训练。首先,课堂上可以布置相关课外作业,让学生去图书馆和互联网查阅相关文献。可以用书面或PPT形式在课堂上加以讨论,并撰写读书报告、小论文。笔者在课堂上,基本上每堂课都要求学生就课程中相关重要概念和原理来发问,保证每学期下来,每个学生都有几次被提问的机会,提高他们的口头表达能力和思考能力。其次,遇到疑难问题,让2～4个学生组成一个小组进行讨论,派出代表来回答,小组其他学生进行补充。很多理科生认为文科生很轻松,没有课外作业。针对这一点,笔者布置学生课后作业,每学完若干章节(一般是2～3个章节),让学生自己选题、查材料并在课堂上交流。再次,下次授课需要讨论的案例事先发给学生,尤其是那些复杂的案例,需要查资料才能够完成。原来让学生当场在课堂上回答,实践下来效果不佳。最后,就一门课程相关国内外经典研究,在开学之初提供的教学大纲中罗列出来,要求学生至少阅读一本这门学科的权威著述。培养学生自学能力是极其重要的,欲从根本扭转应试教育,变被动学习为主动学习,提高他们对于探索世界(自然、社会、人类自身)的兴趣,首先就要培育他们的自学能力。

第四,强调对于经典名著的研读。现在的学生不要说阅读课外书籍,他们可能一学期从头至尾连指定教科书也没有好好阅读过。经典名著是相关领域的研究结晶,学习体会和揣摩经典名著,首先可以迅速提高自己的思考能力:那些学术和思想大师们,他们是如何创造性地思考和解决问题的,并提出极具原创性的思想和理论。其次可以学习他们的写作方式。许多著作本身就是文章写作典范,不仅构思巧妙,同时又是美文。就一门学科而言,它有自身的发生发展的历程,需要让学生掌握大致情况,并且选择其中的名著和重要文章让学生阅读,并撰写读书报告。我发觉很多学生不会写读书报告,读书报告不能写成内容介绍,必须有自己的感想在内。好的读书报告还要引用其他学者的评论,当然,这对于大学生来说要求有点高。读书报告至少要加入自己的感想,最好能够联系现实加以分析。

第五,强调社会实践能力培养。可以利用平时周末休息和寒暑假进行社会实践,同时在条件允许的情况下一起参与老师的研究课题,这样学生成长快。社会实践不仅可以由相关学校和院系组织进行,任课教师可以结合自己课题研究的需要带领学生进行社会实践,也可以让学生自己进行。比方说可以通过休息天、寒暑假时间做一些社会调查。社会学系这几年由于科研的需要,利用业余时间带领学生一起去做社会调查,包括问卷调查、访谈、数据录入等,大大地提高了学生的实践能力,与此同时又能够很好地接触和了解社会。学校有必要加大在社会实践能力方面的投入,充分认识到开辟第二课堂的重大意义。

大学教育如何培养大学生的能力,提高他们的动手能力,如何迎接全球化、信息化时代的挑战,是摆在我们面前必须做出回应的重大课题。大学不仅仅是象牙塔,大学也不仅仅是培养学生、进行教学和科研的机构,大学还必须走出象牙塔,适应迅速变化着的世界,如何将大学和社会紧密地连接起来,将课堂与瞬息万变的时代气息融合起来。被称之为教育界的奥斯卡的世界教育创新峰会(World Innovation Summit for Education,WISE),提出一项旨在促进教育创新的跨领域的全球性倡议,并出版了 WISE 丛书。其中最近被翻译过来的《学以致用:世界教育趋势及令人振奋的实践》一书中尖锐指出:在学术和职业、工作和学习之间存在着巨大鸿沟,并提出了一系列极富创新的案例。① 该书对当今全球高等教育提出的尖锐批评,明确指出囿于象牙塔已经不能适应急遽变化的世界。当然,大学不能过于功利化,大学本身的价值取向是多元的。在笔者看来,大学至少有四个目标:培养学生、教学、科研、服务社会,那么如何在这四个目标之间达成平衡是我们值得深思的问题。笔者反对大学按照一个模式化去办校,应该根据各国各地区社会文化环境,以及每个学校特点去办校,甚至一所大学里每个学院、系和专业都不同,切忌一窝蜂地赶时髦。因此,在本文结束部分,笔者提倡一种"行动主义"的学习视角:如何将所学的知识运用到实践中去,创造性地解决问题。

---

① 瓦莱丽·汉农等:《学以致用:世界教育趋势趋势及令人振奋的实践》,刘海粟译,北京:中国人民大学出版社,2016 年。

推动中国特色哲学社会科学教学与研究的发展

仇华飞

【摘要】 习近平总书记在全国哲学社会科学座谈会上指出:"要按照立足中国、借鉴国外,挖掘历史、把握当代,关怀人类、面向未来的思路,着力构建中国特色哲学社会科学,在指导思想、学科体系、学术体系、话语体系等方面充分体现中国特色、中国风格、中国气派。"这一精辟论断指明了中国特色哲学社会科学发展的方向。习近平总书记有关构建中国特色哲学社会科学的内涵包括历史、经济、政治、文化、社会、生态、军事、党建等各领域,囊括传统学科、新兴学科、前沿学科、交叉学科、冷门学科等诸多学科,不断推进学科体系、学术体系、话语体系建设和创新,努力构建一个全方位、全领域、全要素的哲学社会科学体系,是习近平新时代中国特色社会主义思想的重要体现。而构建中国特色的话语体系、学术体系、学科体系是新时代赋予每个哲学社会科学工作者的重要使命。

【关键词】 中国特色　哲学　社会科学

【作者简介】 仇华飞,同济大学政治与国际关系学院国际关系系,博士,教授。

一、构建中国特色的话语体系

话语是构建学术体系、学科体系的基础。话语的背后是思想、观念;它体现中国智慧、中国思维、中国方案和主张。坚持中国特色的话语体系就是要坚持把马克思主义基本原理与当代中国实际结合起来,从中国传统文化思想与改革开放的伟大实践中寻找理论依据。习近平总书记指出:"在解读中国实践、构建中国理论上,我们应该最有发言权,但实际上我国哲学社会科学在国际上的声音还比较小,还处于有理说不出、说了传不开的境地"。[①] 他告诫社会科学研究者们

---

① 习近平:《构建中国特色哲学社会科学》,《人民日报》,2017年5月18日。

要善于提炼标识性概念,打造易于为国际社会所理解和接受的新概念、新范畴、新表述,引导国际学术界展开研究和讨论。

话语影响社会和政治现实,话语构成社会实践,同时,社会实践促进话语的形成。构建中国特色的话语体系就是要善于发表自己的学术观点,用中国的话语讲述中国自己的故事、中国发展的成就,以及中国对世界的认识。"中国梦""一带一路""人类命运共同体"是当代中国价值观最清晰的话语表述,是符合时代特征的话语体系。尤其是"中国梦"体现中国特色社会主义价值体系的创新和发展,"中国梦"的话语承载着中华民族共同的价值理念和民族精神,话语的内涵体现了中国共产党的执政理念与施政方针的继承与发展。中国特色哲学社会科学的话语体系扎根于基础研究和理论研究之中,其发展和创新的土壤是反映我国历史和时代发展的实践,体现了中国价值理念、主张、方案。通过哲学社会科学工作者们的辛勤努力,用中国特色的话语体系向世界传播中国观念、阐明中国价值。以话语对接为切入点,发挥好哲学社会科学的育人作用,用话语体系创新提升育人育才水平。构建中国特色的话语体系,在百舸争流、百家争鸣的世界学术体系当中,是否拥有自己独立的学术话语体系,将直接影响甚至决定中国在国际学术领域的话语权。① 是新时代赋予我们每个哲学社会科学工作者的重要使命。

高校立身之本在于立德树人,要通过话语体系建设提升哲学社会科学育人水平,推动理论创新成果向教育教学转化。② 在这个转化过程中,要坚持以习近平新时代中国特色社会主义思想为指导,大力丰富和完善马克思主义中国化话语体系和教学体系,不断提升中国特色哲学社会科学理论教育的说服力、感染力和吸引力,为新时代青年一代成长奠定科学的思想基础。同时,构建中国特色的话语体系,就是要在文明互鉴中丰富话语体系建设。在经济全球化、价值多元化和文明多样化的当今世界,加强不同文化的相互交流,是构建人类命运共同体的必然要求,是彰显我国文化软实力的重要标志。

二、学术体系在创新中发展

习近平总书记指出:理论的生命力在于创新。创新是哲学社会科学发展的

---

① 谢青松:《构建中国特色哲学社会科学:意义、要求及范式》,《云南社会科学》,2016 年第 5 期。
② 刘贵芹:《把握高校特点:构建中国特色哲学社会科学话语体系》,《行政管理改革》,2017 年第 6 期。

永恒主题,也是社会发展、实践深化、历史前进对哲学社会科学的必然要求。①学术研究要不断创新,敢于探索、善于思考;面对社会发展出现的新问题、新情况,要通过问题领域研究,提出分析问题、解决问题的新思想、新理念、新办法,学术研究要做到"古为今用、洋为中用、百花齐放、推陈出新"。② 通过对问题的深入探讨,揭示学术研究的新规律,严谨、科学的学术研究是推动创新、解决问题的动力。因此,构建中国特色的学术体系是当代哲学社会科学工作者的神圣使命。学术研究要有批判性思维,既要立足本国实际,又要开门搞研究,对西方的理论观点和学术成果,我们应该批判性地借鉴,不能生搬硬套,更不能崇洋媚外。学术研究要有科学的方法,要尊重学术创新,尊重他人研究成果,防止任何形式的浮夸和弄虚作假。学术体系的建立既要依靠学术团体引领,又要重视个人的创新发明;学术体系建设应体现整体性与多元性、团队与个人、重点与一般、共性与个性等有机结合,不搞千篇一律。

学术研究应坚持"与时俱进"。以国际问题研究为例,国内总体研究水平与我国改革开放和哲学社会科学的发展要求相比还存在差距,基础理论研究水平有待提高,学理研究赶不上世界先进水平。改革开放至今,仍然有不少学者很大程度上满足于对西方学术研究成果的介绍、编译,原创性成果不多。我们要立足本国的理论与实践问题,勇于探索被世界普遍接受的学术思想。习近平总书记关于安全与发展关系的精辟论述,闪耀着马克思主义辩证唯物论的思想光辉,发展是安全的基础,安全是发展的条件,这种辩证统一关系充分体现以和平与发展为主题的时代特征,为我们指明学术创新的方向,从事哲学社会科学研究的人们应在认真阅读、理解经典文献的基础上认识事物发展的特点和规律。

三、完善学科体系建构

中国特色的哲学社会科学研究要服务社会实践,习近平总书记指出:世界上没有纯而又纯的哲学社会科学。世界上伟大的哲学社会科学成果都是在回答和解决人与社会面临的重大问题中创造出来的。③哲学社会涵盖面很广,包括历

---

①③ 习近平:《构建中国特色哲学社会科学》,《人民日报》,2017年5月18日。
② 毛泽东:《关于正确处理人民内部矛盾问题》,《人民日报》,1957年6月19日。

史、政治、经济、法律、军事、社会、文化、党建等各领域,既包括传统学科、又有新兴学科、前沿学科、交叉学科等。中国特色哲学社会科学学科体系的确立不可能一蹴而就,应该有长远的发展战略,目前看来一些学科设置同社会发展需求还不完全吻合,学科体系不很健全,具有国际水准的新兴学科、交叉学科建设比较薄弱。如何突出优势、拓展领域、补齐短板、完善中国特色的学科体系,要按照习近平总书记的要求,打造具有中国特色和普遍意义的学科体系。要注重发展优势重点学科,加快发展具有重要现实意义的新兴学科和交叉学科,使这些学科研究成为我国哲学社会科学的重要突破点,这是历史赋予每个从事社会科学研究工作者的重要使命。

学科体系的构建要在认真总结经验和教训的基础上,系统梳理学科体系存在的问题,进一步凝练学科方向、集聚学科队伍、构筑学科基地,推动建立以马克思主义为指导、具有时代特点、结构合理、门类齐全的哲学社会科学学科体系。构建完善的学科体系是一项十分重要的基础性工程。针对我国经济社会发展中的重大理论问题和实际问题,加强基础研究和应用研究。一级学科设置要科学合理,反应时代性、发展性特点。建设能够增强创新能力的、体现社会科学发展规律的学科体系,根据研究人才培养的需要,进一步调整学科专业结构,修订专业目录,逐步形成重点突破、以点带面、全面推进、共同发展的学科体系建设新局面。

学科体系建设要加强重点学科建设,要在深入研究经济社会发展需求、学科发展趋势、学校学科优势的基础上,确定重点学科发展方向。努力做到学科发展方向明、定位准、有特色、出成果、出人才。学科体系建设要加强人才培养工作,进一步集聚学科队伍。要造就一批坚持马克思主义、学贯中西、享誉中外的哲学社会科学思想家和理论家,造就一批坚持正确方向、理论功底扎实、勇于开拓创新、善于联系实际的学科带头人,着力培养政治业务素质好、年富力强、锐意进取的中青年理论骨干。

学科体系建设应着眼于高校人才培养、科学研究、社会服务和文化传承创新等方面。把建设世界一流大学与建设世界一流学科紧密结合起来。要优化学科结构,凝练学科发展方向,突出学科建设重点,创新学科组织模式,打造更多学科高峰,带动学校发挥优势、办出特色。创新是构建学科体系的重要动力,科研成果转化是学校实现服务社会功能的主要途径。要聚焦国家重大战略需求,聚焦世界科技前沿,提升高水平科学研究能力,为经济社会发展和国家战略实施做出重要贡献。大力推进科研组织模式创新,建立健全科学学术评价和学术标准体系,营造浓厚的学术氛围和宽松的创新环境。①

四、加快发展同济大学政治学科

我国国际问题研究起步较晚,20世纪60年代,在周恩来总理的亲切关怀下北京大学、人民大学、复旦大学首先建立国际政治学系,开始了我国国际问题研究的历程。今天,研究国际问题的高校和科研单位超过百家,国际问题研究的领域在不同层面上与经济学、历史学、社会学、法学、军事学,以及海洋、环境等学科相互渗透、相互补充。当今世界许多著名大学国际问题研究从属于政治学学科,但国际问题研究保持自身独立性在美国大学比比皆是,同济大学可以根据自身的特点,将国际问题研究作为学校创建世界高水平大学的重要依托,逐步建立与国际接轨、体现同济特色、具有国际视野的一流学术团队,在实践中摸索发展国际问题研究的新思路,敢于走前人未走过的路,敢于做前人未做过的事情,为构建中国特色哲学社会科学的学科体系做出贡献。

多年来的教学和研究实践证明,国际问题研究是一门理论与实际密切结合的专业,美国许多大学、研究所从事国际问题研究的学者们经常同政府决策者保持密切的联系。很多政界著名人士退休后来到著名大学、智库以及一些重要研究机构任职。同济大学发展政治学、国际问题研究要充分利用这一社会资源,依托上海这个国际大都市,加强在国际经济与国际文化交流方面的参与,邀请曾经担任过外交官的人、政法官员、企业管理者、社会名流、专家学者担任兼职教授,并为本专业建设和发展提供建议,献计献策。

同济大学政治与国际关系学院学科建设,要以习近平新时代中国特色社会主义思想为指导,依托一级学科政治学建设的重要平台,以教育部学科评估为动力,提升学院政治学一级学科国际、国内影响力,通过提升本专业的国际国内影响力和实际水准,提高专业的知名度,吸引国内更多的一流学生来学校学习,同时各项硬件实施和图书资料要跟上专业发展的需要,学校应有专项经费,现有的条件虽然基本满足教学需要,但离建设一流专业的要求还有很大距离,学校要高

---

① 赵美蓉、明东、朱莎、陈天凯:《凝心聚力建设世界一流大学》,《中国研究生》,2016年第1期。

度重视重点专业的建设和培育,经费要落到实处。

为了建设一流学科和一流专业,近年来,学校和学院十分重视科研和学术活动的开展,组织教师积极申报国家哲学社会科学项目、教育部人文社会科学研究项目、上海哲学社会科学研究项目等,注重教学和科研的平衡发展,以科研和学术活动促进教学,保持学科建设和专业发展的可持续性,这是同济大学政治与国际关系学院建设政治学一级学科、提升国际问题研究能力的重要途径。

同济大学政治学学科正处在前所未有的发展机遇期,政治与国际关系学院正在根据学校双一流建设总体目标,推动政治学科发展走上新台阶。确定明确目标,通过发展和规划一流学科和一流专业,努力为国家培养研究国际问题的专门人才,确立培养社会发展所需要的通才。不仅要考虑当前需要,还要考虑长期需要问题。要在实践中摸索在理工背景较强的学校发展一流政治学科的新思路、新理念。同时,在学科建设和国际交流等方面与美国、日本、俄罗斯等国高校建立制度性的合作机制。关注欧盟国家的政治、经济、外交、社会文化等方面问题研究,并将其作为建设世界一流学科和一流专业的重要学术基础。学校要积极整合国际问题研究队伍,成立一些国际问题研究平台,为申请获得上海市,乃至全国政治学重点学科奠定学术基础。

同济大学政治学学科建设和发展正面临新的机遇和挑战,一方面,国内一些综合性大学政治学学科发展已有半个世纪的历史;另一方面,国内著名大学的政治学学科建设和发展已达到和接近世界一流水平,同济大学政治学科的长远发展目标应该朝这个方向努力,但要在不太长的时间内赶上这些学校是极具挑战的。然而,应该努力寻找同济大学政治与国际关系学院自身具有的发展潜力和优势。如,学院把战略和治理作为建设和发展政治学一流学科的重要机制,结合上海发展战略,将上海的国际大都市建设同具有大都市社会公民的国际化素质、国际化意识联系起来,将政治学学科和专业的建设同校内与国际化发展相关的学科结合起来,开辟一条建设和发展同济大学政治学的新途径。

同济大学政治学一流学科和专业不仅要培养学生具有高度社会责任感、扎实的理论基础、独立工作能力和创新精神,而且要培养学生熟练掌握一至两门外语,以适应同济大学建设世界一流大学、建设政治学一流学科的战略需要。学院正在制订中长期发展规划,目的是通过若干年的努力,把政治学硕士点、博士点建设打造成为具有国际影响、国内一流的政治学学科。学院把引进国内外著名教授、博士学位副教授作为发展学科建设重要战略部署;同时加快本专业现有人才培训,搞好学科梯队建设;为了扩大影响,鼓励和支持本专业教师出国进修、参与国内国际重要学术会议、发表有影响力的学术论文,争取用若干年时间使政治学专业名列国内高校前列。

结语

加快构建中国特色哲学社会科学话语体系。就是要大力加强马克思主义在我国哲学社会科学领域的话语权建设,既要继承马克思主义的已被实践和历史检验的话语,又要结合当代实际,不断创造马克思主义的新鲜话语,丰富、发展、创新马克思主义话语体系。要着力推动党的创新理论成果的学理化、哲学社会科学话语体系大众化、中国话语国际化。要立足中国实践、深入解读中国道路、切实提升中国经验,要勇于创新,不断概括出新概念、新范畴、新术语,打造具有中国特色、中国风格、中国气派的学术话语体系。[1] 习近平总书记有关"必须高度重视哲学社会科学""加快构建中国特色哲学社会科学"的论述,指明了哲学社会科学体系建设的正确方向。哲学社会科学发展的历史表明,越是在社会大变革时期,哲学社会科学就越会得到大发展、大繁荣。当代中国正经历着前所未有的社会大发展与大变革,必定需要也必将催生哲学社会科学的大繁荣。我们哲学社会工作者要把握难得的历史契机,为中国特色哲学社会科学体系建设贡献力量。

---

[1] "加快构建中国特色哲学社会科学学科体系、学术体系、话语体系",中国社科院院长王伟光解读《关于加快构建中国特色哲学社会科学的意见》,新华社,2017 年 5 月 25 日,http://www.gov.cn/zhengce/2017-05/25/content_5196846.htm.

学生建言

国际视野＋创新能力：
我们想成为什么样的专业学生？

卢奕吟

【作者简介】 卢奕吟，同济大学政治与国际关系学院2017级政治学与行政学专业本科生。

作为一名国际政治方向大三的在读本科生，从对这个专业的完全陌生到逐渐认知清晰，我花了两年多的时间在课程教育中摸索、探寻，不能说自己对于国际政治这门学科的内涵都了然于心，但至少我慢慢地感受到什么是自己真正需要的。所以今天，我想从一名学生的角度来与各位老师共同探讨我们的学科教学改革这一问题，我们到底想成为什么样的专业学生？

一、学科定位与培养目标

首先，是对于国际政治这门专业的学科定位与培养目标的基本认知。

在我们学院的本科生培养计划中，对于专业培养目标做出了如下解释："本专业培养具备扎实的政治学、行政学、管理学、法学等学科基本理论和专业知识基础，具有实践能力，能胜任在党政机关和事业单位、新闻出版部门、社会团体以及各类企业从事政务活动、行政管理、理论宣传工作，以及在教育和研究机构从事政治学、行政学教学和科研工作，具有社会责任、创新意识和国际视野，能引领社会可持续发展的专业精英和拔尖人才。"除此之外，我又搜集了一些高等院校相似院系对学生培养目标的解释。在北京大学国际关系学院2016年的教学计划中写着："国际关系学院的人才培养目标，是按照世界一流大学的标准，造就具有坚实的政治学理论基础、系统深入的专业知识、深厚的人文素养、高尚的道德情操、良好的交流与沟通能力、兼具国际视野与中国情怀的创新型、复合型人才。"在中国人民大学国际政治专业的人才培养要求上则提到,要"培育人文情怀,拓展全球视野,养成创造意识,训练和提升创新能力;掌握扎实的政治学基础知识,掌握国际政治理论和研究方法,具有较强的教学和科研能力、社会实践能力和组织、交际能力,较好的语言表达能力和文字写作能力,并能熟练运用外国语进行国际交流"等。类似的,复旦大学国际政治专业在培养要求上写道:"要求学生掌握国际政治的基本理论、基本知识;受到国际政治和国际形势研究、社会调查与统计等方面的基本训练,具有调查研究、分析判断和协调组织等方面的基本能力;了解我国对外方针政策、法规以及国际组织;熟练掌握一门外语;了解国际政治的理论前沿和政治学、世界经济的发展动态等。"

从这些院系的培养目标上可以看出,目前国内高校对于国际政治学科的认知基本相似,都致力于培养具有国际视野与创新能力的专业精英,以更好地适应当前国内国际社会对国际化、创新性人才的需求。

二、国际视野与创新能力的时代要求

21世纪以来,世界多极化、经济全球化、文化多样化、社会信息化已成为不可逆转的时代潮流,新兴的跨国公司、区域组织与国际组织层出不穷,全球化的发展进入纵深阶段,人才的国际竞争也日趋激烈,如何在这样的全球化大背景下成为更优质的社会精英人才,是高校教育的关键,也是我们这些学生所关注的重点。自2013年习近平总书记提出"一带一路"倡议以来,国家进一步致力于培养大批具有国际视野、通晓国际规则、能够参与国际事务和国际竞争的国际化人才,并出台相关教育政策,如2016年教育部发布的《推进共建"一带一路"教育行动》中就特别强调,各国人才的互联互通,加快培育具有国际交流能力的"走出去"人才等。而我们作为国际政治专业的学生,更应该在这样的时代大背景下发挥学科优势,与国际接轨,争取成为新时代的领头者。

同时,自主创新已成为核心竞争力的主要标志,创新人才成为国家人才战略的核心。持之以恒的培养和造就适应经济社会发展需要的一大批创新人才,是我国提高自主创新能力、建设创新型国家的必然要求,也是高等院校面临的重要课题。2014年,李克强总理首次提出了"大众创业,万众创新"这一号召,我校作为国内顶尖高校也积极响应。同济创业谷发展迅速，并开办相关创新创业训练营，邀请国内顶尖创业总裁开办讲座并指导对接项目。2016年10月，我校又成立了创新创业学院并于今年9月迎来了首届本科生的入学。同时，学校对所有本科生都提出了创新能力与拓展学分的要求。我们学院目前在创新能力这一块的课程设置尚有欠缺，尤其是在"互联网＋"的时代大背景下，我们广大学生希望也能在多媒体应用与传播上学到更多新兴知识。

三、国际视野＋创新能力的双重培养

针对这样的时代要求，我们广大同学希望学院能够在国际视野与创新能力的培育上加大力度，满足大家的多方位需求，据此我也代表同学们提出以下几点建议。

（1）建立双语教学体系，促进语言运用规范化。作为学习国际政治的学生，具备良好的外语素养可以说是不可或缺的。然而，目前许多外交学与国际政治专业的学生虽然熟知外交外事与国际形势，但其外语听说读写的能力却严重制约着他们对于国际关系的了解与理解。因此，学好语言一定是我们今后走向国际社会的第一步。当然，这也需要建立一个长期的教学体系，比如在低年级学习基础理论时，专业老师可以在以中文教授为主的课堂上适当穿插一些专业名词的英文讲解，为之后的学习打下基础；而进入高年级后，在同学们对专业理论知识有了基本的认知之后，可以适当加入部分英文教材的研读。如果在毫无基础的情况下突然为同学们增加大量全英文课程，反而会增加学生的负担与心理压力，效果可能会适得其反。同时，我们也希望，学院可以同外国语学院等进行合作，或开设一些外教课程以促进同学们更好、更规范地学习外语、使用外语。除外教与英文课外，还要提供更多的使用外语的机会，将课程与活动相结合，让学生不仅会看，还会用外语。

（2）拓展国际交流广度与深度，"走出去"与"引进来"相结合。目前，我们学院已拥有不少合作的国外高校，出国交流交换项目也在不断拓展。但因名额有限，能拥有这样出国交流机会的同学比例仍不算太高，而许多无法拥有这样机会的同学，也非常希望能体验国外不同的教学模式。对此，是否可以更多地聘请外国交流访问学者进入本科生的课堂教学中，开启一些新的思维模式与教学方法。

同时，也可以在学期内或者寒暑假期间，以夏令营、冬令营模式，更多地邀请国外合作院校的学生与我们的同学进行交流互访，开展共同的课堂教学以及相关实践活动，促进不同国家学生们的面对面交谈，提升彼此的交流沟通能力。此外，我们也可以学习北大国际关系学院的国际化双学位项目，与世界上优秀的政治学专业大学合作办学，给学生更直接的留学体验。

(3) 开设"第二课堂"，将理论与实践完美融合。目前，我们学院对本科人才培养更关注理论知识的教授，实践教育不够全面、丰富。理论教育是本科生学习的基础，但进入高年级后，更多学生希望能够早日与社会接轨，为毕业后直接进入社会打好基础。因此，在实践活动方面，我们可以建立实习和实践基地，结合专业特点，为学生联系专业相关实习，包括跨国公司、著名咨询企业、国有企业和研究机构等；结合重大国际关系活动或国务活动来组织学生做志愿者，参与上海市的外事活动等，为学生提供更多与国内国际社会直接接触的机会。同时，学院还可以开设实践性较强的课程，比如在课堂上采取"模拟联合国"等教学形式，让学生更直观地感受国际组织的魅力，更好地将理论知识运用起来。

(4) 结合多专业领域，促进学科交叉化、多样化建设。目前我们学院的课程设置大部分限制在政治学、社会学专业的框架之内，核心课程数量较大，而很少有涉及经济学、新闻传播学等相关学科的课程安排。课程设置细碎化，有时会导致相似课程名称不同授课教师呈现的是类似甚至重复的内容，站在同学们的角度，我们希望学院能更多地开设一些相关学科课程，比如在低年级时给大家传授一些基本的经济学常识等，而进入高年级，可以增加更多的选修课程，增加一些有关国际安全的课程，有关能源、环境、城市化与国际金融方面的课程等，为学生提供更多的选择，也为将来就业提供多样化的选择方向。

四、结语

如今的世界发展迅猛，变化万千，为了更好地适应时代发展对人才提出的新要求，提升学生的学习能力与创造能力，教学改革势在必行。在这一过程中，我们也希望能够同学院一起努力，将自己塑造成兼具国际视野与创新能力的新时代高素质国际化人才！

立足专业教学特色,创新人才培养模式
——对本科教学改革的几点思考与建议

万尽涵

【作者简介】 万尽涵,同济大学政治与国际关系学院2014级政治学与行政学专业本科生。

一、现阶段本科教学特色

从2014级政治学与行政学专业(国际政治方向)本科生的培养方案来看,现阶段学院国际政治方向的本科教学以专业知识讲授为重点,以通识课程教学为特色,既满足了本科生希望通过本科阶段的学习夯实专业基础、提升专业能力的期待,也顺应了社会精英人才向全面型、复合型方向发展的时代趋势。总体来说,2014级本科国际政治方向的教学培养具有以下特色。

第一,以专业知识讲授为主,兼以通识教育培养学生综合素质。2014级本科生在大一阶段学习了法律专业的宪法、行政法、民法、法理学四门课程,社会学专业的社会学概论、社会调查方法两门课程,以及理科专业的高等数学、大学物理等课程。这些通识教育的课程安排一方面拓宽了学生在社科领域的思维和视野,有利于培养学生对社科大类及本专业的学习兴趣,另一方面也为学生建立一套高效且适合自己的学习方法提供了途径,有利于学生在大二以后的专业学习中触类旁通,加深对专业知识的理解。

第二,专业课程设置完备,教学安排合理。从政治学学科和国际政治专业的人才培养目标来看,2014级本科生国际政治方向的专业课程设置了包括政治学原理、国际政治概论、国际关系史、当代西方国际关系理论、专业英语、美国政治与经济等政治学基础课和国际政治专业课。课程内容既涵盖专业理论基础,又包括国际关系与外交实践，既涵盖国际组织与全球治理等宏观领域的研究，又包括东亚、苏东地区战略发展和美国外交等地区和国家层面的国际关系行为分析。这使得学生在充分感受国际政治专业学科特色的同时，发掘自己感兴趣并擅长的一两个研究领域，从而为日后更深入的学术研究奠定基础。

第三，以同济大学"中国与世界"名家讲座为依托，通过定期举办课外讲座沉淀学生学术积累，引导学生与时俱进。自"中国与世界"名家讲座举办以来，先后有几十位国际政治领域的知名专家、学者借助这一平台为同学们"传道解惑"，传播其最新研究成果，分享其对国际时事热点问题的分析与见解。同学们对这类名家讲座参与兴致高、态度积极，在倾听名家教诲、与名家交流探讨、碰撞出思维火花的过程中，切实学习、领悟到了名家、大家的真知灼见，捕捉到了国关领域最前沿的研究动态，激发了自己看待国关问题的创新思维。

二、对本科教学改革的建议

回顾自己三年多来在国政学院的学习经历，结合自身对学院国际政治方向本科培养方案的体会，我对学院本科生教学改革有以下四点建议。

首先，通识课程的设置与安排应更注重和强调与国际政治专业的相关性。建议学院在通识课程的选择上，加入与国际政治有交叉或对国际政治专业学习有裨益的科目，如国际经济概论、跨国公司与当代国际关系、社会心理学等。以法学专业的课程科目设置为例，建议学院在目前已有的民法等法学课程之外开设国际公法、国际私法和国际商法等课程。法学、经济学以及社会学的诸多分支领域与国际政治专业有着很强的关联性，通过筛选这三门学科中与国际政治有交叉的课程科目并将这些科目的课程设置纳入本科生教学计划，学院可以更好地帮助本科生在完善本专业知识体系的同时，锻炼其成为一个具备扎实专业知识储备，同时旁通专业相关领域知识的复合型人才。

其次，强化对本科生在专业领域学术经典著作阅读方面的引导与训练。国关领域学术经典著作是国关学科发展至今众多学术大家研究成果中的精华，涵盖了这一学科领域最核心的理论、思想及研究方法，是本科生加深对专业知识的认识与理解，增加学术积累，锻炼专业本领的必要途径。为了更有针对性地指导本科生阅读，建议学院加大在本科教学培养中对学生阅读学术经典著作的督促和考核力度,具体督促和考核措施可采取以下三种形式:① 为各专业、方向学生拟列本科生必读书单,将本科学生在专业学习中应了解、精读的国内外名著分类整理成清单的形式,同时于书单后附上给予学生的阅读建议,帮助学生由易到难、由浅入深地阅读专业相关名著;② 定期举办学术经典著作阅读分享会,邀请学院老师和各年级同学参加,采取同学轮流分享读后感、老师做最后点评与导读的方式,督促学生保持阅读进程的推进。这种"集群智"的方式趣味性强,容易获得学生的积极响应,有助于加深学生对书目主要内容和核心思想的准确理解,激发学生读后的发散性思维;③ 建议授课教师针对所讲授的每一门课程在为学生列出必读书目的同时,强化对必读书目内容掌握的考核,如采用读书报告计入总评成绩等方式。

再次,加强对国际政治方向学生英语能力的重视与培养。作为一门研究国际行为体互动方式和规律的学科,国际政治专业培养的人才应至少能够在日常学习和专业实践过程中熟练使用一门外语,才能够满足专业研究和从事外事事务的需要。英语语言的阅读、写作和听说能力不过关,直接影响学生外文文献的阅读、外语文章的写作以及外事实践中与外籍人士的交流。因此,建议学院一方面加大现有专业课程安排中使用英语或双语进行教学和考核的比例,另一方面在教学计划中增设外事英语等课程,以增强本科生在英语语言能力方面的训练力度。

最后,增设与国际政治专业相关的实践教学环节。国际政治专业的培养目标之一是培育能够从事国家驻外和涉外机关外交和政务工作的人才,这一培养目标的实现离不开学生在实践环节的探索和历练。因此,建议学院定期组织模拟联合国、模拟外交谈判等实践教学。一方面,这类与专业相关的实践活动可以增强学生将专业知识运用于实践的能力,加强学生对书本知识的转化与吸收。另一方面,这类由同学们亲身参与其中的活动能够有效锻炼参与者的语言表达能力、决策分析能力、逻辑判断能力以及交流谈判能力,从而为未来可能从事的外事实践积累经验。此外,模拟联合国等实践教学形式具有很强的参与性,学生可以在关注和参加这类活动的过程中完善对所学专业的认知,提高对本专业学习的兴趣。

三、结语

国际政治是一门有着很强专业特色的学科,其教学、学习的重要目标之一是培养学生看待世界的国际化视角、理性的思维习惯以及开放包容的胸怀。现阶段,学院在国际政治专业本科教学培养过程中通识与专业相结合、以讲座等课外学习形式增加学生学术积累等特点已基本完成了国际政治专业的培养计划,达到了国际政治专业的培养目标。未来,学院可以在安排与国政专业相关的通识课程学习、强化对本科生阅读学术经典著作的督促与考核、加强英语语言能力的训练以及增设更多形式的实践教学环节等方面有更多的尝试和突破,相信学院未来能够在国际政治专业的学科建设和学生培养方面有更多的创新与成就。

求真求实,不囿一隅
——浅谈我眼中的教学改革

李志博

【作者简介】 李志博,同济大学政治与国际关系学院2017级中外政治制度方向硕士研究生。

我曾是一名本科生身份的同济国政人,现在是一名来自中外政治制度专业的研一新生。非常荣幸可以代表我们学院的研究生同学参与到本次课程改革论坛,同时也非常惶恐,在座的师长都已经从专业的角度为课程改革的推进提出真知灼见,而我只能以一名学生的身份谈谈我眼中的教改。

一、课程改革在研究生培养过程中的作用

与本科课程教学培养学生宽泛的基础知识不同,硕士生课程教学是在巩固与加深基础理论和专业知识的基础上,培养研究生主动学习、运用知识的能力,养成的不再是单一的学习习惯而更多的是一种独立思考、合作研究的能力,促进科学精神、批判性思维的形成。

研究生的教育目标是培养具有创新精神和学术能力的专门人才,而这也就依赖于课程教学的培育,良好的课程教学可以建立扎实的知识结构,而在此基础上则为创新意识的养成提供了基石,扎实的知识结构会为研究生创新能力提供原料,而创新则是这种基础的转化与整合,研究生的课程教学在整体上决定了研究生知识结构的合理形成和创新意识的发展。因此,若要培养学生的创新意识,则要从课程教学着手。现代社会需要的是高素质、高层次的复合型、专业型人才,研究生的培养过程既要符合"研究专业"又要符合"能力全面"的双重要求。

知识是外在的，是我们对所见事物的认识；素质则是内在的，是我们对无形事物的了解，课程改革的推进是让两者更好地结合。

硕士研究生的培养是一项系统工程，相对而言，导师的指导条件和研究生的素质条件是常量，课程与教学则是一个变量，是整个研究生培养过程的基础性环节，不同的课程内容、结构及其设置，会产生不同的教育结果。在这个运算过程中，任何干预因素都会导致研究生培养结果出现偏差，而课程改革则是对运算逻辑进行优化，在减少不必要因素干扰的同时提升受教育研究生的能力，使得最终的教育结果处于可控的状态。

二、研究生培养方式有待改进

（一）研究生的文献阅读量少质差

虽然我们学院研究生多数是经历过研究生专业知识考试才进入的，并且很少跨专业考研，但是目前来看基础知识仍然掌握不足，一些基本的概念甚至只能做到囫囵吞枣。在这样的情况下，对专业书籍、经典书籍的阅读就显得尤为重要。虽然导师或者任课老师会布置相应学习任务，但是学生多浮于表面，很难深入学习，无法把握住著作的精髓，一些著作的阅读甚至还停留在课程基础教材这个阶段，这对研究生建立完整、严谨的专业逻辑体系而言，不啻于一个挑战。这样的情况在进行问题研究时尤其明显，既不知道有什么问题，更不知道怎么解决问题。书读得太少而想得更少，这是我作为研究生中的一员感到非常羞愧的一点，多阅读经典、多看专业性强的文章和著作对于我们应该是首要任务。

（二）课程安排前紧后松

当下我们的研究生课程多集中在研究生一年级，专业学位课约 48 课时，非专业课程在 36 课时左右，由于各种原因，研究生学习课程多在前两个学期全部结束，但是毕业论文的开题、中期答辩、毕业答辩却分散在接下来的三个学期完成，在衔接方面不够紧密。这也就造成了研一学生天天上课、早出晚归，研二学生忙于实习、中期答辩手忙脚乱，研三学生每天在图书馆修改论文。培养过程头重脚轻，非常不利于研究生阶段的学习和发展。

(三) 学生关于方法论的系统学习整体较少

所谓研究生，重在"研究"二字。如果说本科生培养注重的是学习习惯的养成，那么研究生则应该提高自己的研究能力，独立研究能力是作为一名研究生应具备的基本素质。这种研究能力其实更直接地表现在对方法论的掌握上，这也对课程设置提出了更多的要求。在进行论文写作的时候，有一个关键的内容就是研究方法的定位。不同于其他学院，我们院的研究生专业方向各有侧重，在方法论的学习上不能一概论之，如社会学的统计方法、政治学的社会网络分析方法、国际政治学科的非数量分析研究方法，而我们总是将这种研究方法笼统地定位为文献搜集或是案例分析法，专业的学识素养没有得到体现，更使文章的内容缺少学理性和可读性，这对于研究生的培养和锻炼十分不利。

(四) 教学内容前沿性缺乏

很多研究生课程吸收学科的新知识、新进展、新成果、新技术不够，所以研究生很难在课堂学到具有前瞻性的内容。虽然阅读了经典，但是由于内容已经过时或者与社会脱节，对国内外关于本专业、本学科领域的一些热点、重点、焦点问题，以及当代社会及学科发展的主题等关注度不够，对学科发展取得的新成就缺乏应有的敏感，因而也就不能及时将学科研究的新进展充实到课程与教学内容之中。虽然在一般情况下很难看出问题，但是一旦到了论文写作时，就自曝其短，总是"老药新汤"，很难符合学术培养的要求，做到创新。

三、教改建议

课程改革势在必行，而作为一名国政学子，我们更希望学院可以在接下来课程改革中保持冲劲，保持创新。在这里我谨代表研究生同学为下一步的改革提出一些想法，供各位老师参考。

首先，提高对专业领域著作的学习和学科前沿内容的涉猎，建立定期的以班为单位的读书讨论会。虽然先贤有言"尽信书不如无书"，但这是建立在已经了解掌握的基础上。在接下来的学习生活中，我们建议加强对研究生文献阅读的督促，不求多而贵精，更不必拘泥于学科门户，每个专业都可以提供相应推荐书目，以供全体研究生学习。充分发挥学生自主管理能力，每一个授课老师都可以推荐一定的学习书目,并对学生的疑惑进行解答,教学相长,形成学生—老师读书负责制,双向联动。

其次,加强不同年级同学的互动,老生带新生,减轻导师压力。研究生一年级应同高年级学长形成良好的互动渠道,研二、研三学生的毕业论文的开题、中期答辩、素材的选取、案例的求证都可以让研一学生加入进去,尽快让新生上路子。在减少导师负担的同时,也让研究形成了连续性,更令研一的同学提前做好准备,研二、研三的同学做到合理分配时间,形成双赢的局面。

再次,调整课程体系,完善教学结构。应该适当地对现有的课程进行调整和提高,做到经典和前沿结合,方法与理论同授,提高学生的独立思考和学术创作的能力。夯实基础的同时,拓宽知识面,训练研究生抓住问题、抓住热点的能力。在此基础上,合理分配现有的教学课程,适当加大教学课程在整个研究生培养计划的比重,避免出现课程时间紧张,而毕业论文写作时间浪费的情况。

最后,加强参与式、研讨式教学,形成师生良性互动。研究生的教学是以学术性的研究为取向的教学活动,因此,研讨式的教学方式应当成为研究生教学的主要方式。研讨式教学方法可以增强授课的启发性,拓宽学生的学术视野,为学生参与学术交流创造机会,有利于在实践中培养学生独立解决问题的能力和独立操作能力。因此,研究生教学应多用、活用参与式和研讨式,辅之以其他各类有效的教学形式。